야곱으로 지으시고 이스라엘이라 부르신다!

The Story of Jacob

야곱으로 지으시고 이스라엘이라 부르신다!

신앙의 올바른 방향을 탐구하는 영성 안내서

이동주 지음

이 책은 저로 하여금
바이블 스토리텔러(성경 이야기꾼)로 살아가도록 동기를 부여해 준
아프리카 가나 해변가 망고나무 아래에서 구두 수선공으로 살았던
최고의 바이블 스토리텔러, '파파 코피'에게 바칩니다.

※ 파파 코피에 관해서는 프리츠 파벨칙 선교사가 쓴 『즐거운 아프리카 양철교회』(홍성사/추태화 역)에 소개되어 있습니다.

추천사

야곱이 풀어야 했던 인생 숙제

'야곱으로 지으시고 이스라엘이라 부르신다'는 이 책은 평소 성경을 사랑해서 성경을 가지고 이야기하고 싶어 하는 이동주 집사님의 열정에서 시작 된 첫 작품입니다. 이동주 집사님은 신학을 전공한 목회자가 아니고 공대출신이고 물리학 박사인 분이나 단순히 세상 학문을 하는 것으로 만족하지 못하고 특히, 성경에 대한 깊은 애착과 관심을 가지고 성경 이야기를 전하고 싶어 하는 갈망을 가진 분입니다.

사실, 처음에 저자로부터 추천사를 부탁받았을 때만 해도 평신도로서 얼마나 성경을 잘 이야기할 수 있을까 의문이 들었습니다. 그러나 막상 책을 읽어 나가면서 야곱에 대해 풀어내는 저자의 능력에 웬만한 설교자의 설교를 능가하는 통찰력이 있다는 것을 알게 되었습니다.

이 책에서 저자는 믿음의 족장 야곱에 대한 이야기를 다섯 개의 에피소드로 나누어 다소 새로운 각도로, 그러나 아주 명쾌하게 풀어 냈습니다. 특히, 야곱이 풀어야 했던 인생의 숙제 문제를 이슈화해서 아주 흥미진진하게 이야기를 이끌어 가는데, 독자로 하여금 잠시라도 그 스토리에서 눈을 떼지 못하게 하는 매력이 있습니다. 그리고 야곱 자신이 그의 숙제를 명확하게 잘 알지 못한 상태에서 그의 인생 요소요소마다 겪었던 갈등과 심리적인 문제도 아주 논리적으로 잘 풀어냈습니다.

그동안 우리가 야곱에 관해 많은 설교를 들었지만, 미처 생각지 못했던 새로운 소재들을 끌어내어 추론하고 해석과 적용을 곁들여 놓은 것은 저자의 풍부하고 깊이 있는 묵상의 결과라고 생각이 됩니다. 아마 누구든지 본 저서를 읽기만 하면 새로운 교훈과 은혜를 얻을 수 있으리라 믿습니다.

모쪼록 탁월한 바이블 스토리텔러 이동주 집사님이 들려주시는 첫 성경 이야기, 야곱 특강을 통해서 많은 분들이 깊은 도전을 얻기를 바라는 마음에서 기쁘게 추천합니다.

가을이 한창인 때 수성교 옆에서
대구 동부교회 김서택 목사

야곱으로 지으시고 이스라엘이라 부르신다

성경 이야기꾼 이동주 집사로부터 이 책의 추천 의뢰를 받았을 때 '이 책 꼭 읽고 싶다'라는 강한 끌림을 가지게 된 두 가지 이유가 있다.

첫째는 '이야기'에 대한 매력이다. 동서고금을 막론하고 남녀노소 모두 다 이야기에 대한 강한 끌림을 가진다. 하나님께서는 무엇보다 성경 이야기(Biblical Story)를 통해 자신을 계시하시는 분이시다. 우리는 하나님의 형상대로 지음을 받았다. 그래서 그 DNA를 가진 우리는 성경 이야기를 통해 하나님을 더 깊이 알아 가게 된다. 하나님께서는 우리의 일그러진 영성을 회복하는 도구로 우리에게 성경 이야기를 허락하셨다. 특히, 야곱이라는 인물을 통해 하나님께서 우리에게 하시고 싶어 하는 이야기를 새롭게 들려주는 작가의 흥미진진한 통찰력이 이 책에서 가감 없이 발휘된다.

둘째는 야곱에 대한 매력 때문이다. 몇 해 전 창세기에 기록된 대표적인 인물들(아브라함, 이삭, 야곱과 요셉)에 관한 이야기로 시리즈 설교를 한 적이 있다.

모든 인물들에게서 영적 통찰력을 크게 체험했지만 이들 중 가장 파란만장하고 아픔이 많았던 야곱에게서 유난히 강한 매력을 느꼈다. 그때 이런 생각을 했었다. '성경 인물들 가운데 한국인의 정서를 가장 많이 지닌 인물은 야곱이다'라고. 한 마디로 야곱은 한평생 눈치로 생존하는 법을 익혔던 존재다. (세상에서 가장 눈치 빠른 민족은 이스라엘 민족과 한민족이 아닐까?) 그런데 야곱은 하나님과의 인격적인 만남을 통해 조금씩 그분의 '만져 주심'을 체험하기 시작했다. 그리고 야곱에서 이스라엘로 이름을 바꿔 주시는 역사를 통해 '눈치로 사는 인생'에서 '가치로 사는 인생'으로 변화되어 갔던 것이다. 본 야곱 특강은 격변하는 시대를 살아온 우리들에게 진정한 가치가 무엇이며 성공보다 더 소중한 것이 무엇인지를 깊이 생각하게 하는, 재창조된 야곱 이야기이다.

좋은 이야기는 모든 것을 다 나열하는 것이 아니다. 또 이야기는 줄거리 전개를 극대화할 수 있도록 가지치기를 많이 해야 한다. 좋은 이야기는 마치 포도나무를 전지하는 농부처럼 과감한 선택들을 통해 이야기의 중심을 듣는 사람들이 놓치지 않도록 할 수 있어야 한다. 이런 의미에서 이동주 집사의 야곱 이야기는 맛있게 영근 알이 굵은 포도를 먹는 느낌을 주는 책이라고 말할 수 있다. 야곱의 축복이 읽는 모든 분들의 가정에 임하길 기원하며….

광교 원천 동산에서
원천교회 김요셉 목사

전도의 시작은 바이블 스토리텔링에서

어느 날 한 권의 원고 묶음이 전달되었다. 그때는 겨울인지 창밖에 눈발이 흩날리고… 따스한 방에서 뜯어보는 우편물은 작은 신기함으로 다가왔다. "야곱으로 지으시고 이스라엘이라 부르신다"라는 제목의 글이었다. 글은 상당한 분량이었는데, 그것도 작은 글씨로 인쇄되어 있었다. 창세기 야곱의 생애를 자신의 연구와 이해로, 그야말로 말씀에 은혜받은 대로 진솔하게 이야기하고 있었다. 필자가 신학을 공부한 신학자는 아니었기에, 공학을 연구하는 공학도로, 평신도로, 야곱 이야기를 이리도 깊이 있게 파고들어 이야기하는 열정과 저력의 정체는 무엇일까 하는 생각은 계속되었다. 어떻게 이 글에 대한 생각을 정리할 수 있을까, 고민하는 시간이 흘러갈수록 나는 초조해져 갔다. 왜냐하면 평신도라는 명찰의 한 성도가 성경을 나름대로 연구하고 두터운 원고를 작성하여 보내왔는데, 거기에 어떤 글을 써야 최적의 예우가 될 것인가. 나에겐 원고 내용 자체보다 그것이 문제였다.

20세기가 낳은 기독교 작가, 변증론자라는 명예를 부여받은 C. S. 루이스 선생도 자신의 여러 글에 대해 '평신도가 이해하기 좋은 평신도의 입장'에서 글을 쓴다고 고백했다. 신학을 연구하는 교수, 신학자들은 논문을 많이 쓰게 된다. 하지만 한국 교계에 쏟아져 나오는 신학 논문을 전문가 아니면 누가 관심을 두고 읽어 준단 말인가. 이 책은 그런 의미에서 값지다 하겠다. 평신도가 쓴 성경 이야기, 그 진정한 의미는 무엇인가!

이 글에 관해 신학 사상이나 주석을 기준으로 비평하는 일은 당연히 따라야 할 것이다. 하지만 그 작업은 지난(至難)하고 또 그렇게 한다면 바이블 스토리텔링의 원래의 뜻에서 벗어날 일이 될 것이다. 저자는 『아프리카 양철교회』라는 책의 에피소드를 인용하고, 그것을 집필 의도로 목전에 배열했다. 그 에피소드는 아프리카 원주민에 가까운 구두 수선공이 성경을 어떻게 읽고 감동을 받았는지에 관한 것이었는데, 놀랍게도 그는 삼위일체론을 몸을 통해 이야기하고자 했던 것이다. 바이블 스토리텔링의 의미가 정곡을 찌르는 순간이었다. 그 순간이 저자를 감격에 몰아넣은 시간이었던 것이다. 저자가 받은 '바이블 스토리텔링은 하나님의 섭리다'라는 깨달음이 바로 이 묵직한 글의 불가항력적 힘이었다. 평범한 성도에게 임한 말씀의 감동. 그것이 하나님께서 진정 원하시고 기뻐하시는 하나님과의 동행이라 여겨진다. 이 책은 일상의 삶 속에서 어떻게 하나님과 동행하고 구속사적 삶을 영위해 갔는가를 진솔하게 이야기해 주는데, 이런 바이블 스토리텔링이 바로 전도의 기본이요, 시작이다.

전도와 선교 방법론은 현대에 다양하게 발전되어 왔다. 교육, 의료, 복지선교는 전통적인 방법으로서 변함이 없는 가운데, 최근에는 다양한 문화를 접목한 전도 방법론이 개발되고 있다. 특이하게는 마술을 활용한 매직 전도도 알려졌고, 최근에는 카페 전도라는 용어도 생겼다. 카페와 커피를 활용하여 복음을 전한다는 의도이다. 이렇게 볼 때 전도와 선교 방법론에 한계는 없다는 명제가 성립되리라. 중요한 것은 복음이 들어 있어야 한다는 점이다. 바이블 스토리텔링이 전도와 선교에 있어서 없어서는 안 될 가장 핵심이라는 점은 의심할 여지가 없다. 이 책은 그런 의미에서 언제 어디서나 전개되어야 할 전도, 선교전략으로서 한 모델이 되고 있다.

복음을 입으로만 외치는 것이 아니라, 삶 속에서 생생한 말씀의 체험과 그 간증이 설렁탕처럼 끓여 낸 진국이 되어 나올 때 복음을 대하는 이웃에게 강력한 감동과 감화의 역사가 전달되리라. 예수님을 좇았던 제자들은 오늘날 평범한 성도, 보통 성도들이었다. 복음과 기독교 역사는 그런 이들에 의해 계승되었다. 이 책과 그 필자의 심령에는 구속의 주 예수님에 대한 감사와 하나님께 대한 영광, 그리고 말씀 속에서 한 성도가 은사처럼 체험한 성령의 감화 감동이 녹아 있다. 한국 교회가 이러저러한 아픔과 내홍으로 권위가 흔들리고 있는 시점에서 다시 회복할 전환점이 있다면 무엇보다 복음을 복음으로 다시 받아들이고 순수하게 살아가는 데 있다고 본다. 그렇게 하기 위하여 성경을 다시 하나님의 말씀의 자리로 올려 드리고, 말씀을 이야기하는 가운데 우리 삶이 회복, 재정립되도록 성찰해야 할 것이다. '야곱으로 지으시고 이스라엘이라 부르신다'는 그런 좋은 선례에서 나온 글임에 틀림없어 보인다. 말씀의 감동하심을 입어 귀한 책을 집필하신 저자와 이 책이가 하나님께 영광을 돌려드리기를 기원해 본다. 오직 주님께만 영광을!! (Soli Deo Gloria).

안양대 기독교문화학과
이레문화연구소 추태화 교수

머리말

> 사람이 곧 이야기이다. 우리는 귀로 듣고 직접 살아온 이야기, 심지어 결코 들어본 적 없는 많은 이야기가 만들어낸 결정체다. (그래서) 누구나 자신의 이야기를 말할 수 있어야 한다. 하나님도 아담에게 이야기를 해보라고 말씀하셨다.
> [다니엘 테일러, '왜 스토리가 중요한가(Tell me a story)' 중]

왜 성경 이야기(스토리)인가?

확신하는 바가 있습니다. 성경은 단순히 하나님의 자녀들이 이 세상을 살아가면서 수행해야 할 책임이나 의무만을 기록해 놓은 도덕경이나 율법서 정도에 머무르지 않습니다. 또 신학자들만이 연구하는 신학 전집도 아닙니다. 성경은 진실로 모든 그리스도
인의 생명의 양식이며 삶의 지침서입니다. 그래서 어린아이에서 어른에 이르기까지 어느 누구나 들으면(듣고자 하는 마음과 성령의 도우심만 있다면) 이해할 수 있는 것이 성경이라 확신합니다.

다른 곳을 찾을 필요도 없습니다. 우리는 예수님께서 하나님 나라와 복음을 전하시던 방식에서 바로 이런 사실을 확인할 수 있습니다. 예수님을 따르는 자들은 남녀노소(男女老少), 빈부귀천(貧富貴賤), 말 그대로 출신

성분이 다양했습니다. 갈릴리 출신의 어부들, 죄인 취급받던 세리들로부터 정치색이 강한 열심당원을 비롯해 학식이 많은 바리새인들, 서기관과 허다한 제사장의 무리들까지. 그런데 놀랍게도 예수님께서는 말씀을 전하실 때 이들 모두가 다 알아들을 수 있는 의사소통 방법을 사용하셨습니다. 그것은 단순하고 쉬운 '이야기'의 형태였습니다.

그러나 그의 가르침은 그들의 성경 교사인 서기관들의 것과는 확연히 달랐습니다. 예수님의 말씀과 가르침에는 깊이와 큰 권위가 있었습니다. 예수님께서는 주로 하나님 나라와 오실 메시아(본인)에 대해 전하셨는데, 이때 그들에게 익숙한 구약의 말씀이나 일상생활에서 늘 보고 느낄 수 있는 것을 이야기의 재료로 활용하셨습니다. 우리에게 4권이나 되는 방대한 양의 복음서가 주어질 수 있었고 여기에 예수님의 많은 행적과 말씀이 온전히 남겨질 수 있었던 이유는 그 내용이 이야기의 형태로 전해졌기 때문입니다. 사람들은 이상하게도 경전의 어려운 문구나 교양강좌의 형이상학적 가르침은 잘 기억하지 못합니다. 너무 좋은 문장이어서 밑줄까지 쳐 놓고 암송하려 하지만 책장만 덮으면 기억이 나지 않습니다. 그러나 우리는 오래전에 들은 재미있는 이야기는 토씨 하나 틀리지 않고 다 기억하고 또 그대로 전할 수도 있습니다. 게다가 정말 놀라운 것은 이렇게 듣고 기억한 이야기를 나의 것으로 살아 낼 수도 있다는 사실입니다.

기억되지 않은 대상에서는 의미가 발생하지 않는다!

'기억되지 않은 대상에서는 의미가 발생하지 않는다.'는 말이 있습니다. 대학시절 교양과목이었던 '음악의 이해'(이강숙/민음사)라는 수업에서 들었던 명언으로, 일반인들이 클래식 음악을 어려워하거나 지루해하는 이유를 단적으로 표현한 말이었습니다. 마찬가지입니다. 우리 그리스도인들이 이 세상에 선한 영향력을 끼치지 못하는 이유도 이와 똑같습니다. 기억되지 않은 대상에서 어떻게 의미 있는 것, 선한 것이 나올 수 있겠습니까! 세상 사람들의 비판 그대로 그리스도인의 삶과 영성이 따로 노는 이유가 바로 여기에 있습니다. 사람은 모든 일에 단순히 본능적인 선택만으로 살아가지 않습니다. 자신이 이미 가진 이야기로 선택을 결정합니다. 살과 뼛속 깊이 스며든 이야기가 체화되었다가 흘러나오는 것이 삶의 선택으로 이어진다는 의미입니다. 그래서 우리의 속사람에 저장된 이야기가 얼마나 중요한지 모릅니다. 그것이 어떤 이야기인가에 따라 그 사람의 선택이 달라지고, 그 선택에 따라 인생의 방향이 달라지기 때문입니다.

청년 시절, 하나님의 말씀에 무척 갈급했었습니다. 특히 성경 이야기 전체를 조명해 주는 강해 설교를 좋아했습니다. 유명하다는 목사님의 설교를 듣기 위해서 발품도 많이 팔았습니다. 어떤 경우에는 듣고 싶은 성경강해를 듣기 위해 매주 수요일마다 1시간씩 버스를 타고 30분씩 걸어가서 예배에 참석하기도 했습니다. 이렇게 다양한 설교자와 이들의 성경강해를 접하면서 저 나름 분별하는 법도 생겨나고 호불호도 갈렸습니다.

가장 안타까운 경우는 설교자가 주객을 전도시키는 경우였습니다. 이런 경우는 둘 중 하나입니다. 첫째, 성경 본문을 풀어 가기 위해서 도입한 예화에 너무 치중하여 오히려 본문을 놓치는 경우입니다. 둘째, 더 나쁜 경우로, 예화가 설교의 중심이고 성경 본문은 그 형식을 갖추기 위한 구색맞춤인 경우였습니다. 많은 목회자들이 이 부분에서 오해하는 것 같습니다. 설교 시간에 성경 이야기를 너무 많이 하면 성도들이 지루해하거나 힘들어한다고 생각하는 것입니다. 틀렸습니다. 성도들은 오히려 목회자들이 성경 이야기가 아닌 다른 세상 이야기를 펼쳐 갈 때 지루해합니다.

교회당에 예배드리기 위해서 모인 성도들은 목적을 가지고 나옵니다. 성경 이야기를 듣기 위해서 왔는데, 엉뚱한 교양강좌만 듣다가 돌아가게 되면 마음속에 분노가 솟아오릅니다. 이로 인해 우리는 설교를 기억하지 못합니다. 그렇기 때문에 그 설교가 담아내야 할 성경 말씀도 기억하지 못합니다. 기억할 가치가 없다고 판단하기에 기억하지 않는 것입니다.

이런 의미에서 그리스도인들이 말씀대로 살지 못하는 이유는 딱 하나입니다. 제대로 듣지 못해 속사람 가운데 저장된 의미 있는 성경 이야기가 없기 때문입니다. 만약 성경 이야기가 제대로 전해졌음에도 내가 다른 곳에 정신이 팔려 그 이야기를 나의 것으로 저장하지 못했다면 그것은 순전히 나의 책임입니다. 들을 귀 있는 자에게 들려지는 것이 복음이기 때문에 여기에는 방법이 없습니다. 그러나 전자의 경우는 다릅니다. 저는 여기에 관심이 많은데 이는 제가 청년 시절에 이런 고군분투(孤軍奮鬪)의 과정을 힘겹게 거쳤기 때문입니다. 비슷한 것으로 고민하거나 성경 이야기에 갈급한 그리스도인을 만나면, 먼저 반가웠고, 다음으로는 진심으로 도와주고 싶었습니다.

성경 이야기를 내가 살아 내야 할 삶의 이야기로 기억하라!

많은 사람들이 성경을 허투루 읽습니다. 이는 오랜 기간 주일학교 교사와 무명의 복음 전도자로 살아오면서 경험한 사실에 기초한 결론입니다. 그리스도인이라고는 하나 성경 이야기를 사실로 받아들이지 못하는 이들도 (심지어 유명한 신학교 교수조차도) 많았고, 어떤 이들은 자신이 받아들이고 싶은 부분만 받아들이고 있었습니다. 또 텍스트인 성경을 오히려 소홀히 여기고 관련 신학 서적이나 주석에 더 치중하는 이들도 많았습니다. 이들의 공통점은 성경을 두루뭉술하게 읽고 이해한다는 점입니다. 그리고 제대로 읽지 않는 상태에서 서둘러 직관적인 결론을 내립니다. 그렇기 때문에 이들은 성경이 구체적이지 못하다고 늘 불평합니다. 복잡한 현시대를 위해서는 여기에 새로운 어떤 것을 더해야 한다고 주장합니다.

그러나 이는 독해력이 부족한 데서 오는 오해입니다. 성경은 구체적입니다. 그리고 수많은 이야기 샘플로 가득 차 있습니다. 바로바로 선택의 문제로 응용이 가능한 것들입니다. 단순하지만 깊고 구체적이며 섬세합니다. 게다가 성경은 논리적이기 때문에 원리에 충실하기만 하면 얼마든지 삶의 다른 문제로 응용도 가능합니다. 무엇보다 성경은 그 자체로 충분합니다. 어떤 것을 바꾸거나 더할 필요가 전혀 없습니다. 단지 우리가 해야 할 일은 성경 이야기를 의미 있는 삶의 이야기로 기억해야 한다는 것입니다. 우리는 반드시 성경 이야기를 제대로 이해하고 제대로 기억해야 합니다. 무엇보다 성경의 원작자가 의도한 대로 기억하는 것이 제일 중요합니다. 그래야 유사시, 선택의 순간에 바른 응용이 가능하기 때문입니다.

모쪼록 부족한 자의 성경 이야기, 특별히 야곱 이야기가 이를 듣는 많은 그리스도인 친구들에게 의미 있는 이야기로 선택되었으면 좋겠습니다. 그래서 우리네 삶 가운데, 귀하고 풍성한 열매를 많이 맺을 수 있기를 간절히 소망합니다.

목 차

추천사   6
머리말   11
프롤로그   21

Chapter 1. 인생의 때

인생의 때   27
라헬이 요셉을 낳을 때   28
하나님께서 말씀하시는 때   34
야곱의 승부수 1   37
라반의 승부수 1   40
야곱의 승부수 2   42
하나님의 자녀교육 철학   47
재벌 가정 vs 믿음의 가정   48
야곱의 심리전 – 라반이 거절할 수 없는 제안   50
확실히 낚이는 라반   51
야곱의 태교 그리고 하나님의 승부수 – 기하급수   52
'어떻게'와 그 '선택'을 우리에게 맡기신 하나님   54
우리 인생을 향한 하나님의 뜻   56

조금 성장한 야곱과 그의 가정	59
하나님의 뜻과 주어진 환경	61
분량 미달의 믿음과 선택의 문제	61

Chapter 2. 큰 자가 어린 자를 섬기리라

그리스도인의 사춘기와 하나님의 뜻	71
야곱의 사춘기와 인생 숙제	72
언젠가는 풀어야 할 인생 숙제	75
얍복강 나루에서의 야곱의 심정	77
야곱의 고뇌와 인생 숙제	79
야곱이 생각한 형, 에서	80
갈림길에서 선 야곱	81
야곱의 변명	85
하나님의 뜻 안에 가족을 속이는 것도 포함된 것일까?	87
인생의 숙제는 어떻게 풀어야 하는가?	88
하나님의 마임(mime)	88
도대체 이긴 자가 누구인가?	91
하나님 나라의 법칙, 큰 자가 어린 자를 섬기리라!	94

야곱이 받은 하나님의 축복, 이스라엘	97
브니엘, 하나님의 얼굴도장	103
그날 밤 에서에게 일어난 일	106
큰 자가 어린 자를 섬기리라 2	109

Chapter 3. 엘엘로헤이스라엘

순례자에게 치명적인 독, 안주(安住)	123
핑계 없는 안주(安住)는 없다! 안주 = 누룩	127
인본주의 기복신앙, 엘엘로헤이스라엘	131
안주는 도낏자루 썩는 줄 모르게 한다!	139
시험은 예기치 못한 시간에 상상치 못할 방법으로 찾아온다!	143
세겜의 제안 – 사과를 가장한 거래	147
야곱의 아들들이 던진 신의 한 수	149
세겜의 사랑일까? 세겜의 속셈일까?	154
자식들, 분노의 자충수를 두다!	161
나 vs 우리	164
하나님의 간섭하심	167
야곱의 한 걸음 성장	169
그리스도인의 사회 참여	172
야곱 가족의 한 걸음 성장	174

벧엘과 알론바굿 176
야곱으로 지으시고 이스라엘이라 부르신다! 178

Chapter 4. 질풍노도

유다 이야기, 과연 성경 속 의미 있는 스토리일까? 193
막장인가, 아니면 대반전의 드라마인가? 195
유다의 출가 배경 196
유다의 출가 이유 198
유다의 만사형통 202
유다 집안에 드리우진 비극 204
유다, 정의의 사도인가 꼰대인가? 206
엎친 데 덮친 비극과 만천하에 드러난 유다의 인성 209
다말의 시집살이 211
진보주의자 유다의 민낯 216
다말의 목숨 건 결단 217
하나님의 나라는 빼앗는 자의 것 220
유다가 자신의 허물을 인정하다 224
쌍둥이 아들인가, 아니면 손자인가 226
유다의 용서 228
야곱의 삶에서 의미 있는 유다 이야기 230

용서의 더 깊은 의미	234
아들을 향한 부모의 마음 = 우리를 향한 여호와 하나님의 마음	235
십자가의 메시지, 용서	237

Chapter 5. 야곱의 용서

마음속 분노	247
믿음의 족장시대, 대단원의 막을 내리다	248
야곱의 유언	251
요셉의 눈물	254
변화된 아들들	260
일흔 번씩 일곱 번의 용서	262
예수님께서 가르쳐 주신 주기도문의 용서	264
이 시대에 필요한 용서	270

에필로그	278
작가 후기	281
작가 인터뷰	287

프롤로그

왜 야곱 이야기인가?

바이블 스토리텔러로서 가지는 삶의 모토가 있습니다. 누가복음 1장 1절에서 3절까지입니다. "우리 중에 이루어진 사실에 대하여 처음부터 목격자와 말씀의 일꾼 된 자들이 전하여 준 그대로 내력을 저술하려고 붓을 든 사람이 많은지라. 그 모든 이력을 근원부터 자세히 미루어 살핀 나도 데오빌로 각하에게 차례대로 써 보내는 것이 좋은 줄 알았노니 이는 각하가 알고 있는 바를 더 확실하게 하려 함이로라." 의사이면서 복음의 일꾼이었던 누가의 복음서 집필 출사표(出師表)입니다. 제가 전문 사역자나 목회자가 아닌 평신도 복음 전도자이기에 누가의 이 고백은 저에게 더 큰 의미로 다가왔습니다.

로버트 루이스 스티븐슨(Robert Louis Stevenson)이 이런 말을 했습니다. "모든 책은 작가가 친구들에게 마음으로 보내는 편지이다." 그렇다면 저는 왜 많고 많은 성경 이야기 가운데 독자들에게 보내는 첫 번째 편지로 야곱 이야기를 하려는 것일까요? 누가와 동일합니다. 지금까지 성경 속 야곱의 이야기는 우리 그리스도인들이 수도 없이 많이 들어 온 이야기 가운데 하나입니다. 실제로 지금까지 말씀의 일꾼 된 자들이 그 내력을 많이도 설교하거나 저술해 놓았습니다. 저도 많은 이력들을 근원부터 자세히 미루어 살펴보았습니다.

그러나 야곱의 이야기를 우리 가운데 이루어진 사실로서, 내 삶에 적용할 의미 있는 이야기로 풀어놓은 책은 찾아보기 어려웠습니다. 그래서 주위 많은 그리스도인 친구에게 야곱의 이야기를 차례대로 정리하여 나누는 것이 좋을 것 같아서 이 책을 쓰게 되었습니다.

현재 우리 그리스도인은 상대주의와 다원주의로 대표되는 암울하기 짝이 없는 포스트모더니즘 시대를 살아가고 있습니다. 이 시대의 특징을 한마디로 표현하면, 죄를 죄라고 선포할 수 없는 시대입니다. 그러나 야곱의 인생 이야기 속에 이런 암흑의 시대를 살고 있는 우리 그리스도인들이 마음에 새기고 지키며 살아가야 할 아주 중요한 신앙적 가치들이 들어 있습니다. 야곱의 인생 여정 속에 그리스도인의 삶의 모본(模本)이 모두 다 들어 있다고 해도 과언이 아닙니다. 우리네 인생을 향한 하나님의 뜻과 비전, 세상 속 그리스도인의 삶의 자세, 세속화, 구제와 사회 참여, 그리스도인 영성의 핵심 주제인 분노와 용서의 문제 등 모든 삶의 문제가 총망라되어 있기 때문입니다.

이제 성경 이야기꾼으로서 '야곱 이야기'를 여러분에게 들려드리려고 합니다. '이야기'라고 표현해서 오해하지는 않으셨으면 합니다. 동화나 소설 같은 형식-발단, 전개, 위기, 절정, 결말-의 순서로 그것을 엮어 가지 않았기 때문입니다. 이보다는 오히려 '무성영화와 변사'를 떠올리는 것이 더 좋을 것 같습니다. 야곱에 관한 성경의 텍스트가 무성영화라면 이에 대한 저의 내레이션이 야곱 이야기입니다. 동일한 무성영화라 할지라도 변사가 스토리를 풀어 가는 방법에 따라 관객의 감동은 다릅니다. 팩트(사실) 중심의 성경 이야기를 드라마틱하게 전하는 것이 성경 이야기꾼의 능력입니다.

지금부터 이제까지 여러분들이 들어 왔던 야곱 이야기와는 많이 다른,

새로운 야곱 이야기가 펼쳐질 것입니다. 새롭게 기억해야 할 야곱 이야기입니다. 모쪼록 마지막 장을 덮고 빠져나가실 때 '이것이 과연 그러한가?'라며 성경을 한 번 더 살펴보게 된다면 그것으로 변사로서의 제 몫은 다했다고 판단합니다.

자, 지금부터 바이블 스토리텔러, 이동주의 야곱 이야기, 우리가 살아내야 할 의미 있는 야곱 이야기 한번 들어 보시지요!

Chapter 1. 인생의 때

라헬이 요셉을 낳았을 때에 야곱이 라반에게 이르되 나를 보내어 내 고향 나의 땅으로 가게 하시되 내가 외삼촌에게서 일하고 얻은 처자를 내게 주시어 나로 가게 하소서 내가 외삼촌에게 한 일은 외삼촌이 아시나이다 라반이 그에게 이르되 여호와께서 너로 말미암아 내게 복 주신 줄을 내가 깨달았노니 네가 나를 사랑스럽게 여기거든 그대로 있으라 또 이르되 네 품삯을 정하라 내가 그것을 주리라 야곱이 그에게 이르되 내가 어떻게 외삼촌을 섬겼는지, 어떻게 외삼촌의 가축을 쳤는지 외삼촌이 아시나이다 내가 오기 전에는 외삼촌의 소유가 적더니 번성하여 떼를 이루었으니 내 발이 이르는 곳마다 여호와께서 외삼촌에게 복을 주셨나이다 그러나 나는 언제나 내 집을 세우리이까 라반이 이르되 내가 무엇으로 네게 주랴 야곱이 이르되 외삼촌께서 내게 아무것도 주시지 않아도 나를 위하여 이 일을 행하시면 내가 다시 외삼촌의 양 떼를 먹이고 지키리이다 오늘 내가 외삼촌의 양 떼에 두루 다니며 그 양 중에 아롱진 것과 점 있는 것과 검은 것을 가려내며 또 염소 중에 점 있는 것과 아롱진 것을 가려내리니 이같은 것이 내 품삯이 되리이다 후일에 외삼촌께서 오셔서 내 품삯을 조사하실 때에 나의 의가 내 대답이 되리이다 내게 혹시 염소 중 아롱지지 아니한 것이나

그러나 나는 언제나 내 집을 세우리이까?
창세기 30장 25절~43절

점이 없는 것이나 양 중에 검지 아니한 것이 있거든 다 도둑질한 것으로 인정하소서 라반이 이르되 내가 네 말대로 하리라 하고 그 날에 그가 숫염소 중 얼룩무늬 있는 것과 점 있는 것을 가리고 암염소 중 흰 바탕에 아롱진 것과 점 있는 것을 가리고 양 중의 검은 것들을 가려 자기 아들들의 손에 맡기고 자기와 야곱의 사이를 사흘 길이 뜨게 하였고 야곱은 라반의 남은 양 떼를 치니라 야곱이 버드나무와 살구나무와 신풍나무의 푸른 가지를 가져다가 그것들의 껍질을 벗겨 흰 무늬를 내고 그 껍질 벗긴 가지를 양 떼가 와서 먹는 개천의 물 구유에 세워 양 떼를 향하게 하매 그 떼가 물을 먹으러 올 때에 새끼를 배니 가지 앞에서 새끼를 배므로 얼룩얼룩한 것과 점이 있고 아롱진 것을 낳은지라 야곱이 새끼 양을 구분하고 그 얼룩무늬와 검은빛 있는 것을 라반의 양과 서로 마주 보게 하며 자기 양을 따로 두어 라반의 양과 섞이지 않게 하며 튼튼한 양이 새끼 밸 때에는 야곱이 개천에다가 양 떼의 눈앞에 그 가지를 두어 양이 그 가지 곁에서 새끼를 배게 하고 약한 양이면 그 가지를 두지 아니하니 그렇게 함으로 약한 것은 라반의 것이 되고 튼튼한 것은 야곱의 것이 된지라 이에 그 사람이 매우 번창하여 양 떼와 노비와 낙타와 나귀가 많았더라.

인생의 때

인생에는 다 때가 있습니다. 자녀를 키워보면 이 진리를 보다 절절히 느낄 수 있습니다. 아이들을 훈육할 때 부모는 늘 마음이 급해 아이들 수준에 관계 없이 앞서갑니다. 다른 아이들에 비해 한글을 빨리 깨치기를 원하고 구구단도 더 빨리 외우기를 원합니

동영상 1강

다. 자녀들이 사춘기로 접어들면 이런 현상은 더 심해집니다. 부모의 눈으로 보면 아이들은 잘못된 것과 안 되는 것만 골라서 하려는 것처럼 보입니다. 부모의 마음은 새카맣게 타들어 갑니다. 보고 있자면 얼마나 답답한지요! 그러나 본인이 그 시절 그때에 겪은 시행착오(試行錯誤)는 생각지도 못하고 아이들만 나무랍니다.

그러나 어느 순간 아이들이 바뀝니다. 김치를 담그고 어느 시간 동안 삭히고 묵혀야 감칠맛이 나듯, 우리네 인생도 희로애락(喜怒哀樂)이 쌓이고 쌓여서 어느 시간 동안 묵어야 멋이 나는 것입니다. 알고 보면 부모도 아이와 함께 철이 드는 것입니다. 그래서 인생에는 다 때가 있습니다. 솔로몬은 전도서에는 이에 관해 의미 있는 이야기를 전합니다.

범사에 기한이 있고 천하 만사가 다 때가 있나니 날 때가 있고 죽을 때가 있으며 심을 때가 있고 심은 것을 뽑을 때가 있으며 죽일 때가 있고 치료할 때가 있으며 헐 때가 있고 세울 때가 있으며 울 때가 있고 웃을 때가 있으며 슬퍼할 때가 있고 춤출 때가 있으며 돌을 던져 버릴 때가 있고 돌을 거둘 때가 있으며 안을 때가 있고 안는 일을 멀리 할 때가 있으며 찾을 때가 있고 잃을 때

가 있으며 지킬 때가 있고 버릴 때가 있으며 찢을 때가 있고 꿰맬 때가 있으며 잠잠할 때가 있고 말할 때가 있으며 사랑할 때가 있고 미워할 때가 있으며 전쟁할 때가 있고 평화할 때가 있느니라 (전3:1~7).

그러면서 11절로 이런 말씀을 합니다. "하나님이 모든 것을 지으시되 때를 따라 아름답게 하셨고 또 사람들에게는 영원을 사모하는 마음을 주셨느니라. 그러나 하나님이 하시는 일의 시종을 사람으로 측량할 수 없게 하셨도다." 무슨 말입니까? 모든 때가 다 아름다우나 그 가운데 가장 중요한 때는 하나님께서 우리에게 영원을 사모하는 마음을 주시는 때입니다. 이때는 다름 아니라 하나님께서 우리에게 말씀하시는 때입니다.

라헬이 요셉을 낳을 때

라헬이 요셉을 낳았을 때에 야곱이 라반에게 이르되 나를 보내어 내 고향 나의 땅으로 가게 하시되 내가 외삼촌에게서 일하고 얻은 처자를 내게 주시어 나로 가게 하소서 내가 외삼촌에게 한 일은 외삼촌이 아시나이다 (창30:25, 26).

많은 사람이 야곱은 외삼촌 라반을 속이고 큰 부자가 되었다고 생각합니다. 마치 형, 에서의 장자권과 아버지 이삭의 축복도 속이고 빼앗은 것처럼 말입니다. 그래서 사람들은 아브라함이나 이삭, 요셉과 같은 인물은 상당히 높이 평가하는 반면, 야곱은 '속이는 자' 또는 '음흉한 사람'으로 취급하여 만만하게 대하기도 합니다. 한편 역설적이게도, 야곱은 이런 인간적인 면모들 때문에 성경 인물들 가운데 인기가 많기도 합니다. 우리와 별반 다를 바 없다는 동질감 때문일 것입니다.

본문을 자세히 살피기 전에 마음속에 다음의 질문을 담아둔 채로 진행해 갔으면 합니다. 야곱의 이런 행위가 옳은 것일까요? 옳지 않은 것일까요? 사람들은 언제나 자기중심적입니다. 그래서 너무 쉽게 야곱의 행동을 비판하고 비난합니다. '내로남불(내가 하면 사랑, 남이 하면 불륜)'이라는 공식이 여기에 적용됩니다. 그래서 사람들은 야곱이 외삼촌 라반을 속였다는 사실 하나로 그를 극단으로 몰아붙입니다. 그러나 엄밀히 말하면 속인 것이 아니라 무엇인가를 말하지 않은 것뿐입니다.

그런데 우리의 문제는 야곱에 대해서는 이렇게 날 선 잣대를 들이대면서 야곱보다 더한 거짓말도 서슴지 않는 우리 자신에게는 관대합니다. 만약 야곱의 행위가 옳지 않은 일이었다면 하나님께서 야곱에게 큰 복을 내리신 것도 옳지 않은 것이 되어 버립니다. 이것은 있을 수 없는 일입니다. 왜냐하면 하나님께서 불의(不義)하시다는 것은 있을 수 없는 일이기 때문입니다. 그런데 그렇다면 옳은 행위였느냐 하는 것입니다. 그러나 여기에 대해서는 답변하기가 참으로 석연치 않습니다. 우리는 야곱의 인생에 대해 재방송 드라마를 보듯이 결론을 알고 성경을 읽기에 좀처럼 야곱의 삶에 내 삶을 이입할 수가 없습니다.

한번 생각해 보았으면 합니다. 나라면, 내가 야곱이었다면 이 상황에서 어떻게 행동했을까요? 70이 넘은 나이에 혈혈단신으로 정든 고향과 부모를 떠나 20년 가까이 객지, 외삼촌 라반 밑에서 종살이를 했습니다. 이제 90을 바라보는 나이에 '그러나 나는 언제나 내 집을 세우리이까!'라고 부르짖는 야곱의 속내와 이렇게까지 인도하시는 하나님의 열심을 생각해 보자는 것입니다.

두 가지 의미의 '때'가 있습니다. 하나는 물리적인 의미의 때이고 또 다른 하나는 영적인 의미의 때입니다. 먼저, 물리적인 의미의 때에 대해 살펴보겠습니다. 즉, 이때 라헬이 요셉을 낳을 때에 야곱의 나이를 한 번 계산해 보았으면 합니다. 의미 있는 계산이 될 것입니다.

야곱이 애굽으로 내려가서 바로와 만나던 때로 가 봅시다. 바로는 어떤 이유에서인지는 잘 모르겠지만 야곱의 행색을 보고 나이를 묻습니다. (나이를 물어봐 준 바로가 얼마나 고마웠는지 모릅니다!) 이때 야곱이 대답합니다. "내 나그네 길의 세월이 130년이니이다. 내 나이가 얼마 못 되니 우리 조상의 나그네 길의 연조에 미치지 못하나 험악한 세월을 보내었나이다"라고 말입니다(창41:46). 참고로 야곱은 애굽에서 17년을 더 살았고 147세에 조상들에게로 돌아갔습니다(창47:28).

그런데 이때 요셉의 나이는 얼마였을까요? 다행히 우리는 요셉이 애굽에서 총리가 된 나이를 알고 있습니다. 30세입니다(창41:46). 그런데 어떤 이유에서 요셉이 애굽의 총리가 되었습니까? 다름 아니라, 애굽 왕 바로의 꿈을 잘 해석했기 때문입니다. 그 꿈의 내용이 무엇입니까? 향후로 7년간의 대풍년이 있을 것이고 곧이어 7년간의 대흉년이 있을 것이라는 예고였습니다. 그렇다면 가나안 땅에 흉년이 들어 야곱의 모든 일가가 애굽으로 내려왔을 때는 대략 언제쯤이겠습니까? 분명한 것은 이 7년의 흉년 기간 중에 요셉과 자신의 형제들 그리고 아버지가 상봉했다는 점입니다.

사실, 관련된 일련의 본문을 자세히 살피기 전에 이 시기를 7년간의 흉년 기간 중 후반부라 추정했었습니다. 아니, 추정을 떠나 그렇기를 바랐습니다. 그 이유로, 가능하면 요셉을 낳을 때에 야곱의 나이를 어리게 잡고 싶었기 때문입니다. 그리고 단순히 상식선에서 보더라도 그 당시 야곱은 이미 부자였고 대풍년의 영향으로 적어도 몇 년은 버틸 수 있었을 것이라 생각했었습니다. 그래서 적어도 흉년 5년 차 이상 되었을 때에 애굽으로 양식을 구하러 가지 않았을까 하고 추측했습니다.

그러나 성경을 자세히 살펴보니 요셉이 바로 이 부분을 정확히 언급했습니다. 창세기 45장 10절, 11절 이하로 요셉이 형들에게 자신이 누구인지를 밝히는 부분에서입니다. 이때 요셉은 형들에게 아직 흉년이 5년이나 남았다고 이야기합니다. 즉, 흉년 2년 차에 야곱의 아들들은 양식을 구하기 위해서 애굽으로 내려갔었습니다. 다시 가만히 생각해 보니 사람들은 좀처럼 유비무환(有備無患) 하지 않는 것이지요. 더군다나 7년 동안 대풍년이 들었기 때문에 오히려 그 이후에 흉년이 계속해서 이어지리라고 생각하는 것이 더 힘들었을 것입니다. 이런 상황에서 과연 요셉을 제외하고 어떤 누가 그 대역전의 천재지변을 알 수 있었겠습니까! 그리고 그 흉년의 강도는 상상 이상으로 심했던 것으로 보입니다. 흉년 2년 차에 모든 양식이 바닥을 드러냈기 때문입니다.

이 땅에 이 년 동안 흉년이 들었으나 아직 오 년은 밭갈이도 못 하고 추수도 못할지라… 아버지의 아들들과 아버지의 손자들과 아버지의 양과 소와 모든 소유가 고센 땅에 머물며 나와 가깝게 하소서. 흉년이 아직 다섯 해가 있으니 내가 거기서 아버지를 봉양하리이다. 아버지와 아버지의 가족과 아버지께 속한 모든 사람에게 부족함이 없도록 하겠나이다 하더라고 전하소서 (창45:6, 10~11).

이렇게 본다면, 요셉이 애굽의 총리가 된 지 9년 차에 형들과의 상봉이 이루어졌다고 볼 수 있고, 야곱과 일가 모든 식구들을 데리고 오가는 시간을 고려한다면, 10년 차, 즉 요셉의 나이가 40세일 때 야곱과 애굽 왕 바로가 만났다고 생각하는 것이 가장 바람직한 추론일 것입니다. 그렇다면 여기 본문에서 라헬이 요셉을 낳았을 때에 야곱의 나이를 바로 계산할 수 있습니다. 130에서 40을 빼면 됩니다. 얼마입니까? 90입니다! 다시 말해, 이때, 라헬이 요셉을 낳았을 때에 야곱의 나이가 (아무리 젊게 잡더라도) 89세~90세였다는 것을 알 수 있습니다. 생각했던 것보다 나이가 너무 많아서 정말 놀랐습니다!

그리고 조금 더 확장해 생각해 보았으면 합니다. 우리는 야곱이 외삼촌 라반 집에서 총 20년 동안 종살이를 했다는 사실을 알고 있습니다. 7년은 레아를 위해서 그리고 그다음 7년은 라헬을 위해서 그리고 그 다음 6년 동안은 외삼촌 라반을 위해서 일했습니다(창31:38, 41). 그런데 이 20년 기간 중 언제쯤 요셉이 태어났는가 하는 것입니다. 기억해야 할 것은 그 기간에 요셉보다 10명의 형들이 먼저 태어났어야 한다는 점입니다. 그리고 20년이 지나서 아버지 집으로 돌아가는 길에 라헬이 요셉의 동생 베냐민을 낳게 되었다는 것도 고려해야 합니다.

따라서 야곱이 요셉을 낳았을 때는 20년 종살이의 초기보다는 후기였을 가능성이 큽니다. 추측하건대 라헬을 위해서 종살이를 마무리했을 14년 차였을 가능성이 가장 큽니다. 그래야 6년 동안 외삼촌 라반을 위해서 일했다는 야곱의 주장과도 잘 맞아떨어지기 때문입니다. 이렇게 가정하면, 에서를 피해서 외삼촌 라반 집으로 피신할 당시 야곱의 나이를 미루어 짐작할 수 있습니다. 몇 살입니까? 90세에서 14년 빼면 76세입니다. 그리고 사실이 아닐 가능성이 99%이지만, 많이 양보해서 요셉과 베냐민이 연년생[1]이었다고 한다손 치더라도 야곱의 나이는 70세가 넘습니다. 즉, 야곱은 적어도 70이 넘은 나이에 팥죽 한 그릇의 사건이 있었고 이 때문에 외삼촌 라반의 집으로 피난을 갔습니다. 정말 나이가 많습니다!

그리고 여기서 나이와 관련된 약간 다른 이야기를 해야 할 필요가 있습니다. 어떤 이들은 이 당시 사람들의 나이를 현재와 비슷한 잣대로 보아서는 안 되고 상대적으로 평가해야 한다고 주장합니다. 성경의 기록에 의하면 당시에는 기본적으로 100세 이상 장수했기 때문입니다. 여기 야곱만 하더라도 147세를 살았고 아버지 이삭은 180세를 살았습니다. 그러나 저는 이런 의견에 크게 동의하지는 않습니다. 왜냐하면 이미 동일한 창세기 성경 본문을 비롯해서 성경 여러 곳에서 80세 90세만 되어도 노년임을 인정하고 있기 때문입니다.[2] 즉, 태어나서 성장하고 늙어 가는 과정이 평균 수명의 관점에서 볼 때 일정한 비율로 있는 것이 아니고, 노년기가 상대적으로 더 길어져 있는 상태로 보는 것이 보다 합당합니다.

그런데 왜 이렇게 길게 나이 이야기를 하겠습니까? 우리 믿는 자들에게 있어서 연륜의 '때'와 '나이'는 결코 중요하지 않기 때문입니다. 보십시오! 야곱은 90세에 10여 년 전 벧엘의 체험과 약속을 기억하고 하나님께 자신의 비전을 놓고 다시 간구했습니다. '나는 언제나 내 집을 세우리이까?'라고 말입니다. 혹시 이 글을 읽는 분들 가운데 90세 이상인 분들 계십니까? 절대로 포기하지 마시기 바랍니다! 특별히 우리 그리스도인들에게 있어서 이 나이는 더더욱 중요하지 않습니다. 그저 숫자일 뿐입니다. 지금까지 저는 모세가 가장 늦게 쓰임 받은 인물인 줄 알았는데, 알고 보니 야곱이 가장 늦은 나이에 쓰임을 받았습니다. 절대로 늦지 않았습니다. 비전과 꿈을 꾸는 나이가 그의 영적인 나이입니다. 하나님께서 주신 비전과 꿈을 여전히 붙들고 계십니까? 그렇다면 여러분은 팔순 아니 아흔이라 할지라도 여전히 청년입니다!

하나님께서 말씀하시는 때

둘째, 인생에는 또 다른 의미의 '때'가 있습니다. 즉, 하나님께서 말씀하시는 '때'가 있습니다. 이때를 놓치지 않는 것이 얼마나 중요한지 모릅니다. 여기 본문에서는, 야곱에게 있어 그때는 라헬이 요셉을 낳을 때라고 말씀하고 있습니다.

형, 에서를 피해 외삼촌 라반 집으로 도망해 온 이후로 지금까지 10여 년간을 수일처럼 여기며 지내온 야곱이었습니다. 그러나 십여 년3) 동안 4명의 아내에게서 10명의 자녀를 낳았지만, 야곱은 그동안 한 번도 위기의식을 느끼지 못한 듯합니다. 왜냐하면 야곱은 자신의 삶에 철저히 안주(安住)했기 때문입니다. 성경은 야곱이 라헬을 사랑하여 그녀를 아내로 얻기 위해 7년 동안 외삼촌을 섬기면서도 이를 수일처럼 여겼다고 이야기합니다. 이후 라반과의 약속대로 7년을 더 일하고 라헬을 공식적으로 아내로 얻었지만, 그는 계속해서 외삼촌 집에서 안주했습니다. 물론 자매지간인 레아와 라헬 사이의 투기 문제로 꽤나 힘든 나날이었지만, 어린 두 명의 아내와 더 어린 두 명의 첩을 통해서 10여 명의 자식을 얻으니 먹고사는 문제에 빠져 비전에 대해 고민할 틈도 없었습니다. 그저 한 가지 목표, 사랑하는 라헬을 얻을 목적으로 열심히 일했습니다. 아마도 이때쯤 그에게 돌베개 베고 자던 벧엘에서의 신앙 체험은 아주 까마득한 젊은

(?) 시절의 한여름 밤의 꿈 정도가 아니었을까요?

그런데 이렇게 외삼촌 집 종살이에 안주했을 무렵, 꿈에서도 그리던 소원이 이루어졌습니다. 드디어 가장 사랑하는 아내 라헬이 임신을 하게 되었고 곧 요셉이 태어나게 되었습니다. 실제로 이 귀한 말째 아들(당시로서는 막내)의 출생은 야곱으로 하여금 많은 생각을 하게 했습니다. 어떤 위기의식, 계기, 좌우지간 한 집안의 가장(家長)으로서, 자식들의 장래에 관한 시름 깊은 고민을 하게 되었습니다. 아주 절실했던 이 고민은 야곱 자신이 처한 상황을 직시(直視)하도록 했습니다. 사실, 말이 조카지 야곱은 외삼촌 집에서 완전히 찬밥 신세였습니다. 거의 종이나 다름없었습니다. 자신이 그러할진대, 자기 자식들은 어떠하겠습니까? 라반에게 있어 이 외손자들은 자신의 또 다른 종들에 불과했던 것입니다. 실제로 그랬습니다. 결국 총 14년간 종살이를 통해서 본처인 레아와 라헬을 공식적인 아내로 얻었다고 볼 수 있지만 나머지 두 명의 첩은 애매모호했습니다. 야곱을 자기 손바닥 위에 올려놓고 주무르는 라반의 행태로 보아서는 어떤 핑계를 대서라도 첩을 통해 얻은 자식들을 종으로 엮을 수 있었기 때문입니다.

정신이 번쩍 들었습니다. 계속 이런 식으로 외삼촌 집에 안주하며 살아가다가는 자신의 가정 자체가 없어지는 상황까지 갈지도 모른다는 생각을 하게 되었습니다. 야곱은 비로소 자신이 죽고 난 다음을 생각한 것입니다. 바로 이런 생각을 하게 된 계기가 요셉의 출생이었습니다. 세상의 어느 아버지가 자식들을 종으로 키우고 싶겠습니까! 그러나 외삼촌 라반의 그늘 아래에 있는 한 방법이 없었습니다.

이때부터 야곱의 고민은 깊어지기 시작했고 자신의 자식들을 종이 아닌 아들로 키우기 위한 독립의 꿈을 꾸기 시작했습니다. 이렇게 안주하고 안정지향적인 삶을 살던 야곱으로 정신을 차리게끔 한 아들이 요셉이었으니 야곱 입장에서는 의미 부여를 하고 싶었을 것입니다. 막차를 놓치지 않고 탈 수 있게 해 준 귀한 아들이요 게다가 막내였으니 얼마나 사랑스러웠겠습니까! 그래서 후에 요셉에게 채색옷을 입힌 이유도 여기에 있었습니다.4)

이렇게 남자들은 특별히 아들이 태어나게 되면 철이 들기 시작합니다. 직장에 쉽게 사표를 던지던 사람도 결혼하여 아이가 생기게 되면 그렇게 하지 못하는 것도 같은 맥락입니다. 이 일로 야곱은 몇 날 며칠 아주 깊은 고민을 하였고, 이를 통해 여호와 하나님께서 주신 '벧엘의 약속'을 기억하고 되새기게 되었습니다.

그러나 여기서 조금 다른 각도로 생각해 보았으면 합니다. 이것을 하나님 편에서 보자는 이야기입니다. 이런 의미에서 야곱의 행적을 보면 하나님께서는 적어도 야곱에게 그를 일깨우기 위한 신호를 10번이나 보내셨다고 생각할 수 있습니다. 아들을 낳을 때마다 하나님께서는 야곱에게 신호를 보내신 것입니다. '벧엘'을 기억하라고 말입니다. 그런데 이것이 우리에게 가장 큰 문제입니다. 우리는 벧엘과 벧엘의 체험을 너무 쉽게 잊어버립니다. 그러나 하나님께서는 절대로 잊지 않으십니다. 어떤 식으로든 '때'를 만들어서 우리를 일깨우십니다. 바로 이것이 우리가 성령의 음성에 민감해야 하는 이유입니다. 하나님께서는 항상 우리에게 말씀하기를 기뻐하시기 때문입니다.

이렇게 우리 그리스도인들에게는 하나님께서 특별히 말씀하시는 때가 있습니다. 야곱에게는 '라헬이 요셉을 낳을 때'였습니다. 이때 브레이크 없이 막 달려오던 인생을, 멈추어 서서 돌아보게 하십니다. 저에게는, 비록 제 아내가 다시 막둥이를 낳진 않았지만, 본토 친척 아비 집을 떠난 지 10년 차 되는 이때 브레이크 없이 막 달려오던 제 인생을 돌아보게 하셨습니다. 그리고 저로 하나님께 이런 간구를 하게 하셨습니다. '그러나 나는 언제나 내 집을 세우리이까?'

여러분들의 그때는 언제입니까? 일부러라도 위기의식을 조장해야 합니다. 왜 우리는 하나님께서 주시는 수십 번의 기회를 놓치고, 막다른 골목에 들어서서야 정신을 차릴까요? 이 문제는 영원히 풀지 못할 숙제일 것 같습니다. 우리는 벧엘의 체험을 쉽게 잊을지라도 하나님께서는 절대로 잊지 않으십니다. 무엇보다 내 생각의 틀로 하나님께서 가지신 두 팔의 권능을 제한하지 마시기 바랍니다.

야곱의 승부수 1

> 라헬이 요셉을 낳았을 때에 야곱이 라반에게 이르되 나를 보내어 내 고향 나의 땅으로 가게 하시되 내가 외삼촌에게서 일하고 얻은 처자를 내게 주시어 나로 가게 하소서 내가 외삼촌에게 한 일은 외삼촌이 아시나이다 (창30:25~26).

동영상 2강

놀랍게도 지금 야곱은 라반에게 딜, 거래를 제안하고 있습니다. 여러분, 이 거래는 단순한 거래가 아닙니다. 왜냐하면 야곱은 치명적인 약점을 가진 '을'이었기 때문에 이런 거래를 '갑' 중에 갑인 외삼촌에게 하는 것이 결코 쉽지 않았기 때문입니다. 이렇게 하기까지 야곱에게는 얼마나 많은 시간과 고민, 용기가 필요했는지 모릅니다. 그래서 이 거래는 야곱이 자신의 모든 인생을 건, 마치 외교 담판과 같습니다. 그래서 이 담판에는 그의 오랜 고민과 부르짖음에 대한 결과가 다 들어 있습니다.

여기서 야곱이 외삼촌에게 한 첫 번째 말이 무엇입니까? 다름 아니라, 야곱이 '스스로' 고향 땅으로 돌아가겠다고 말하고 있습니다. 아주 세게 나가는 것이지요. 소위 승부수(勝負手)를 던지고 있습니다. 이는 직장 생활을 해 본 사람이라면 다 알 수 있는 내용입니다. 야곱은 지금 사직서 들고 사장실에 들어간 것입니다. 그런데 한 번 생각해 보았으면 합니다. 이것이 야곱의 진심이었을까요? 아닙니다. 솔직히 야곱은 퇴사할 마음은 없지만 사직서를 빌미로 해서 몸값 좀 올려보려는 것입니다!

지금까지 야곱은 고향으로 돌아갈 마음이 전혀 없었습니다. 아니, 마음 속으로는 사무치게 그리운 고향이고 아버지 어머니였겠지만, 여전히 형이 시퍼렇게 두 눈 뜨고 살아 있으니, 실제로는 갈 수가 없었습니다. 갈 수 있었다면 진작에 갔을 것입니다. 그러나 최소 고향에서 어머니가 보낸 사람이 와서 이제 형이 노여움을 풀었으니 와도 좋다는 전갈을 받기 전까지는 갈 수가 없었습니다. '얍복강의 씨름'을 한 번 생각해 보십시오. 그토록 건너기 어려웠던 것이 얍복강이었습니다. 그래서 지금까지 갈 엄두도 못 내고 있었습니다. 그런데 지금 와서 갑자기 왜 마음에도 없는 소리를 외삼촌에게 하는 것입니까? 배수지진(背水之陣)의 형국에서 승부수! 딜! 거래를 해야 했기 때문입니다. 요셉의 출생이 현실에 안주하고 있던 야곱을 강하게 일깨웠던 것입니다.

아마도 이 말을 외삼촌에게 하기까지 야곱은 수도 없는 밤을 지새웠을 것입니다. 어찌하든지 외삼촌 라반의 손에서 벗어나야 하는데 이것이 만만치 않았기 때문입니다. 출발 자체가 늦은 노년에 14년을 일했는데 빈손으로 떠날 수는 없지 않겠습니까? 아직까지는 법이 멀고 주먹이 가까웠습니다. 형, 에서가 무섭긴 했지만 멀리 있고, 지금은 외삼촌 라반의 주먹부터 피하고 싶었습니다. 그러나 그냥은 아니고 자기 몫을 챙기고서 말입니다. 그 이름, 야곱답습니다!

그는 이미 머릿속으로 수십 개의 시나리오를 써 보았습니다. '내가 이런 말을 하면 외삼촌은 이런 반응을 보일 것이고, 저런 말을 하면 저런 반응을 보일 것이다.'라고 말입니다. 그래서 결국 하나님께서 주신 지혜를 따라 가장 뛰어난 시나리오 하나를 발굴하게 되었습니다. 그런데 이렇게 할 때에 그는 조심 또 조심해야 했습니다. 결국 한 끗 차이의 승부가 될 것입니다. 왜냐하면 야곱도 외삼촌을 잘 알았지만, 외삼촌 라반은 야곱을 더 잘 알고 있었기 때문입니다. 생각해 보십시오. 야곱의 이런 진퇴양난(進退兩難)의 상황을 과연 라반이 몰랐겠습니까? 아닙니다. 당연히 알고 있었습니다. 지금 조카가 마음에도 없는 소리를 하고 있다는 사실을 누구보다 잘 알고 있습니다. 야곱은 항상 막다른 골목에 있었고, 자기를 떠나면 갈 곳도 없다는 사실을 라반이 모를 리가 없습니다. 그래서 지금까지 그는 이것을 무기로 조카를 참으로 잘도 부려먹었습니다.

이 시점에서 라반이 어떤 사람인지 몇 가지로 확인해 보겠습니다. 31장 이후에 나오는 이야기입니다. 야곱이 번성하게 되자 라반의 안색이 변했고 이로 인해 도주를 결심한 야곱이 자신의 아내들에게 하는 이야기 중에 있는 내용입니다. (비록 야곱의 일방적인 주장이라 볼 수 있지만 그렇게 틀린 것 같지 않습니다.) 라반은 자그마치 야곱과의 약속을 열 번이나 바꾸었다고 합니다! 우리가 아는 것으로, 레아를 라헬이라고 속여 결혼시킨 것 외에도 열 번이나 더 있었다는 이야기입니다. 외삼촌을 위해 일한 6년 동안에 자그마치 10번입니다! 라반은 자기가 유리한 대로 수시로 약속과 품삯을 바꾸었다는 의미입니다. 야곱이 바보입니까? 어떻게 이것이 가능했습니까? 그것은 야곱에게 갈 곳이 없다는 치명적인 약점이 있었기 때문입니다!

또 있습니다. 이후에 몰래 도망가다가 결국 라반에게 추격당해 따라 잡히게 되었습니다. 이때 외삼촌이 찾던 신상-드라빔이 자신의 가족들에게서 발견되지 않자, 그제야 야곱은 지금까지 외삼촌에게 쌓였던 불만을 폭발시킵니다. 그 내용을 보면 가관입니다. 라반은 조카 야곱에게 심지어 잃어버리거나 상처 난 양들도 보상하라고 요구했던 것입니다! 즉, 라반은 이런 식으로 조카에게 주었던 품삯을 다시 자신의 것으로 만드는 사람이었습니다. 보통 사람이 아닙니다. 보통 사람이 아닌 야곱을 꼼짝 못 하게 한, 야곱 중의 야곱, 약탈자 중에 약탈자가 라반이었습니다.

요즘으로 치면 이렇습니다. 어떤 외국인 노동자들이 한국인 사장에게 월급도 떼이고 폭행도 당하고… 그래서 너무너무 힘겹게 살아가고 있었습니다. 그런데 이런 분들을 돕는 단체들이 나서서 나중에 그 사장을 확인해 보았더니 모모 교회에서 사람 좋기로 소문난 OO 장로님이었다는 것입니다. 바로 이런 장로님 스타일이 외삼촌 라반이었습니다.

라반의 승부수 1

야곱이 이렇게 세게 나오니까 라반이 다른 작전을 펼칩니다.

> 라반이 그에게 이르되 여호와께서 너로 말미암아 내게 복 주신 줄을 내가 깨달았노니 네가 나를 사랑스럽게 여기거든 그대로 있으라. 또 이르되 네 품삯을 정하라 내가 그것을 주리라 (창 30:27, 28).

야곱이 고향 땅으로 돌아간다고 했을 때, 라반은 야곱이 마음에도 없는 소리를 하고 있다는 것을 알고 있었습니다. 그러나 부러 모르는 척합니다. 지금은 야곱을 잘 구슬려야 하는 상황이기 때문입니다. 채찍이 아니라 당근이 필요한 것이지요. 한두 번 했겠습니까? 그래서 27절, 28절의 감언이설(甘言利說)을 베푸는 것입니다. 그러나 긴장은 했을 것입니다. 지금까지는 야곱을 아무리 심하게 부리고 약속과 품삯을 바꾸더라도 자기 입으로 고향 땅으로 돌아가겠다고 말 한 적은 없었기 때문입니다. 지금까지 고향 이야기를 하지 않는 것이 불문율(不文律)이었는데, 야곱 스스로 그 이야기를 하는 것으로 보아 단단히 삐쳤다고 생각했을 것입니다. 그래서 그는 더욱 입에 발린 소리를 하는 것입니다.

"여호와께서! 너로 말미암아! 네가 나를 사랑스럽게 여기거든!" 라반에게 있어서 이 말은 신앙고백도 아니고 감사의 말도 아닙니다. 철저하게 입에 발린 소리입니다. 그는 하나님을 믿지 않는 사람입니다. 그는 여기서 조카 야곱을 또 속일 생각을 하고 있습니다. 적당히 어르고 달랜 후에 이전과 마찬가지로 또 약속을 바꾸면 되기 때문입니다. 이런 사탕발림의 말에는 결코 돈이 들지 않습니다.

한편, 라반은 진실로 심리전의 대가이기도 합니다. 자신이 품삯을 정하지 않습니다. 야곱에게 정하라고 이야기합니다. 흥정이나 거래에서 이것이 얼마나 중요한지 모릅니다! 보통 약자에게 이런 큰 권한을 주면 약자는 품삯을 잘 정하지 못합니다. 만약 여기서 야곱이 현재 라반이 가지고 있는 재산에서 그 분깃을 요구했다면, 분명히 라반의 계략에 말려들었을 것입니다. 어떤 비책이나 속임수를 사용해서라도 야곱이 요구하는 그 품삯을 제대로 쳐주지 않았을 것이기 때문입니다. 어쩌면 아내와 자식들 모두 빼앗기고 빈털터리로 쫓겨났을지도 모릅니다. 31장 43절에 나타난 라반의 언행을 보면 그것을 확인할 수 있습니다. 추격하던 마지막 날 밤에 여호와께서 나타나셔서 모든 것을 다 정리해 주셨는데도 라반은 여전히 야곱의 것을 자기 것으로 생각하는 그런 사람이었습니다. "딸들은 내 딸이요 자식들은 내 자식이요 양 떼는 내 양 떼요. 네가 보는 것은 다 내 것이라. 내가 오늘 내 딸들과 그들이 낳은 자식들에게 무엇을 하겠느냐?" 정말 대단한 스크루지 라반입니다.

야곱의 승부수 2

다음으로 야곱의 승부수 두 번째입니다. 아마도 야곱은 라반이 이런 식으로 말할 것이라는 것 정도는 예상했을 것입니다. 그래서 야곱은 살짝 물러난 태도를 보입니다. 이후로는 고향 땅으로 돌아가겠다는 소리를 두 번 다시는 하지 않기 때문입니다. 라반이 야곱의 눈치를 보면서 사직서를 도로 물리자 야곱은 못 이기는 척 슬쩍, 하지만 빠르게 집어서 자신의 주머니에 도로 넣는 것이지요. 그러나 자신의 의지를 한 번 더 강하게 강조합니다. '그러나 외삼촌 나는 언제나 내 집을 세우리이까?'

> 야곱이 그에게 이르되 내가 어떻게 외삼촌을 섬겼는지, 어떻게 외삼촌의 가축을 쳤는지 외삼촌이 아시나이다 내가 오기 전에는 외삼촌의 소유가 적더니 번성하여 떼를 이루었으니 **내 발이 이르는 곳마다 여호와께서 외삼촌에게 복을 주셨나이다. 그러나 나는 언제나 내 집을 세우리이까?** (창30:29~30)

보십시오! 이제 야곱은 10여 년 전의 그런 어수룩한 헛똑똑이 야곱이 아닙니다. 라헬이 요셉을 낳으면서 그는 이 협상을 놓고 오랫동안 고민하고 준비한 것이 분명합니다. 간만에 하나님께 기도도 했을 것입니다. 창세기 31장 10절 이하를 보면, 야곱은 이 일로 꿈에 환상을 보기도 한 것 같습니다. 그런데 솔직히 이 부분에서 야곱의 믿음이 어떠한지 잘 모르겠습니다. 야곱이 하나님을 온전히 신뢰했다기보다는 오히려 라반이 하나님을 믿지 않는다는 사실을 역이용한 것 같습니다.

야곱은 아무리 고민해도 외삼촌 라반에게서 빈틈을 찾아낼 수가 없었습니다. 단 한 가지만 빼놓고 말입니다. 라반이 여호와 하나님을 믿는 것처럼 보이지만 실상은 그렇지 않다는 사실이었습니다. 그런데 이때 야곱 머리에 뛰어난 시나리오 하나가 떠올랐습니다. 대단한 계략입니다!

첫째, 외삼촌 라반에게 품삯을 요구할 때, 현재 그의 소유물 중에서 어떠한 분깃을 요청하면 안 된다는 점이었습니다. 즉, 외삼촌의 현재 소유물 중에서 몇 퍼센트(%)로 그의 몫을 요청하면, 지금까지의 라반의 행태로 볼 때 어떤 형태로든지 야곱에게 준 것을 다시 빼앗아 갈 것이 뻔했기 때문입니다. 그래서 야곱은 앞으로 (미래에) 태어날 양과 염소들 중에 자신의 몫을 요구해야 한다고 생각했습니다. 그런데 여기서도 자기 몫의 기준을 명확하게 합니다. 가축들의 색상으로 구분했습니다. 흰색을 검다고 할 리 없고, 얼룩이를 희거나 검다고 할 수 없기 때문입니다.

사실, 이 부분에서 야곱에게 히든카드가 있었습니다. 그는 머리를 비우고 일하지 않았습니다. 종이나 노예처럼 억지로 일하지 않았습니다. 그는 최선을 다해 외삼촌을 위해 일했습니다. 이는 창세기 31장 40절 이하에서도 확인할 수 있습니다. "내가 이와 같이 낮에는 더위와 밤에는 추위를 무릅쓰고 눈 붙일 겨를도 없이 지냈나이다." 야곱은 어떻게 하면 흠 없는 새끼들을 얻을까 어떻게 하면 약골들을 튼실한 놈으로 만들 수 있을까 고민하면서 많은 시행착오를 겪었습니다. 그러면서 한 가지 재미있는 사실을 발견했습니다.

알고 보면, 야곱이 근대 우생학(優生學)의 기초를 놓은 것이나 다름없습니다. 어쩌면 천주교 사제 출신인 멘델이 성경의 창세기를 읽다가 야곱의 이 일에서 힌트를 얻어 멘델의 유전법칙을 발표했는지도 모릅니다. 원리는 간단합니다. 모두 흰색인 양, 암놈과 수놈이 있습니다. 그런데 이 둘을 교배(交配)하더라도 모두 흰색이 나오리라는 법은 없습니다. 물론 완전히 흰색이 나올 수도 있겠지만 얼룩이나 심지어 완전히 검은 놈도 나올 수 있습니다. 야곱은 바로 이것을 발견했습니다.

그러나 당시에 목동들은 이런 것에는 별로 관심이 없었습니다. 양치는 일은 힘들고 고된 일이며 무엇보다 지루한 일이었습니다. 그렇기 때문에 당시 목자들은 적당히 주인의 눈치나 보면서 편하게 쉬려고 했지, 가축들을 교배하거나 살뜰히 보살피는 과정을 통해 수를 불리는 일에는 신경을 전혀 쓰지 않았습니다(창29:7~8).

야곱이 처음에 하란 땅에 도착했을 때를 보십시오. 들에 우물이 있었는데, 목자들이 일찍 모였습니다. 야곱이 목자들에게 "아직 해가 높은즉 가축 모일 때가 아니니 양에게 물을 먹이고 가서 풀을 뜯게 하라"고 이야기했지만, 목자들은 들은 체 만 체했었습니다. 그러나 야곱은 다른 목동들이 간과하는 것들을 유심히 살폈고, 삼촌의 양들을 가지고 여러 가지 실험도 해 보았습니다. 야곱은 이런 과정들을 통해 외삼촌 라반의 재산을 많이 불릴 수 있었습니다. 특히 야곱은 완전히 흰색인 부모에게서 얼룩이나 검은색 새끼들이 태어나는 것을 무척 신기하게 관찰했습니다. 그리고 마침내 그것을 실제 자신의 재산을 불리는 데 적용할 수 있는 기회를 잡았습니다. 또 야곱은 계산에도 능했습니다. 다시 말해, 기하급수(幾何級數)라는 것을 제대로 이해했던 것입니다.

둘째, 이 첫째 계략이 성공하기 위해서는 야곱은 자신을 아주 철저한 신앙인으로 위장해야 했습니다. 지금으로 치면 오로지 믿음과 하나님 은혜만 이야기하는 '어수룩한 그리스도인' 코스프레를 해야 했던 것입니다. 표현하기가 다소 어렵습니다만, 사리에 밝고 똑똑한 '종교인' 라반이 보았을 때에 야곱은 믿음과 은혜만 이야기하면서 세상 물정 잘 모르는 순진한 '신앙인' 야곱으로 비쳐야 했습니다. 그래서 야곱은 이 일에 무척 공을 들이고 있습니다.

다음으로 야곱의 세 번째 계략입니다. 야곱은 외삼촌 라반을 설득하기 위해 감정적으로도 호소합니다! 그러나 철저한 팩트에 근거하여 감정적으로 호소합니다. 다시 한번 더 창세기 30:29~30절을 보십시오. 눈물이 날 지경입니다!

야곱이 그에게 이르되 내가 어떻게 외삼촌을 섬겼는지, 어떻게

외삼촌의 가축을 쳤는지 외삼촌이 아시나이다 내가 오기 전에는 외삼촌의 소유가 적더니 번성하여 떼를 이루었으니 내 발이 이르는 곳마다 여호와께서 외삼촌에게 복을 주셨나이다. <u>그러나 나는 언제나 내 집을 세우리이까?</u>

아마 야곱이 평생에 이만큼 진지했던 적도 없었을 것입니다. '그러나 나는 언제나 내 집을 세우리이까?'라는 말보다 더 진한 호소력 있는 말이 또 있을까요? 짠~ 합니다. 도둑놈 심보의 라반도 심적으로 수긍했을 것입니다. 14년을 거의 공짜로 부려먹었으니까요!

그리고 여기서 중요한 것이 하나 더 있습니다. 야곱이 '그러나 나는 언제나 내 집을 세우리이까?'라는 호소를 외삼촌 라반에게만 했겠습니까? 아닙니다! 요셉이 태어나면서 정신을 차리고 난 후에 벧엘의 체험을 기억하면서 하나님께 이렇게 부르짖지 않았겠습니까? 사람이 하는 말은 모두 마음에서 나오는 것입니다. 즉흥적으로 나오는 말 같지만, 사실은 오랫동안 마음속에 머물던 것이 어느 순간 말로 나오는 것입니다. '그러나 나는 언제나 내 집을 세우리이까?'라는 이 말은 야곱이 하나님께 부르짖던 고백이었음이 분명합니다.

한편, 이 고백은 우리 모든 그리스도인의 부르짖기도 합니다. 어쩌면 이렇게 상황이 똑같을 수가 있을까요! 모두 금요기도회 때 하나님께 이렇게 간구하지 않습니까?

"하나님 아버지, 야곱은 저렇게 이야기할 수 있는 외삼촌이라도 있었지만, 제게는 아무도, 그리고 아무것도 없습니다. 오로지 비빌 언덕이라곤 하나님 아버지밖에 없습니다. 저 좀 봐 주십시오! 저는 언제나 내 집을 세우겠습니까?"

하나님의 자녀교육 철학

다음으로 생각해 볼 것은 하나님이 우리의 믿음을 인정하는 방식에 관해서입니다. 앞서도 이야기했지만, "내 발이 이르는 곳마다 여호와께서 외삼촌에게 복을 주셨나이다"라는 야곱의 이 고백은 야곱의 신앙심을 정직하게 다 담아낸 것이 아닙니다. 그는 자신의 목적을 달성하기 위해 자신의 믿음을 실제보다 더 부풀려서 외삼촌에게 말한 것입니다. 그러나 마음속으로는 이를 부득부득 갈며 이런 생각을 했을 것입니다.

'외삼촌, 말이야 바른말이지, 솔직히 다 나 때문에 이렇게 부자가 된 것이잖아! 내가 밤잠 설쳐가며 돌보고 부풀린 양 떼와 염소 떼들이야! 어떻게 나한테 이럴 수가 있어!'

그러나 하나님께서는 이렇게 아이러니한 방법을 사용하셔서 믿음 없는 우리를 인정하십니다. 때로는 우리로 세상 사람들 앞에서 이런 식으로라도 억지 신앙고백을 하게 하십니다. 그런데 하나님께서는 이런 우리의 부족한 고백을 축복하십니다. 그래서 세상 사람들의 입을 막고 동시에 우리의 입도 막으십니다.

그리고 우리로 생각하게 하십니다. 우리가 가진 믿음이라는 것도 알고 보면 하나님께서 다 주신 것입니다. 결국 믿지 않을 수 없는 상황으로 몰고 가신 후에 (자의든 타의든) 우리의 부족한 입술로 믿음의 고백을 하게 하십니다. 그러고는 마치 우리 스스로 그 고백을 한 것처럼 대견해하신다는 이야기입니다. 마치 어린아이들을 키울 때, 엄마와 아빠가 다 해 줘 놓고서는 아기가 한 것처럼 칭찬하는 것과 똑같은 원리입니다. 성경암송을 어린아이들에게 시켜 보면 압니다. 말이 어려워서 제대로 발음조차 하지 못합니다. 하물며 내용인들 이해했겠습니까? 그런데 부모는 너무 잘했다고 아이를 칭찬합니다. 그러면 어떻게 됩니까? 아이들은 자극을 받고 더 열심히 하고 종국에는 말씀의 자녀로 자라나게 되어 있습니다. 지금 하나님께서 야곱을 이런 식으로 인도하셔서 믿음이 성장하도록 이끌어 가십니다.

재벌 가정 vs 믿음의 가정

그런데 여기서 중요한 것을 하나 더 생각해 보았으면 합니다. '나는 언제나 내 집을 세우리이까?'에서 하나님께서 생각하는 집과 야곱이 생각하는 집에 큰 차이가 있었습니다. 하나님께서는 우리에게 건강한 믿음의 집(가정)을 세우기를 원하십니다. 그러나 야곱은 재벌 가정을 세우고 싶어 했습니다. 이는 쌍둥이 동생으로 자라면서 받은 차별, 피해의식과 설움, 그리고 외삼촌 라반에게서 받은 상처가 너무 컸기 때문에 생긴 반작용이었습니다.

문제는 이로 인해 야곱의 마음에 엄청난 분노가 생겨났다는 것입니다. 그는 이 분노와 복수심으로 악착같이 재물을 모았습니다. 그러나 야곱은 이렇게 라반에게 앙갚음하느라 또 자신의 재물을 불리느라 가정을 제대로 돌보지 못했습니다. 아내들과의 소통뿐 아니라 자녀들과의 대화나 소통에도 큰 문제가 있었습니다. 그런데 이렇게 야곱이 재벌 가정을 세워가는 동안, 양 떼와 염소 떼가 기하급수적으로 늘어나는 동안, 아내와 자녀들 마음에는 자신 속에 있던 것과 똑같은 형태의 분노가 기하급수적으로 자라고 있었습니다.

결국 야곱은 그가 원하는 바대로 재벌 가정을 세웠는지는 모르겠지만, 균형 잡히지 못한 신앙 때문에 그 후에 참으로 험악한 세월을 보냈습니다. 그가 행한 모든 것이 부메랑이 되어 다시 돌아왔습니다. 세겜에서 디나의 강간 사건, 이에 대한 레위와 시므온의 복수, 유다의 출가, 르우벤과 첩 빌하의 간통, 라헬의 죽음 그리고 가장 아끼고 사랑했던 아들, 요셉의 죽음(실종) 등 파란만장한 일들을 감당해야 했습니다.

이는 우리도 마찬가지입니다. 사회생활을 하다 보면 마음속에 분노가 솟아오르고 특히 의롭지 못한 자들에게 되갚아 주고 싶은 마음이 들 때가 아주 많습니다. 이것이 남의 이야기라면 쉽게 조언하겠지만, 내 문제, 나의 이야기가 되면 치밀어 오르는 화와 미움을 조절하기가 정말 어렵습니다. 배신감, 섭섭한 마음, 분노로 잠 못 이룬 밤이 하루 이틀이 아닙니다. 그러나 이와 동시에 우리는 여기 야곱처럼 내 집을 세우고 싶어 합니다. 부유하고 멋진 집, 세상 사람들이 함부로 할 수 없는 높다란 담장의 그런 집! 이것이 우리의 자존심입니다. 그러나 솔직히 인정하십시다. 우리도 여기 야곱처럼 세우고자 한 집이 믿음의 가정이 아니라 재벌 가정이었음을 말입니다. 그러하기에 이 본문 앞에서 우리는 진심으로 반성해야만 합니다. 꼭 기억하십시다! 하나님께서 우리 자녀들에게 원하시는 가정은 재벌 가정이 아니라 믿음의 가정입니다.

야곱의 심리전 – 라반이 거절할 수 없는 제안

라반이 이르되 내가 무엇으로 네게 주랴 야곱이 이르되 외삼촌께서 내게 아무것도 주시지 않아도 나를 위하여 이 일을 행하시면 내가 다시 외삼촌의 양 떼를 먹이고 지키리이다. 오늘 내가 외삼촌의 양 떼에 두루 다니며 그 양 중에 아롱진 것과 점 있는 것과 검은 것을 가려내며 또 염소 중에 점 있는 것과 아롱진 것을 가려내리니 이 같은 것이 내 품삯이 되리이다. 후일에 외삼촌께서 오셔서 내 품삯을 조사하실 때에 나의 의가 내 대답이 되리이다. 내게 혹시 염소 중 아롱지지 아니한 것이나 점이 없는 것이나 양 중에 검지 아니한 것이 있거든 다 도둑질한 것으로 인정하소서 (창30:31~33).

동영상 3강

이번에는 정말이지 야곱의 치밀함을 보게 됩니다. 스크루지 라반에게 이런 거래 조건은 거절할 수 없는 유혹입니다! 왜냐하면 야곱은 품삯으로 현재 라반의 그 어떤 소유물 하나라도 요구하지 않았기 때문입니다! '외삼촌께서는 내게 아무것도 주시지 않아도 됩니다!' 세상에 이런 거래가 어디에 있겠습니까?

그러나 야곱의 승부수는 확률로 치면 반반입니다. 야곱의 제안에 대해 외삼촌 라반이 실오라기 한 올만큼만이라도 의심을 하거나 석연치 않음을 느끼고 거절해 버리면 그것으로 거래는 끝나기 때문입니다. 그럼에도 야곱은 조금의 망설임도 없이 믿음으로 그 거래의 칼자루를 다시 라반에게 줘 버립니다. 누가 보더라도 야곱에게 불리한 내기 조건입니다. 대단한 승부수입니다! 평생 목축업에 종사한 라반이 결국 속을 정도였기 때문입니다. 아니, 솔직히 속는다는 표현은 좀 그렇고… 야곱이 외삼촌 라반의 가축을 치면서 알게 된 지식과 정보를 단지 외삼촌에게 공개하지 않은 것뿐입니다.

확실히 낚이는 라반

라반이 이르되 내가 네 말대로 하리라 하고 그날에 그가 숫염소 중 얼룩무늬 있는 것과 점 있는 것을 가리고 암염소 중 흰 바탕에 아롱진 것과 점 있는 것을 가리고 양 중의 검은 것들을 가려 자기 아들들의 손에 맡기고 자기와 야곱의 사이를 사흘 길이 뜨게 하였고 야곱은 라반의 남은 양 떼를 치니라 (창30:34~36).

야곱이 이렇게 나오니 라반의 머리도 빠르게 회전합니다. 그리고 자신의 판단을 확신합니다. 연봉계약서를 바로 체결하기 때문입니다. 요즘 말로 하면, 라반이 야곱에게 확실히 낚이는 순간입니다. 그는 속으로 반대로 생각했습니다. '이런 멍청한 녀석을 보았나! 검은 염소끼리 교배를 하는데 어떻게 얼룩무늬와 점 있는 것, 아롱진 것이 나올 수 있어? 흰색 양들끼리 교배를 하는데 어떻게 검은 것을 낳을 수 있어? 어리석은 야곱, 설사 그런 놈들이 태어난들 얼마나 되겠어? 하나님을 정말 바보같이 믿는군. 야곱의 마음이 바뀌기 전에 당장 그렇게 해야지.'

그래서 라반은 야곱이 그런 분류작업을 하겠다는 것을 무시하고 자신이 직접 합니다. 라반의 본 성품이 나오는 것입니다. 사실, 이 일은 그렇게 급한 일이 아니었기 때문에 다음 날이나 그다음 날 해도 문제 될 것이 없었습니다. 그리고 무엇보다 그 일은 힘든 일이었기 때문에 자기 친 자식들에게 맡겨도 되는 일입니다. 그러나 라반은 오히려 야곱의 마음이 바뀌는 것이 두려워 당장에 실행합니다. 그것도 그날에 늙은 몸을 이끌고 자신이 직접 합니다. (이제 계산할 수 있지요? 이때 야곱이 90세 정도 되었으니 외삼촌 라반은 적어도 110세 이상은 되었을 것입니다.)

야곱의 태교 그리고 하나님의 승부수 – 기하급수

야곱이 버드나무와 살구나무와 신풍나무의 푸른 가지를 가져다가 그것들의 껍질을 벗겨 흰 무늬를 내고 그 껍질 벗긴 가지를 양 떼가 와서 먹는 개천의 물 구유에 세워 양 떼를 향하게 하매 그 떼가 물을 먹으러 올 때에 새끼를 배니 가지 앞에서 새끼를 배므로 얼룩얼룩한 것과 점이 있고 아롱진 것을 낳은지라. 야곱이 새끼 양을 구분하고 그 얼룩무늬와 검은빛 있는 것을 라반의 양과 서로 마주 보게 하며 자기 양을 따로 두어 라반의 양과 섞이지 않게 하며 튼튼한 양이 새끼 밸 때에는 야곱이 개천에다가 양 떼의 눈앞에 그 가지를 두어 양이 그 가지 곁에서 새끼를 배게 하고 약한 양이면 그 가지를 두지 아니하니 그렇게 함으로 약한 것은 라반의 것이 되고 튼튼한 것은 야곱의 것이 된지라. 이에 그 사람이 매우 번창하여 양 떼와 노비와 낙타와 나귀가 많았더라 (창 30:37~43).

이제 칼자루는 다시 야곱에게로 넘어왔습니다. 거래는 성사되었고, 야곱은 자신의 계획대로 실행해 옮기기만 하면 됩니다. 그런데 성경은 야곱의 이상한 행동을 언급하고 있습니다. 많은 신학자들이 이 부분을 해석하는 데 어려움이 있는 듯합니다. 허구니 사실이니 말들이 많기 때문입니다. 실제로 하나님께서 당신께서 만드신 세상의 유전법칙을 잠시 거두시고, 야곱이 시행한 방법대로 양과 염소들이 새끼를 낳았더니 얼룩얼룩한 것들만 태어나게 하셨을 수도 있을 것입니다. 하나님께서는 충분히 그러실 수 있기 때문입니다.

그러나 실상은 그렇지 않습니다. 야곱의 이상한 행동은 그가 처한 군급(窘急)한 상황을 조금만 적나라하게 바라보더라도 바로 이해할 수 있습니다. 다름 아니라 이것은 '야곱의 태교(胎敎)'입니다. 야곱은 이미 경험을 통해 그 내용을 잘 알고 있습니다. 흰색 양들끼리 교배를 해도 점 있는 것과 얼룩무늬가 태어날 수 있다는 사실을 말입니다. 그런데 막상 외삼촌과 큰 거래를 하고 보니까 불안해서 미칠 지경이 되었습니다. 비록 이 일에 그가 할 수 있는 것이 아무것도 없지만 좌불안석(坐不安席)이 되어 그가 할 수 있는 무엇인가를 하려고 하는 것입니다. 그것이라도 해야 마음이 놓이기 때문입니다.

한 가지 예를 들겠습니다. 징크스입니다. 유명한 축구선수나 야구선수들 중에 비록 신앙인이지만 징크스가 있는 분들이 있습니다. 미신하고는 좀 차원이 다릅니다. 어떤 분들은 중요한 경기가 있을 때마다 늘 양말을 거꾸로 신기도 하고 속옷을 뒤집어 입기도 합니다. 야곱은 바로 이런 심정으로 버드나무와 살구나무와 신풍나무 가지들을 꺾어 껍질을 벗기고 교배하는 양들 앞에 두었던 것입니다. 그 정도로 간절하고 절실했다는 의미입니다.

한편, 풀을 뜯을 때보다 물 먹을 때 가축들을 교배시킨 것은 탁월한 선택이었습니다. 풀을 뜯을 때는 흩어져 있기에 임의로 컨트롤하기가 힘들지만, 물을 먹을 때는 많은 수의 가축들이 모여들기에 튼튼한 놈들끼리 교배시키는 것이 한결 쉬웠을 것이기 때문입니다. 이렇게 처음이 어렵지, 한 마리 두 마리 점 있고 얼룩무늬 있는 것들이 태어났을 경우 이것들을 잘 거두어 튼실한 놈으로 키우는 것은 상대적으로 쉬웠습니다. 야곱이 늘 하던 일이었기 때문입니다.

무엇보다 여기에 하나님께서 눈에 보이지 않는 큰 복을 더하셨습니다. 양이나 염소는 보통 생후 1~2년이 지나면 성숙하여 새끼를 가질 수 있는데 보통 5개월의 임신 기간을 거쳐서 한 마리 아니면 두 마리의 새끼를 낳습니다. 그런데 하나님께서는 야곱의 것에는 축복을 더하셔서 한 마리가 아니고 두 마리 또는 세 마리씩 낳게 하신 것입니다. 그것도 흠 없이 튼실한 놈으로 말입니다. 그리고 보이지 않은 확률도 야곱에게 유리하도록 조정해 주셨을 것입니다. 낳을 때마다 얼룩이와 점 있고 아롱진 것들이 더 많이 태어나도록 간섭하신 것이지요. 이렇게 해서 야곱은 불과 6년도 채 안 된 기간에 사촌들의 시기가 하늘을 찌를 정도로 큰 부자가 될 수 있었습니다. 기하급수로 축복하신 하나님이십니다!

'어떻게'와 그 '선택'을 우리에게 맡기신 하나님

다음으로 보다 중요한 이야기를 하고자 합니다. 하나님의 말씀은 우리를 인격적으로 대하시며 이를 통해 우리의 믿음을 성장시키는 방향으로 이끌어 갑니다. 이것은 우리네 신앙생활에서 가장 중요한 부분 가운데 하나입니다. 그런데 이것이 좀 두루뭉술한 표현일 수 있기 때문에 조금 더 구체적으로 이야기합니다.

창세기 31장 1절 이후로, 야곱이 매우 번창하여 양 떼와 노비와 낙타와 나귀가 많아졌습니다. 그랬더니 야곱의 사촌들 그러니까 라반의 아들들이 시기, 질투하기 시작합니다. 사촌들이 모여서 수군수군하면서 야곱을 왕따시킵니다. "야곱이 우리 아버지의 소유를 다 빼앗고 우리 아버지의 소유로 말미암아 이 모든 재물을 모았다"라며 눈도 마주치지 않습니다. 그리고 또 실제로 보니 외삼촌 라반의 안색이 자기에게 대하여 예전 같지가 않은 것입니다.

그런데 이때 아주 곤혹스러운 상황에서 하나님께서 야곱에게 나타나셔서 말씀하십니다.

여호와께서 야곱에게 이르시되 네 조상의 땅 네 족속에게로 돌아가라 내가 너와 함께 있으리라 (창31:3).

그런데 이것이 전부입니다! 여호와 하나님께서는 야곱에게 "고향으로 돌아가라. 내가 너와 함께 있겠다!"라는 말씀만 하셨지, 구체적으로, 언제, 어떻게, 누구와 무엇을 가지고 가야 할지는 알려 주지 않으셨습니다! 야곱 입장에서는 무척 답답했을 것입니다. 하나님께서는 큰 밑그림만 제시하시고 어떻게 할지에 관한 그 구체적인 방법은 모두 야곱에게 맡기셨습니다. 다시 말해, '선택'을 다 야곱에게 맡기셨습니다. 처음에는 이런 방식이 물이나 김치 없이 고구마를 먹는 것처럼 무척 힘들 수 있습니다. 그러나 잘 생각해 보면 이것이 진짜 신앙이라는 것을 알 수 있습니다. 하나님께서 야곱을 그리고 우리를 믿고 신뢰하시겠다는 뜻이기 때문입니다. 다소 실수하고 일을 그르칠 수 있으나 끝까지 인내하며 잘할 때까지 기다려 주시겠다는 의지를 보여 주시는 것입니다.

우리 인생을 향한 하나님의 뜻

이 문제는 아무리 강조해도 지나치지 않습니다. 왜냐하면 이는 우리가 늘 헷갈려 하는, 내 인생을 향한 '하나님의 뜻'과 관련되어 있기 때문입니다.5) 따라서 원칙적인 말씀 앞에, '어떻게 할 것인가?'와 이에 따른 '선택'의 문제에 관해 좀 더 깊게 살펴보겠습니다.

경험에 따르면, 많은 그리스도인들이 자신의 인생에 대한 '하나님의 뜻'에 큰 오해를 하고 있었습니다. 수년 전에 모교회 제자와 연락이 닿았습니다. SNS를 통해 가끔 교제를 나누던 중 어느 날 이 친구가 저에게 메시지로 진지한 질문을 전해 왔습니다.

"선생님, 저 서른을 훌쩍 넘긴 나이인데 아직 사귀는 자매가 없어요. 혹, 독신으로 사는 것이 제 인생을 향한 하나님 뜻일까요?"

어떤 답을 주었을 것 같습니까? "예수님 안에서 네 마음대로 하세요! 그것이 하나님 뜻이에요!" 그랬더니 이 친구는 예상치 못한 이 짧은 답변으로 인해 적잖이 당황스러워했습니다. 그래서 메일을 통해 따로 길게 부연 설명을 해야 했습니다.

'육신의 정욕을 이길 수 없고 특히 '결혼과 가정'에 대한 강한 끌림과 구체적인 그림이 이미 마음속에 자리 잡고 있다면 결혼을 선택하는 것이 하나님의 뜻일 것이고, 그렇지 않다면 '아직은' 독신으로 사는 것이 하나님의 뜻일 것이다. 어느 것을 선택하더라도 말씀의 가르침 안에서 고민하고 있다면 둘 다 하나님의 뜻이다. 하나님의 뜻은 닫혀 있는 것이 아니라 열려 있다. 하나님의 뜻은 미로처럼 이미 정해져 있는 고정된 길을 찾아가는 것이 아니다. 하나님께서 원하시는 것은 이미 나에게 허락하신 말씀에 반응하여 내가 바른 선택을 하는 것이다. 하나님께서는 무엇보다 우리 스스로 그것을 알아 가고 우리 스스로 바른 선택을 하기를 원하신다. 이것이 하나님의 뜻이다⋯.' 이런 내용으로 조언해 주었습니다.

솔직히, 저도 제 인생을 향한 '하나님의 뜻'이 무엇인지 몰라 무던히도 힘들고 방황했던 이십 대를 추억으로 간직하고 있습니다. 의사가 되고 싶었지만 실제로는 공학도가 되었고, 적성에 맞지 않아 재도전했지만 실패했기에 도망치듯 군대로 향했습니다. 복학하면서 부득불 억지로 전공에 몸을 맞추긴 했지만, 이것이 익숙해질 무렵 이번에는 공학과 신학 사이에서 하나님의 뜻을 묻는 깊은 고민이 이어졌습니다. 내 인생을 향한 하나님의 뜻은 점점 미궁 속으로 빠지는 듯했습니다.

그 후 결혼을 하고 직장을 따라 본토 친척 아비 집을 떠난 이후에도 나를 향한 하나님의 뜻은 마음속 저편 한 언저리에 여전히 물음표로 남아 있었습니다. 청년 시절과 달리 그 고민이 우선순위 저 아래로 내려간 것은 녹록하지 않은 세상살이에 시달리다 못해 부러 잊고 지낸 것뿐이었습니다. 삼십 대 중반이 될 때까지, 하나님의 뜻에 대한 제가 가진 관념은, 제럴드 L 싯처의 표현을 빌리면, '전통적 접근'에서 크게 벗어나지 못했습니다.

'하나님의 뜻'이란 우리가 따라야 할 미래의 구체적인 길이 있는데, 하나님께서는 그 길을 아시며 우리가 따르도록 미리 정해 놓으셨다는 것입니다. 그리고 우리의 책임은 그 길을 찾아내야 한다는 것입니다. 다시 말해, 우리는 따를 수 있는 많은 길 중에서 진짜 따라야 할 한 길만을 찾아내야 한다는 것입니다. 마치 '미로'처럼 말입니다. 그런데 과연 이런 것이 하나님의 뜻일까요?

결코 아니지요! 왜냐하면 이런 전통적인 접근에는 치명적인 문제점이 많기 때문입니다.

첫째로 이 접근은 날마다 내리는 작고 사소해 보이는 결정 대신 미래의 중요해 보이는 결정에 마음을 쏟게 합니다. 다시 말해, 선택의 문제에서 우리는 본능적으로 미래에 대한 걱정, 근심, 염려로 나를 불태우며 그 대가로 현재를 몽땅 희생한다는 점입니다. 그러나 과거와 미래는 나의 것이 아니며, 오로지 하나님께서 우리에게 주신 것은 오늘 하루, 이 현재뿐인데도 말입니다. 따라서 우리가 가진 문제는 바른 선택을 위한 지식의 부족이 아니라 이미 알고 있는 내용에 반응하지 않으려는 고집스러운 태도임이 분명합니다. 그렇기 때문에 우리는 모르거나 모호한 것을 굳이 알아내려 하지 말고 오히려 명확한 것을 행하는 데 초점을 맞추어야 합니다.

둘째로 이런 전통적인 접근에는 근본적으로 '하나님 관'이 잘못되어 있고 부정적입니다. 다시 말해, 어떤 이유로든 하나님께서는 당신의 뜻을 꼭꼭 숨겨 두시고 우리로 하여금 그것을 찾게 만든다는 것입니다. 마치 '천상에서 베푼 지상의 보물찾기' 같은 것입니다. 좀 불경스러운 표현이지만, 하나님을 마치 심술궂은 노인네 취급하는 것입니다. 그런데 과연 하나님의 성품이 당신의 선한 것을 자녀들이 잘 찾지 못하도록 꼭꼭 숨겨 두는 것이겠습니까?

셋째로 앞날에 대한 우리의 집착에는 '통제할 수 없는 미래를 내 힘으로 통제하려는 욕심'이 숨어 있습니다. 분명한 것은, 미래는 우리의 것이 아닙니다. 모르는 것이 우리에게 유익합니다. 이것은 조금만 생각해 보아도 분명히 알 수 있는 사실입니다. 만약 우리가 미래를 손바닥 보듯 다 안다면, 이로 인해 현재 나와 하나님과의 관계는 전혀 의미 없는 것이 될 것입니다. 그렇기 때문에 하나님께서는 미래에 대해서는 놀라울 정도로 융통성을 많이 허락하시면서도 우리가 살아가는 현재에 대해서는 극도로 융통성이 없으십니다.

이렇게 미래를 불확실성 가운데 열어 두고 현재를 믿음으로 사는 데 초점을 두는 것은 우리에게 여러 가지로 유익이 많습니다. 첫째로 우리의 삶을 성과 속으로 구분하지 않게 해 줍니다. 둘째로 현재 우리의 삶에서 하나님을 밀쳐 내지 못하게 합니다. 셋째로 우리 스스로 결정을 내릴 수 있는 자유와 확신을 가짐으로 성숙한 인격체로 성장해 갈 수 있습니다. 특히 마지막 세 번째가 아주 중요하며 오늘 야곱 이야기의 핵심입니다!

조금 성장한 야곱과 그의 가정

다시 야곱 이야기로 돌아가면, 하나님께서는 야곱에게 바로 이 세 번째 방식을 사용하셔서 야곱의 믿음과 인격을 성장시키고 있습니다. 맞습니다! 하나님께서는 야곱에게(우리에게) 선택의 권한을 주셨습니다. 원칙은 주셨지만, 그것을 행하기 위한 '어떻게', 즉 선택의 권한은 다 우리에게 맡기셨습니다.

생각해 보십시오! 태초부터 그랬습니다. 아담과 하와에게 에덴동산 가운데 있는 선악과와 생명나무의 열매를 따 먹지 말라고는 하셨지만, 그 선택은 그들에게 맡기셨습니다. 마찬가지입니다. 하나님께서는 야곱이 인격적으로 성장하고 자라기를 원하셨습니다. 그래서 큰 원칙을 정해 주시고는 나머지 구체적인 부분, '어떻게'의 문제와 '선택'의 문제는 모두 야곱에게 맡기셨던 것입니다. 원칙이 무엇입니까? '야곱아, 지난 20년간 광야학교, 라반의 고난학교에서 훈련 잘 받았다. 이제 졸업해도 된다. 이제 네 조상의 땅 네 족속에게로 돌아가라. 걱정하지 마라. 내가 너와 함께 있을 것이다.' 그런데 야곱은(우리는) 걱정이 됩니다! 왜냐하면 그 밖의 남은 문제-구체적인 '어떻게'와 '선택'의 문제를 야곱이 스스로 알아서 결정해야만 하기 때문입니다. 그럼에도 이 어려운 과정을 스스로 겪고 극복해야만 인격과 성품이 자라고 성장할 수 있습니다.

여기 야곱을 보십시오. 이렇게 하니까 드디어 야곱이 자기 아내들을 불러내어 가족회의를 합니다. 야곱의 두 아내도 마찬가지입니다. 항상 서로 앙숙지간(快宿之間)으로 지내다가 결정적인 상황이 되어 남편이 진지하게 신앙적인 이야기를 하니까 한마음을 품습니다. 조금 성장한 야곱과 야곱의 가정입니다.

이미 하나님께서 우리에게 주신 수많은 신앙의 원리들이 있습니다. 네 이웃을 네 몸과 같이 사랑하라/ 사랑으로 서로 종노릇하라/ 형제에게 노하지 말라/ 비판하지 말라/ 항상 기뻐하라/ 쉬지 말고 기도하라/ 범사에 감사하라/ 선한 일을 하고 선한 사업에 부하라/ 의와 경건과 믿음과 사랑과 인내와 온유를 좇으라/ 등등… 수도 없이 많습니다. 그리고 우리가 할 일은 이 원리들을 하나하나 우리의 삶에 실천해 나가는 것입니다. 이 원리를 '어떻게' 실행할지는 다 우리 각자에게 맡기셨습니다. 하나님께서 우리와 함께하실 것입니다! 그렇기 때문에 미래를 두려워하지 말고 하나님께서 주신 경험과 지혜와 은사를 따라 묵묵히 오늘을 살아가면 되는 것입니다.

하나님의 뜻과 주어진 환경

다음으로, 하나님께서는 우리가 살아오면서 경험했던 많은 것을 활용하십니다. 선택의 문제에서 이것이 얼마나 중요한지 모릅니다. 야곱을 보십시오. 외삼촌 라반 집에서 양치는 종살이로 14년간 보내면서 갈고닦은 경험을 결국에는 사용하게 하십니다. 뭣한 사람 같았으면 스스로 처가살이에 비관해 허랑방탕(虛浪放蕩)한 세월을 보냈을 것입니다. 그러나 그는 밤낮 열심히 생각하며 정성을 다해 일했습니다. 그리고 하나님께서는 보잘것없는 그 종살이 경험을 그대로 사용하셔서 야곱을 큰 부자로 만들어 주셨습니다.

이는 마치 예수님께서 아무것도 없는 것에서 떡과 생선을 만들어 오천 명을 먹이신 것이 아니라 그들이 가지고 있던 보잘것없는 물고기 두 마리와 보리떡 다섯 개를 사용하셔서 5,000명을 먹이신 것과 같습니다. 하나님 앞에서 보잘것없는 직업과 인생은 없습니다. 하나님께서는 우리가 내어 놓는 작은 헌신, 심지어 우리 입술로 고백하는 그리 순전하지 못한 믿음의 고백도 칭찬하시고 기뻐하십니다. 이런 식으로 하나님께서는 우리가 가진 작은 것들을 이용해서 더 큰 믿음의 자리로 이끄십니다.

분량 미달의 믿음과 선택의 문제

끝으로, 처음 시작할 때 했던 질문으로 다시 돌아가고자 합니다. 야곱이 외삼촌 라반에게 행한 이 일련의 일들이 옳은가 옳지 않은가라는 질문이었습니다. 이는 옳고 그름을 떠나 하나님께서 야곱의 부르짖음을 들으시고 허용하셨다고 보는 것이 맞을 것입니다. 칭찬과 격려를 받을 정도의 행위는 아니고 간절히 구하는 것이기에 어떤 형태로든 허용하신 것입니다. 인생에서 그 정도의 문제라면 한 번쯤은 홀로 맞닥뜨려 보아도 좋을 것이라 판단하셨습니다. 인생에서 좌충우돌의 과정을 스스로 겪어 보는 것보다 더 좋은 성장 주사도 없기 때문입니다. 만약 우리도 이런 식으로 구한다면 허용하실 것 같기도 합니다. 그러나 기억해야 할 것이 있습니다. 분노 또는 복수심으로 무엇을 구하면 절대로 안 된다는 사실입니다.

그리고 하나님께서는 우리가 잘 먹고 잘 사는 것에도 관심이 있으시지만, 하나님 아버지와 더 깊은 관계를 유지하는 데, 즉 믿음의 가정을 세우는 일에 더 큰 관심을 가지십니다. 물질만능 사회에서 우리 속사람은 믿음의 가정을 세우기를 원하나, 짓다 보면 재벌 가정을 추구하는 나 자신을 보게 됩니다. 주위에 그런 사람이 없다고 원망하지 말고, 노아가 산꼭대기에 방주를 짓듯이 나부터 우리 가정부터 이 세상의 시류를 믿음으로 거스르는 복된 가정 지어 가기를 힘써야 할 것입니다. 나는 언제나 내 집을 세우리이까? 지금부터입니다. 우리가 이 마음을 간절히 품고 우리의 부족하고 보잘것없는 인생을 하나님께 드리면(맡겨 버리면), 합력하여 선을 이루는 우리 아버지 하나님의 손이 그 남은 건축의 역사를 이루어 가실 것입니다. 할렐루야!

Chapter 1_연구 및 토론 문제

1. 야곱이 형 에서의 낯을 피해 외삼촌 라반의 집으로 떠나갈 때의 나이를 계산해 봅시다. (라헬이 요셉을 낳았을 때에 야곱의 나이를 계산하는 것이 가장 중요합니다.)

	항목(때)	나이/년차	비고
1	야곱이 바로를 만났을 때 그의 나이는? (a) * 바로의 꿈에 의하면 풍년과 흉년은 각각 몇 년인가? * 야곱의 일가가 양식이 없어 애굽으로 내려간 것은 흉년 몇 년 차인가? (b) * 요셉이 애굽에 총리가 된 것은 몇 살 때인가? (c) * 야곱이 바로를 만났을 때 요셉의 나이는? (d)	130세 7년, 7년 ___년 차 ___세 ___세	창47:9 창41 창45:6 창41:46 d=c+7+b (+1)
2	라헬이 요셉을 낳았을 때 야곱의 나이는? (e) * 야곱은 외삼촌 집에서 몇 년간 종살이를 했는가? (f) * 야곱은 종살이 몇 년 차에 외삼촌에게 고향땅으로 돌아가겠다고 했는가? (g)	___세 ___년 ___년 차	e=a-d 창31:38 창31:41
3	외삼촌 집에서 도망쳐 나올 때 야곱의 나이는? (h)	___세	h=e+(f-g)
4	형 에서의 낯을 피해 아버지 이삭의 집을 떠날 때 야곱의 나이는? (k)	___세	k=e-g
5	이삭이 야곱과 에서를 낳았을 때의 나이는? (m) 에서가 결혼했을 때 야곱의 나이는? (n, 쌍둥이!) 에서가 결혼했을 때 아버지 이삭의 나이는? (p)	60 세 ___세 ___세	창25:26 창26:34 p=m+n

(가) 이때 야곱의 나이는 얼마입니까? 이때까지 야곱이 독신으로 산 이유는 무엇일까요?

(나) 창세기에 나오는 족장들(아브라함~야곱)의 수명은 지금 우리 시대와 비교해 볼 때 대략 2배 정도로 깁니다. 따라서 어떤 이들은 이때 야곱의 나이를 현시대에서는 중년으로 보는 것이 적절하다고 주장합니다. 어떻게 생각하십니까? (참고: 창6:3, 창17:17, 창18:11, 롬4:19, 시90:10)

(다) 여러분의 영적 나이는 얼마입니까? (몇 년생이 아니라 실제 본인은 몇 살로 느껴지십니까? 아래 더 깊은 생각을 읽은 후에 답변해 봅시다.)

♠ 더 깊은 생각:

하루는 로이드 존스 목사가 어떤 노신사와 대화 중 이런 말을 들었습니다. "육체의 나이가 들어가지만 나는 여전히 25살 같이 느껴집니다." 이 이야기를 들은 로이드 존스 목사는 그 노신사에게 다음과 같이 말했습니다. "그것이 바로 우리가 불멸의 영혼을 가지고 있다는 증거입니다!"

(라) 저자는 그리스도인의 비전(그러나 나는 언제나 내 집을 세우리이까?)을 언급하며 특히 그리스도인에게 있어 나이는 결코 중요하지 않으며 숫자일 뿐이라 주장합니다. 여기에 대해 어떻게 생각하십니까? (아래 더 깊은 생각을 참고합시다.)

♠ 더 깊은 생각:

예수님이 태어났을 때, 예루살렘에 의롭고 경건한 시므온이라는 자와 아셀 지파 바누엘의 딸 안나라 하는 나이가 매우 많은 선지자가 있었습니다. 이들의 고백과 삶을 묵상한 후 나누어 봅시다. (눅2:22~40)

2. 여기 야곱의 경우와 같이, 하나님께서 나에게 말씀하시는 때가 있었습니까? 그때 내가 붙든 말씀은 무엇입니까? 나누어 봅시다.

3. 본문에서 소개하는 '하나님의 뜻'과 관련한 '전통적인 접근(미로)'에 대해 어떻게 생각하십니까?

   (가) 그리스도인이 된 이후에 맞닥뜨리게 된 내 인생을 향한 '하나님의 뜻'은 무엇입니까?

   (나) 그 뜻과 비전을 어떻게 이루어 가고 있습니까? 이때 가장 어려웠던 부분은 무엇입니까?

4. 야곱은 외삼촌 라반의 집에서 '고향 땅으로 돌아가라'는 여호와 하나님의 말씀을 듣고 어떻게 반응했습니까?

5. 원칙이나 결론만 말씀하시고 야곱이 구체적으로 어떻게 해야 하는지를 알려 주지 않으시는 여호와 하나님의 의도는 무엇일까요?

6. 하나님께서는 그의 자녀들에게 선택의 자유와 권한을 허락하셨습니다.

   (가) 그런데 우리는 이를 불편하게 생각합니다. 그 이유는 무엇일까요?

   (나) 동일한 논리의 질문이 있습니다. "하나님께서는 에덴 동산에서 아담과 하와가 선악과를 따 먹고 타락할 줄 알면서 왜 그것을 만드셨는가?" 이는 아담과 하와에게 선택의 자유를 허락하신 하나님께 불평을 쏟아내는 질문입니다. 이 질문에 여러분은 어떻게 답하고 있습니까?

   (다) 우리에게 허락된 선택의 자유가 가진 의의(意義)를 생각하고 함께 나누어 봅시다.

♠ 더 깊은 생각:

선택의 자유와 권한이 주는 유익을 먼저 정리해 봅시다.

(주)

1) 33 p. 성경을 자세히 읽어 보면 요셉과 베냐민은 연년생이었을 리가 없습니다. 적어도 10여 년(15년 정도) 정도 나이 차이가 났을 가능성이 큽니다. 당시 야곱의 나이를 어리게 잡고 싶어도 잡을 수가 없습니다.

2) 33 p. 창세기 아브라함 및 사라와 관련된 본문 외, 창세기6:3, 로마서4:19, 시편 90:10, http://blog.naver.com/etermoon/40187677453

3) 34 p. 엄밀히 말하면 '10여 년'이 아니라 7년일 것입니다. 외삼촌 집 20년 종살이 기간 중 앞쪽 7년 기간에는 결혼한 것이 아니기 때문에 이 연수 계산에서 빼야 합니다. 다시 말해, 야곱이 공식적으로 레아와 라헬을 아내로 맞이하여 이들과 동침한 것은 초기 종살이 7년이 마무리되고 혼례를 올린 8년 차 이후였습니다. 그리고 요셉을 낳은 후 6년간 외삼촌 라반을 위해서 일했기 때문에 마지막 6년도 이 연수 계산에서 빼야 합니다. 그렇다면 야곱의 자식들 10여 명은 가운데 부분-소위 야곱이 라헬을 위해서 일했다는 그 가운데 7년 동안에 경쟁적으로 태어났습니다. 그렇기 때문에 자식을 낳는 순서를 보면 성경에는 마치 그 기간이 겹치지 않는 것처럼 표현되고 있으나 실제로는 2명의 아내와 2명의 첩들이 동시에 임신하고 있었던 경우가 많았을 것으로 추정할 수 있습니다. 결론적으로 야곱의 아들들 중 베냐민을 제외하고 장남 르우벤과 막내 요셉 사이에 나이 차이는 7년을 넘지 않았을 것입니다. 보다 상세 내용은 3장 주 1)을 확인할 것.

4) 36 p. 채색옷의 의미: 야곱에게 있어서 요셉에게 입힌 채색옷은 그가 다시 붙든 신앙과 비전의 상징이었지만 이를 바라보는 아들들에게는 차별의 상징이었습니다. 그러나 이 옷을 입은 요셉에게는 자기 정체성의 상징이었습니다. 그가 애굽에 노예로 팔려 갔음에도 불구하고 신앙을 잃지 않고 아브라함과 이삭과 야곱의 자손, 즉 하나님의 자녀라는 정체성을 잃지 않았던 것은 그가 줄곧 입었던 채색옷 때문이라 볼 수 있습니다.

5) 56 p. '하나님의 뜻'과 '선택'의 문제에 대해, 제럴드 L. 싯처가 쓴『하나님의 뜻』과 R. C. 스프룰의『하나님의 뜻을 알 수 있을까?』라는 책은 이 부분에서 탁월합니다.

Chapter 2. 큰 자가 어린 자를 섬기리라

그 예물은 그에 앞서 보내고 그는 무리 가운데서 밤을 지내다가 밤에 일어나 두 아내와 두 여종과 열한 아들을 인도하여 얍복 나루를 건널새 그들을 인도하여 시내를 건너가게 하며 그의 소유도 건너가게 하고 야곱은 홀로 남았더니 어떤 사람이 날이 새도록 야곱과 씨름하다가 자기가 야곱을 이기지 못함을 보고 그가 야곱의 허벅지 관절을 치매 야곱의 허벅지 관절이 그 사람과 씨름할 때에 어긋났더라 그가 이르되 날이 새려하니 나로 가게 하라 야곱이 이르되 당신이 내게 축복하지 아니하면 가게 하지 아니하겠나이다 그 사람이 그에게 이르되 네 이름이 무엇이냐 그가 이르되 야곱이니이다 그가 이르되 네 이름을 다시는 야곱이라 부를 것이 아니요 이스라엘이라 부를 것이니 이는 네가 하나님과 및 사람들과 겨루어 이겼음이니라 야곱이 청하여 이르되 당신의 이름을 알려주소서 그 사람이 이르되 어찌하

야곱, 얍복강에서 인생의 숙제를 풀다!

창세기 32장 21절~33장 4절

여 내 이름을 묻느냐 하고 거기서 야곱에게 축복한지라 그러므로 야곱이 그곳 이름을 브니엘이라 하였으니 그가 이르기를 내가 하나님과 대면하여 보았으나 내 생명이 보전되었다 함이더라 그가 브니엘을 지날 때에 해가 돋았고 그의 허벅다리로 말미암아 절었더라 그 사람이 야곱의 허벅지 관절에 있는 둔부의 힘줄을 쳤으므로 이스라엘 사람들이 지금까지 허벅지 관절에 있는 둔부의 힘줄을 먹지 아니하더라 야곱이 눈을 들어 보니 에서가 사백 명의 장정을 거느리고 오고 있는지라 그의 자식들을 나누어 레아와 라헬과 두 여종에게 맡기고 여종들과 그들의 자식들은 앞에 두고 레아와 그의 자식들은 다음에 두고 라헬과 요셉은 뒤에 두고 자기는 그들 앞에서 나아가되 몸을 일곱 번 땅에 굽히며 그의 형 에서에게 가까이 가니 에서가 달려와서 그를 맞이하여 안고 목을 어긋 맞추어 그와 입 맞추고 서로 우니라.

그리스도인의 사춘기와 하나님의 뜻

세상 모든 사람은 태어나서 유년기와 청소년기를 거쳐 성인으로 성장해 가면서 큰 성장통을 겪게 됩니다. 사춘기라 부르는 이 과정은 사람마다 차이는 있을 수 있으나 대부분의 경우 청소년기에 나타나며, 이때 육체적 정신적으로 더 성숙해집니다. 이로
인해 청소년들은 육체적, 정신적으로 이중 또는 삼중고를 겪습니다. 그래서 우리는 이 시기를 질풍노도(疾風怒濤)의 시기라 부릅니다.

그런데 우리 그리스도인들은 이 세상 사람들과는 달리 사춘기를 한 번 더 거칩니다. 세상 사람들도 다 겪는 그 사춘기에 더하여, 영적으로 거듭난 이후, 즉 구원의 확신을 가지게 된 이후에 영적인 의미의 사춘기를 따로 겪습니다. 부연 설명을 하면, 그리스도인들은 이 세상 사람들이 사춘기 시절에 하는 질문들, 예를 들어 '인생은 무엇인가? 신은 존재하는가?'와 같은 질문에는 이미 자신만의 답을 찾은 사람들입니다. 그런데 그것이 전부인 줄 알았는데, 그 관문을 통과하고 나니 그 앞에 또 다른 형태의 질문이 기다리고 있는 것이지요. '그렇다면 나를 향한 하나님의 뜻은 무엇인가? 왜 하나님께서는 나 같은 사람을 구원하셨는가? 이후로 나는 무엇을 해야 하는가? 하나님의 자녀로서 어떻게 살아가야 하는가?'라는 또 다른 근본적인 질문에 맞닥뜨리게 됩니다. 내 인생을 향한 하나님의 뜻, 이것은 대부분의 그리스도인들이 구원의 확신을 가진 이후에 당면하는 첫 번째 인생 숙제입니다. 이것을 전문용어로 부르심(calling)이라고 합니다.

한편, 사회생활을 하다 보면 육체적으로는 성인인데 생각하는 것과 행동하는 것이 어린아이와 같은 사람들을 만나게 됩니다. '어른아이'라 부르는 이런 사람들은 현대 사회로 오면서 더 많아지고 있습니다. 그 원인은 청소년 시절에 거쳐야 할 사춘기, 곧 성장통을 제대로 겪지 못했기 때문입니다. 그러나 사람은 온전한 인격체로 성숙하기 위해서 언젠가는 이 과정을 겪어야만 합니다. 마찬가지로, 우리 그리스도인들도 영적인 사춘기를 잘 겪어야 하고 또 반드시 거쳐야 합니다. 그런데 한국 교회의 성도들은 이런 부분에서 무척 취약합니다. 그간 먹고사는 문제에 빠져 살다 보니 성경 말씀을 붙들고 제대로 된 고민과 방황을 해 본 적이 없기 때문입니다. 그래서 이 나라의 교회 공동체 안에는 남녀노소, 지위고하를 막론하고 신앙적으로 '어른아이'가 많습니다. 특별히 그리스도인들이 건강한 상태를 유지하기 위해서는 하나님의 바른 말씀이 선포되는 건강한 교회 공동체 가운데 있어야 합니다.

야곱의 사춘기와 인생 숙제

왜 갑자기 영적 사춘기 이야기를 할까요? 지금까지 우리가 살펴보고 있는 야곱도 바로 이런 문제에서 자유롭지 못한 사람이었기 때문입니다. 모르기는 해도 야곱만큼 영적 사춘기를 힘들게 겪은 사람도 없을 것입니다. 그 이유는 이삭이 끌고 간 가족 중심의 공동체와 그 폐쇄성에 기인할 것입니다. 당시 이삭이 이끌어 간 가정교회 공동체는 그렇게 건강하지 못했습니다. 정착하여 농경 생활을 하기는 했지만, 유목 생활에 근간을 두고 있었고, 부모와 자식 사이에 소통이 원활하지 못했고 편애가 심한 가정이었기 때문에 제대로 된 사회적 성장을 이루기가 무척 어려웠을 것입니다.

그럼에도 하나님께서 야곱의 인생을 우리에게 펼쳐 보여 주시는 이유는 우리에게 무엇인가 의미 있는 이야기를 하고자 하시기 때문입니다. 그래서 누구라도 핑계치 못하게 하려는 것입니다. 아무리 우리네 영적 사춘기 시절이 힘들어도 당시 야곱보다는 나을 것이기 때문입니다.

하나님의 자녀들에게는 각자에게 주어진 특별한 인생의 숙제가 있습니다. 남들이 보기에는 유복하고 평안한 길만 가는 듯해도 천로역정(天路歷程)의 길을 가는 모든 그리스도인은 자기 나름으로 풀어야 할 진지한 인생의 문제를 다 가지고 있습니다. 이는 성경에 나오는 수많은 인물에게서도 확인할 수 있는 사실입니다. 그 가운데 우리에게 친숙한 몇몇 인물의 인생 숙제를 살펴보았으면 합니다.

첫째, 아브라함의 경우입니다. 과연 아브라함의 인생 최대의 숙제는 무엇이었을까요? 그가 생각한 자신의 인생 숙제는 '믿음'에 관한 것이었습니다. 특별히 믿음으로 아들을 낳는 것이 아브라함이 풀어야 할 인생 숙제였습니다. 그러나 이것은 아브라함이 스스로 생각한 자신의 인생숙제였고, 하나님께서 아브라함에게 던져 주신 인생 숙제는 따로 있었습니다. 바로 그렇게 '믿음'으로 낳은 아들을 죽여 하나님께 제물로 바치는 '믿음'에 관한 것이었습니다. 전자와 후자의 믿음은 로마서 1장 17절에서 '믿음으로 믿음에 이르게 하나니'에 나오는 그 믿음의 순서와 같습니다.[1] 여하튼 우여곡절을 거치며 아브라함은 자신의 전 인격을 걸고 그 숙제를 잘 풀었고 진실로 우리 모든 믿는 자들에게 '믿음의 조상'으로 불리기에 합당한 자가 되었습니다.

다음은 아브라함의 아들, 이삭입니다. 성경을 볼수록 이삭은 아주 독특한 인물이라 판단됩니다. 믿음의 조상치고는 도드라진 캐릭터를 찾기가 힘들기 때문입니다. 그에게 주어진 인생의 화두는 '순종'이었습니다. 그런데 사실 이 자체가 문제입니다. 순종이라는 화두는 풀기가 아주 어려운 문제인데, 이삭은 너무 어린 나이에 그것도 단번에 순종해 버림으로써 그 숙제를 너무 쉽게 풀어 버렸습니다. 모리아 산에서 자신의 힘으로 늙은 아버지 아브라함의 손을 붙잡고 뿌리칠 수 있었는데도 자신의 목숨을 그냥 아버지에게 믿고 맡겨 버렸습니다. 십자가에서 단번에 순종하신 예수님처럼 이삭도 그 문제를 단번에 너무 잘 푼 것입니다. 그런데 이것이 문제라면 문제였습니다. 솔직히 인생의 숙제는 좀 어렵게 풀어야 인격적으로 큰 성장이 따르는 법입니다. 그러나 이삭은 자신의 숙제를 너무 쉽게 풀어 버렸습니다. 그래서 그 이후의 삶에서는 아브라함과 같은 연단의 과정을 통과한 후에라야 얻을 수 있는 진한 인격적 매력을 찾아보기가 어렵게 되었습니다.

그런데 이런 이유에서인지는 몰라도 이삭이 놓치고 있었던 인생의 숙제는 따로 있었습니다. 하나님께서 이삭에게 내어주신 숙제인데, 이삭은 이 문제에 더 '순종'했었어야 합니다. 그런데 그렇게 하지 못했습니다. 그것은 20년 만에 기도 응답으로 얻은 쌍둥이 아들에 관한 것이었습니다. 비록 하나님께서 아내 리브가를 통해 계시로 주신 말씀이었지만, '큰 자가 어린 자를 섬기리라'는 인생의 숙제는 자식들이 풀어야 할 문제가 아니라 엄연히 아버지 이삭이 풀었어야 할 문제였습니다. 이 문제 앞에 순종하는 것이 하나님께서 이삭에게 내어주신 진짜 숙제였는데 이삭은 그 숙제를 외면해 버리고 말았습니다. 성경에서 믿음과 순종은 같은 의미로 사용되고 있습니다.[2] 이런 의미에서 로마서 1장 17절은 '순종으로 순종에 이르게 하나니'로 다시 쓸 수 있습니다. 즉, 이삭은 앞의 순종은 잘했으나 뒤에 순종에는 문제가 있었습니다. 이로 인해 오랜 세월 동안 집안 식구들 사이에 갈등이 끊이질 않았습니다. 심지어 한날에 두 아들을 잃을 뻔한 위기도 겪었습니다.

끝으로, 이삭의 아들로서 함께 살펴보고 있는 야곱입니다. 그렇다면 과연 야곱의 인생 숙제는 무엇이었을까요? 앞서도 이야기했지만, 야곱이 생각한 자신의 인생 숙제는 '장자권과 축복'에 관한 것이었습니다. 이는 부모님이 쌍둥이 형제가 태어나기 전에 받았던 계시에 근거한 것으로 부모가 풀어야 할 인생의 숙제였습니다. 그런데 오히려 그 숙제를 쌍둥이 중에 둘째인 야곱이 붙들었고, 야곱은 본인이 풀 필요가 없는 숙제를 푸느라 참으로 고단한 세월을 보내야만 했습니다. 그러나 비록 너무 어렵고 힘든 삶을 살았지만, 하나님의 약속의 말씀과 그 숙제를 붙들었기 때문에 그것을 마침내 풀 수 있었고 '이스라엘'이라는 새 이름과 약속(언약)을 받게 되었습니다.

이런 의미에서 볼 때 "천국은 침노를 당하고 침노하는 자는 빼앗는다"는 예수님의 말씀은 지당합니다(마11:12). 그러나 하나님께서 야곱에게 던져 주신 진짜 인생의 숙제는 따로 있었습니다. 하나님의 자녀들, 축복받은 자들이 가진 가장 강력한 축복권, '용서'에 관한 것이었습니다. 후자에 관한 이야기는 마지막 장에서 더 자세하게 다루기로 하고, 이번 장에서는 야곱이 스스로 붙들고 풀려고 했던 인생 숙제에 관해 먼저 살펴보도록 하겠습니다.

언젠가는 풀어야 할 인생 숙제

야곱은 모든 가족과 가축들을 데리고 외삼촌 라반 집에서 도망쳤습니다. 처음 외삼촌 라반의 집에서 도망칠 때 이들의 이동 속도는 무척 빨랐습니다. 그러나 결국 따라 잡혔고, 외삼촌 라반과 대면하게 되었습니다. 그리고 외삼촌과 풀어야 할 그 문제는 진실로 하나님의 간섭하심과 은혜 가운데 일단락 지을 수 있었습니다.

이제 남은 숙제는 꿈속에서조차 보기 싫을 정도로 부담스러웠던 형, 에서를 만나는 것이었습니다. 그래서 이후로는 여정이 느려질 수밖에 없었습니다. 너무나도 당연하지요! 야곱 입장에서는 이 '주먹'만큼은 천천히 맞고 싶었을 것입니다. 그러나 결국 마지노선인 얍복강 나루에 도착하고야 말았습니다. 이 강을 건너면 돌이킬 수 없습니다. 이제 진짜 배수지진을 치고 형, 에서를 만나야만 합니다. 20년 전에도 그랬지만 야곱에게 있어서 이 얍복강은 의미 있는 한계선이었습니다.

> 그 예물은 그에 앞서 보내고 <u>그는 무리 가운데서 밤을 지내다가 밤에 일어나 두 아내와 두 여종과 열한 아들을 인도하여 얍복 나루를 건널새 그들을 인도하여 시내를 건너가게 하며 그의 소유도 건너가게 하고 야곱은 홀로 남았더니</u>… (창32:21~24)

본문을 자세히 살펴볼수록 이상한 점이 한두 가지가 아님을 깨닫게 됩니다. 창세기 가운데서도 야곱 이야기는 상당한 분량이고 그 내용도 무척 특이합니다만, 지금 살펴볼 본문만큼 특별한 에피소드도 없습니다. 본문에 나오는 야곱의 행동도 무척 특이할뿐더러 이에 대한 여호와 하나님의 반응도 만만치 않게 독특하기 때문입니다. 그래서 이런 부분들을 실마리 삼아 그 사유를 찾아가다 보면 이 사건을 통해 하나님께서 야곱과 우리에게 진짜 말씀하시고자 하는 행간의 의미를 찾아낼 수 있을 것입니다.

첫째로, 야곱 일행은 조금 일찍-낮 시간에 얍복강 나루에 도착한 것 같습니다. 정황적으로 보면 강을 건널 수 있는 시간이 충분했습니다. 그런데도 야곱은 하룻밤을 묵고 강을 건너기로 했습니다. 그 이유는 잘 모르겠지만, 여하튼 처음에는 그렇게 결정했습니다. 그러나 밤이 되면서 야곱은 갑자기 자신의 결정을 바꾸었습니다. 약간 과장되게 표현하면, 야곱이 자다가 갑자기 벌떡 일어나 쉬거나 자고 있는 가족들을 깨워 그 밤에 강을 건너게 했다는 것입니다. "밤을 지내다가 밤에 일어나… 얍복 나루를 건널새…" 가족들 입장에서는 많이 당혹스러웠을 것입니다. 건너갈 마음이 있었다면 강 건너기가 훨씬 수월했을 낮 시간을 충분히 활용하면 되었을 텐데 야곱은 그 낮 시간을 제쳐 두고 위험한 시간대인 밤에 일어나 가족들을 인도하여 얍복 나루를 건넜기 때문입니다. 또 이상한 것은 여기에서 그치지 않습니다. 그리고 난 다음에 그는 가족들과 함께 머물러 있지도 않았습니다. 다시 처음에 머물던 위치로 돌아와 홀로 남아 있었습니다. 마치 해결해야 할 어떤 큰 일이 남아 있기라도 한 것처럼 말입니다. 그만큼 얍복강 나루에서 야곱의 마음 상태는 무척이나 복잡했습니다.

얍복강 나루에서의 야곱의 심정

그런데 왜 야곱은 이런 혼란스러운 모습을 보일까요? 그리고 그는 왜 가족들과 함께 있지 않고 되돌아와 나루에 홀로 남아 있었던 것일까요? 이에 대한 '전통적인 해석'에는 뭔가 석연찮은 부분이 아주 많습니다. 에서가 너무 두려워서 야곱이 그런 행동을 했다는 것입니다. 그런데 이는 두려워서 나루에 홀로 남았다는 것에 대한 변명은 될 수 있을지 몰라도 밤을 지내다가 그 밤에 일어나 가족들을 건너게 했다는 것에 대한 설명으로 많이 부족합니다. 그리고 단순히 형, 에서가 두려웠다는 것도 그렇게 설득력이 있지도 않습니다. 이 사건에 앞서 야곱은 마하나임, 하나님의 군대가 자신과 함께하고 있는 것을 이미 보았기 때문입니다.3) 이것은 엄청난 체험입니다. 믿음의 눈으로 보았더니 천사들의 군대가 그와 함께하고 있었습니다. 그렇기 때문에 야곱은 마냥 두려워할 필요가 없었습니다. 정황적으로 보더라도 야곱은 이미 에서를 만나기로 결정했으며 자신이 할 수 있는 모든 준비를 다 했기 때문에 더 이상 고민하거나 망설일 이유가 없었습니다.

그리고 전통적인 해석은, 야곱이 이렇게 절체절명(絕體絕命)의 위기 가운데 하나님께 간절히 기도하고 부르짖었더니 하나님께서 그를 만나 주셨다는 것입니다. 즉, 이 부분을 '기도'로 해석하는 것입니다. 심지어 어떤 설교자는 야곱의 얍복강 씨름을 예수님께서 십자가에 달려 돌아가시기 전, 겟세마네에서 땀이 땅에 떨어지는 핏방울 되듯 기도하신 그 애쓰심에 비유하기도 했습니다. 그러나 이 또한 그렇게 설득력 있게 다가오지 않습니다. 그 노력과 애씀의 목적이 완연히 다른데, 이 사건을 겟세마네의 기도에 비유하는 것은 많이 지나쳤다는 생각입니다.

여하튼 이런 이유들로 인해 이 사건을 야곱의 간절한 '기도'로 보기에는 큰 무리가 따릅니다. 아니, 그렇게 보아서는 안 됩니다. 왜냐하면 많이 양보해 사생결단(死生決斷)의 기도로 시작했다손 치더라도 실제 그 끝은 몸으로 다투는 '씨름'으로 마무리되기 때문입니다. 성경이 씨름이라고 하는데, 우리는 왜 기도라 생각하고 주장하는 것일까요? 따라서 성경이 씨름이라고 하니 씨름으로 두고 이 사건을 재조명해 보자는 것입니다. 이렇게 두고 보면 결과보다는 과정이 더 중요하게 보입니다.

야곱의 고뇌와 인생 숙제

그렇다면 얍복강 나루에서 모든 재물과 가족들을 다 건너보내고 홀로 남은 야곱은 무슨 고민에 빠졌던 것일까요? 맞습니다. 그는 분명히 평생의 한(恨)이었던 본인의 인생 숙제를 풀고자 했습니다. 20년 전에도 이 나루를 건넜을 것인데, 그때 그는 강을 건너면서 자신의 인생 숙제를 그곳에 묻어 두고 건널 수밖에 없었습니다. 어머니와 자신의 힘으로 풀려다가 결국 더 풀기 어려운 엉킨 실타래가 되어 버렸고, 심지어 목숨이 위태로워 외삼촌 라반의 집으로 쫓겨 가는 신세까지 되었습니다. 결국 그렇게 자의 반 타의 반 그 숙제를 풀지 못하고 20년간 묻어 두었습니다. 그런데 이제 그 묻어 둔 강나루 터에 다시 서게 되었습니다. 그것도 100세를 바라보는 나이에 말입니다. 만감이 교차했습니다.

사실, 얍복강 나루에서 야곱은 형, 에서에게 무릎을 꿇을 준비가 충분히 되어 있었습니다. 물론 부담스러웠습니다. 에서가 400인을 거느리고 야곱을 만나러 오고 있었기 때문에 심히 두렵고 답답했습니다(창32:7). 그러나 그 두려움과 얍복강에서의 고민은 차원이 다릅니다. 만약 형을 만나 무릎 꿇기로 결심하지 않았다면 외삼촌 라반의 집에서 떠나지도 못했을 것이고 그렇게 많은 재물과 선물을 형님에게 앞서 보내지도 않았을 것입니다. 그러나 무릎을 꿇을 때는 꿇는 행위보다 마음 자세가 더 중요합니다. 야곱이 고민하는 것이 무엇입니까? 바로 그 마음 자세입니다. 자신이 진심으로 에서에게 무릎 꿇을 준비가 되어 있는가? 나아가, 정말 무릎을 꿇어야만 하는가? 만약 그렇게 되면 자신이 평생 붙든 약속의 말씀과 그것을 붙든 자신은 어떻게 되는 것인가? 이제 형에게 무릎을 꿇으면 그 장자의 비전은 물거품이 되는 것인가? 그렇다면 이제껏 내 삶에 나타나신 여호와 하나님과 그분의 말씀은 무엇이란 말인가? 도대체 나는 어떻게 해야 하는가? 이에 대한 여호와 하나님의 뜻은 무엇인가? 왜 여호와께서는 이 어려운 문제를 해결해 주시지 않는가?

얍복강 나루에 홀로 남은 야곱은 머리를 쥐어뜯으며 이런 자신의 전 삶이 걸린 질문들을 마구마구 쏟아 내지 않았을까요? 왜냐하면 이번이 정말 마지막 기회였기 때문입니다. 결국 형을 만나게 되면 자신의 모든 상황과는 관계없이 무릎을 꿇어야만 했습니다. 그리고 자신을 비롯한 가족들의 목숨을 구걸해야 했습니다. 까짓것, 가족들을 생각하면 충분히 그렇게 할 수도 있습니다. 게다가 그렇게 하려고 다짐도 했습니다. 형, 에서가 전혀 눈치채지 못할 정도로 진심 어린 순종의 연기를 할 수도 있었습니다.

그러나 진짜 속내는 달랐습니다. 정말이지 이번만큼은 그렇게 해서도 안 되고 그럴 수도 없었습니다. 평생을 붙든 약속의 말씀인데 형을 만나서 무릎을 꿇게 되면 그냥 그것으로 끝나 버리기 때문입니다. 큰 자가 어린 자를 섬기는 것이 아니라, 어린 자가 당연히 큰 자를 섬기는 것으로 상황이 종료되어 버리고 마는 것입니다.

야곱이 생각한 형, 에서

형, 에서에 대한 애증(愛憎)은 어떻게 말로 다 표현할 수 없을 정도로 복잡미묘(複雜微妙)했습니다. 이는 함께 살아 보지 않은 사람은 절대로 모릅니다. 야곱의 진심이 무엇입니까? 그의 가정은 아브라함과 이삭의 가정, 믿음의 가정, 여호와 하나님의 가정인데, 적어도 장자는(장남이라면) 믿음과 신앙이 있어야 하는데, 에서는 전혀 그렇지 못했습니다. 형이 형답지 않았기에 장자로 인정할 수가 없었습니다. 게다가, 야곱 입장에서는 이런 세상 사람 에서를 좋아하는 아버지 이삭은 더더욱 이해할 수가 없었습니다. 아버지 이삭은 정말 할아버지 아브라함의 아들이 맞기나 한 것인가 하는 고민을 수도 없이 많이 했습니다. 무엇보다 야곱 입장에서 더 원망스럽고 혼란스러웠던 것은 이 문제에 하나님께서 직접 개입하지 않으신다는 사실이었습니다. 야곱 자신의 힘으로는 도저히 이 문제를 풀 수가 없었습니다. 얍복강 나루에서 온 가족들을 건너보낸 후에 야곱이 홀로 남아 고민하던 것이 바로 이 근본적인 인생의 숙제였습니다.

갈림길에서 선 야곱

얍복강 나루에 홀로 털썩 주저앉아 있는 야곱입니다. 그의 기억은 다시 오래전에 들었던, 자신이 태어나기 전의 이야기로 거슬러 올라갑니다. 그는 그 이야기를 어머니, 리브가에게서 들었습니다. 야곱에게 있어 자신의 출생과 관련된 그 이야기는 큰 아픔이었습니다. 비록 야곱 자신이 붙든 약속의 말씀이었지만, 알고 보면 자신이 붙든 그 인생의 숙제는 자신이 풀어야 할 것이 아니라 부모 세대에서 풀어 주었어야 했던 인생 숙제였습니다. 왜냐하면 그 당시까지만 하더라도 할아버지 아브라함이 살아 있던 시절이었기 때문에 이삭과 리브가가 동일한 마음만 먹었다면 충분히 해결할 수도 있었기 때문입니다.

아버지 이삭은 40세에 리브가와 결혼했습니다. 이때 이삭은 어머니 사라가 죽은 지 만 3년이 지날 무렵이었습니다. 이삭은 이 결혼으로 말미암아 어머니 사라를 잃은 슬픔을 이겨내고 큰 위로를 받았습니다(창24:67). 그러나 두 사람 사이에 행복한 결혼생활과는 별개로 또 다른 형태의 마음고생이 있었습니다. 왜냐하면 하나님께서 리브가의 태를 열지 않으셨기 때문입니다. 자그마치 그 기간이 20년이었습니다.

그런데 인생은 참으로 알다가도 모를 일입니다. 왜냐하면 이삭과 리브가는 자식이 없어 그토록 마음고생을 하고 있는데 오히려 아버지 아브라함은 그 나이에(!) 어머니 사라를 대신하여 취한 후처 그두라를 통해서 자그마치 6명의 아들을 더 두었기 때문입니다. 얼마나 대략 난감한 상황입니까? 자식이 귀한 집안이었기에 어떻게 보면 참으로 좋은 일이었지만 아브라함조차도 그렇게 드러내 놓고 기뻐할 수만은 없었을 것입니다. 아들과 며느리 보기에 무척 미안하고 민망했을 것이기 때문입니다. 이때 아브라함의 나이는 무려 140세를 넘기고 있었습니다.

여하튼 그 20년이 리브가에게는 애간장을 다 태우는 시간이었습니다. 이런 스트레스는 받아 보지 않은 사람은 절대로 알 수 없습니다. 그러나 이 부분에서 이삭은 리브가와는 달리 좀 느긋했던 것 같습니다. 보다 직설적으로 표현하면 많이 무심했던 사람 같습니다. 자신이 아버지 아브라함의 백세둥이였기 때문에 그럴 수도 있었겠지만, 다른 한편에서 보자면, 자기 아내의 잉태치 못함을 보고 측은히 여기고 그것을 자기 문제로 생각하여 기도하는 데 20년이나 걸렸다고도 볼 수 있기 때문입니다. 생각보다 무디고 영적으로 민감하지 못한 그러나 고집이 센 사람이 이삭이었습니다.

성경은 기록하기로 이삭이 그 아내가 잉태하지 못하므로 그를 위하여 여호와께 간구하매 여호와께서 그 간구를 들으셨으므로 리브가가 잉태했다고 말씀합니다(창25:21). 보십시오! 남편, 남자들의 기도가 얼마나 중요한지 모릅니다. 이렇게 믿음의 가정에서 이루어지는 놀라운 역사는 알고 보면 남자들, 남편들의 깨달음과 그 기도에서 시작됩니다. 남자들이 정신을 차려야 가정이 바로 서고, 교회도 바로 서며, 이 나라도 바로 설 것입니다!

그런데 진짜 문제는 잉태를 한 이후에 발생했습니다. 다행인지 불행인지 모르겠지만 쌍태(雙胎), 쌍둥이였습니다. 그런데 몇 개월이 지나서 태동이 느껴지기 시작할 무렵부터 엄마 뱃속에서 문제가 발생하기 시작했습니다. 자그마치 20년, 천신만고(千辛萬苦) 끝에 임신을 했는데, 뱃속의 두 아이가 너무 심하게 싸웠기 때문입니다. 단순한 태동 정도가 아니라 상상을 초월할 정도로 심했던 모양입니다. 어머니 리브가가 하나님께 여쭈어보지 않고서는 아프고 불안해 참을 수가 없을 정도였기 때문입니다. 리브가는 남편 이삭에게 소상히 이야기했지만, 이삭은 대수롭지 않게 반응했습니다. 그래서 어쩔 수 없이 리브가가 직접 하나님께 여쭈었습니다. (이것은 집안의 가장인 이삭의 직무유기(職務遺棄)가 분명합니다!) 그랬더니 그 기도의 응답으로 여호와 하나님께서 어마어마한 말씀을 리브가에게 해 주셨습니다.

"두 국민이 네 태중에 있구나. 두 민족이 네 복중에서부터 나누이리라. 이 족속이 저 족속보다 강하겠고 큰 자가 어린 자를 섬기리라."

솔직히 리브가 입장에서 이 말씀은 차라리 듣지 않는 것이 더 좋을 뻔했습니다. 이렇게 해서 경쟁적으로 태어난 것이, 에서와 야곱이었습니다. 특히 야곱이라는 이름은 형, 에서의 발꿈치를 잡고 나왔다고 해서 붙여진 나쁜 의미의 이름이었습니다. 리브가는 자신이 받은 계시의 말씀을 남편과 공유했습니다. 그러나 오히려 이것이 남편과 다른 가족들에게 반향(反響)을 불러일으켰습니다. 아무리 동생이 형의 발꿈치를 잡고 나왔다고 하더라도 새로 태어난 아이에게 그런 나쁜 의미의 이름을 붙일 필요까지는 없었을 것이기 때문입니다. 그러나 딱 여기까지입니다. 이후에 이삭과 리브가 두 부부 사이에 어떤 이야기가 오고 갔는지 성경이 말하고 있지 않기 때문에 우리는 구체적으로 알 수는 없습니다. 그러나 딱히 물증은 없지만 심증으로 추정은 할 수 있습니다. 아마도 이 일로 이삭과 리브가 사이에 큰 이견(異見)이 있었고 가정의 평화를 위해서 리브가가 받은 계시의 말씀은 두 부부 사이에 더 이상 논의될 수 없는 금기 사안이 되어 버렸습니다.

그러나 야곱은 자신의 출생과 관련된 이 신비한 이야기를 어머니에게서 수도 없이 많이 들었습니다. 그리고 그 말씀이 그에게 의미가 되었습니다!

"이 족속이 저 족속보다 강하겠고 큰 자가 어린 자를 섬기리라"

야곱은 이 말씀을 붙들고 인내하며 기다렸습니다. 그러나 현실은 절대로 녹록지 않았습니다. 왜냐하면 어머니를 제외한 그 어느 누구도 야곱이 붙든 이 이야기와 계시의 말씀을 붙들지 않았기 때문입니다. 아버지 이삭의 편애는 아버지의 생명만큼 높았고 사람들이 부르는 자신의 이름은 여전히 야곱, 약탈자였습니다. 이런 이유들로 인해서 야곱은 점점 은둔형 인간이 되어 갔습니다. 조용하고 말이 없는 사람. 그러나 속에는 분노로 가득 찬! 그런 사람 말입니다.

> **그 아이들이 장성하매 에서는 익숙한 사냥꾼이었으므로 들사람이 되고 야곱은 조용한 사람이었으므로 장막에 거주하니 이삭은 에서가 사냥한 고기를 좋아하므로 그를 사랑하고 리브가는 야곱을 사랑하였더라 (창25:27, 28).**

야곱의 변명

야곱은 형 같지 않은 형을 봐주면서, 이런 형을 편애하는 이해하지 못할 아버지를 참아 내며 살아왔습니다. 쌍둥이지만 달라도 너무 달랐습니다. 에서는 생각이 없는 사람 같았고 하나님을 전혀 알지 못하는 사람이었습니다. 그럼에도 이삭의 가정은 공식적으로는 믿음의 가정이었기 때문에 종교적 행위는 함께했습니다. 그러나 야곱은 이런 에서를 형으로 인정하지 않았습니다. 야곱은 어머니 리브가가 옆에 있었기에 그렇게 모진 세월을 그나마 홀로 버틸 수 있었습니다.

형, 에서는 40세에 가정을 이루었습니다. 상대는 헷 족속 이방 여인이었습니다. 그런데 들어온 형수가 집안의 걱정거리가 되었습니다. 그리고 다시 아내를 취했는데 이 또한 마찬가지였습니다. 이는 불 보듯 뻔한 내용입니다. 종교적 가치관의 충돌로 인한 시어머니와 며느리 사이의 갈등은 최악이었습니다. 어느 정도였느냐 하면, 후에 리브가가 야곱을 라반의 집으로 보내면서 남편 이삭에게 이런 말을 할 정도였습니다. "내가 헷 사람의 딸들로 말미암아 내 삶이 싫어졌거늘 야곱이 만일 이 땅의 딸들 곧 그들과 같은 헷 사람의 딸들 중에서 아내를 맞이하면 내 삶이 내게 무슨 재미가 있으리이까(창27:46)." 그래서 야곱은 형과 무조건 반대로 하는 것이 하나님의 축복을 받는 길이고, 아버지의 인정을 받는 것이라 생각했습니다. 그래서 자그마치 76세가 될 때까지,[4] 팥죽 한 그릇의 거래 이후 외삼촌 라반 집으로 도망갈 때까지, 야곱은 독신으로 살면서 장자권을 얻기 위해서 최선을 다했습니다.

그런데 이렇게 76년 동안 붙들고 있던 문제인데, 갑자기 아버지께서 형에게 장자의 축복을 하겠다는 바람에 너무 조급해져서 인간적인 방법을 사용했습니다. 여기서 '갑자기'라고 표현했지만, 결코 준비되지 않은 '갑자기'는 아니었습니다. 왜냐하면 이때 이삭의 나이가 136세나 되었기 때문입니다. 창세기 27장을 보면 당시 상황이 아주 급박하고 어수선했다는 것을 알 수 있습니다. 비록 야곱이 그 이전에 에서로부터 팥죽 한 그릇에 장자권을 사 두기는 했지만, 이는 억지 우격다짐 수준이었기 때문에 갑작스러운 아버지의 결정에 당황했던 것이 분명합니다. 전혀 준비가 되어 있지 못했습니다. 어머니 리브가가 아니었다면 감히 시도조차 못했을 것입니다.

야곱이 아버지에게 나아가서 내 아버지여 하고 부르니 이르되 내가 여기 있노라 내 아들아 네가 누구냐 야곱이 아버지에게 대답하되 나는 아버지의 맏아들 에서로소이다 아버지께서 내게 명하

> 신 대로 내가 하였사오니 원하건대 일어나 앉아서 내가 사냥한
> 고기를 잡수시고 아버지 마음껏 내게 축복하소서 (창27:18, 19)

하나님의 뜻 안에 가족을 속이는 것도 포함된 것일까?

어떻게 생각하십니까? 이렇게 해서라도 아버지로부터 장자권의 축복을 받는 것이 하나님의 말씀과 뜻을 지키는 것이 될 수 있을까요? 자신의 인생 숙제를 이렇게라도 풀어야 하는 것일까요?

아닙니다. 앞선 장에서도 하나님의 뜻에 관해 살펴보았습니다만, 하나님의 뜻은 우리가 생각하는 것보다 어렵거나 복잡하지 않습니다. 그리고 상식을 벗어나는 경우도 거의 없습니다. 야곱과 어머니 리브가를 보면, 바로 이 부분에서 바른길에서 벗어나 있음을 알 수 있습니다. 아버지 이삭을 속이면서까지 하나님의 말씀을 이루고자 한 것이 실패의 원인이었습니다.

앞서 살펴본 야곱과 외삼촌 라반과의 승부와는 다릅니다. '무엇인가를 말하지 않은 것'과 지금처럼 '속이는 것'은 차원이 다른 문제입니다. 이런 것을 두고 우리는 '믿음을 가장한 인본주의'라 부릅니다. 수많은 그리스도인들이 여기에서 실패합니다. 아버지에게 거짓을 행하면서 하나님의 뜻을 이룬다는 것은 목적을 위해 수단과 방법을 가리지 않는다는 것입니다. 그러나 하나님께서는 그런 식으로 하나님의 뜻을 인생들에게 결단코 베풀지 않으십니다. 말씀의 원리는 단순하고 쉽습니다. 분명한 기준이 있기 때문입니다. 상대적인 기준들은 오히려 사안을 복잡하게 만들뿐입니다. 인내하지 못하고 기도하지 못한 것에 대해 핑곗거리를 찾아 자기 합리화

를 하는 것입니다. 포스트모더니즘과 상대주의에 물든 현시대의 그리스도인들이 깊이 반성하며 받아들여야 할 부분입니다.

인생의 숙제는 어떻게 풀어야 하는가?

하나님의 자녀들에게는 각자에게 주어진 특별한 인생의 숙제가 있다고 했습니다. 언제인가는 풀어야 할 인생의 숙제입니다. 야곱은 20년 전에 기회를 얻었지만, 어머니의 도움을 받아서 풀려다가 오히려 그르치고 말았습니다. 이제 20년이 지나 다시 원점으로 돌아왔습니다. 오랜 고생과 타향살이 끝에 마지막 기회를 한 번 더 잡았습니다.

자신의 인생 숙제는 자신이 풀어야 합니다. 누군가의 도움을 받을 필요가 없습니다. 목적에 눈이 멀어 수단을 아무렇게나 해서는 안 됩니다. 정정당당해야 합니다. 과정도 올발라야 합니다. 거짓을 행하면서 하나님의 뜻을 이룬다는 것은 있을 수 없는 일입니다. 무엇보다 나에게 그 숙제를 내어주신 여호와 하나님 앞에 나아가서, 마치 얍복강 나루에 선 야곱처럼, 하나님과 독대해서 풀어야 합니다.

하나님의 마임(mime)

야곱은 홀로 남았더니 어떤 사람이 날이 새도록 야곱과 씨름하다가… (창32:24).

야곱이 많은 생각과 고민들로 번뇌하는 사이, 그 늦은 밤 아무도 없는 나루터에 갑자기 '어떤 사람'이 나타났습니다! 그리고 혼자 있는 야곱에게 싸움(씨름)을 걸어왔습니다.5) 과연 이 사람은 누구일까요? 우리는 이미 정답을 알고 있지만 당시에 야곱은 두렵고 황당하기 이를 데 없었을 것입니다. 어떤 신학자들은 이 사람을

동영상 5강

하나님의 사자나 천사라고 하기도 하고 또 어떤 이들은 성육신하기 전의 예수님이라고도 합니다. (저는 개인적으로 성육신하기 전의 예수님이라고 생각합니다. 그러나 앞으로 호칭을 편하게 하기 위해서 성경대로 그냥 '어떤 사람' 또는 '하나님의 사자'로 표현하겠습니다.)

아마도 야곱은 처음 인기척을 느끼고 공격을 받았을 때, 이 어떤 사람이 자신의 형, 에서라 생각했는지도 모르겠습니다. 그러나 그것은 처음 잠시 동안만큼의 생각이었을 것입니다. 당시 야곱이나 에서 모두 96세 정도 되는 노인이었기 때문에 힘을 써 본들 얼마나 했겠습니까? 요즘 TV나 영화에서 나오는 멋진 고공 무술이나 액션을 생각하면 안 될 것입니다. 제대로 된 싸움이 아니라 서로 붙들고 엉켜서 뒹굴뒹굴하는 정도였을 것입니다. 그래서 성경은 이 싸움을 싸움이라 하지 않고 씨름이라고 표현하고 있습니다. 정말 정확한 표현입니다. 그리고 야곱은 누구보다도 형의 덩치나 싸움 스타일을 잘 알았을 것입니다. 그런데 싸우다 보니 너무 달랐기 때문에 형이 아니라는 것을 대번에 알 수 있었습니다. 그런데 씨름을 하면 할수록 이상한 점이 한두 가지가 아니라는 것을 깨닫게 되었습니다.

첫째, 만약 형이나 다른 악한 사람이었다면 무기를 들었을 터인데 그렇지 않았다는 점입니다. 야곱이 깨달은 것은, 이 어떤 사람이 최소한 자기를 죽이려고 하는 것은 아니라는 사실이었습니다. 둘째, 보통의 경우 이렇게 싸움이나 씨름을 하게 되면 서로에게 소리를 지르기 마련인데, 이 사람은 전혀 말이 없었습니다. 오히려 이것이 야곱으로 하여금 더 큰 두려움을 느끼도록 했습니다. 셋째, 처음 공격을 받을 때부터 느끼던 것으로, 확실한 것은 상대방이 자신보다 훨씬 강하다는 것이었습니다. 그런데 문제는 이 사람이 싸움에서 크게 이기려는 것 같지가 않았고 수비 위주로 한다는 점이었습니다. 이 씨름 같은 싸움은 몇 시간 동안 계속되었습니다. 싸우면서 야곱은 생각했습니다.

'맞다. 이 사람은 분명히 형, 에서가 아니다. 그렇다고 강도도 아니다. 그러면 누굴까? 혹시 그분, 나에게 말씀하시던 그분일까? 소리를 지르거나 말을 하면 목소리로 알 수 있겠는데 왜 이 사람은 말을 하지 않고 계속 씨름만 하자는 것일까?'

야곱은 지쳐서 쓰러지면 다시 일어나 덤비고, 또 지쳐 쓰러지면 다시 일어나 덤비고… 수도 없이 그 일을 반복했습니다. 처음에는 겁에 질린 야곱이 '어떤 놈이냐'며 소리를 질러 보기도 했지만, 시간이 지나면서 나중에는 씩씩거리는 숨소리 외에는 무성영화처럼 서로 밀고 당기는 의미 없는 액션 외에는 아무것도 없었습니다. 이렇게 하나님의 사자는 일부러 말을 하지 않고, 야곱은 이제 지쳐서 말을 하지 못하고…. 그러면서 야곱은 계속해서 생각했습니다.

'맞다. 이분은 분명 차원이 다른 사람이다. 뭔가가 있다. 내 문제를 해결해 줄 수 있는 분일지도 모른다. 결국 날이 새고 형을 만나면 형한테 죽을지도 모르는 목숨인데, 이럴 바에야 차라리 이 사람과 싸우다가 죽는 것이 나을 수도 있겠다. 끝까지 붙들어야 한다. 그래야 무엇이든 실마리를 풀 수 있다. 이 사람이 그 열쇠를 가지고 있다.'

그래서 야곱은 더 죽기 살기로 덤볐습니다. 그러면서 속으로 또 생각했습니다.

'그런데 다 좋은데, 만약 이 사람이 나에게 말씀하시던 그분이라면 왜 내게 싸움을 걸어오신 걸까? 죽이든지 살리든지 하지 않고, 그리고 왜 이렇게 봐주면서 이러시는 걸까? 그 이유가 뭘까?'

도대체 이긴 자가 누구인가?

> 자기가 야곱을 이기지 못함을 보고… (창32:25).

성경에서 이런 표현은 이해하기 어렵습니다. 오히려 사실과 반대로 기록하고 있기 때문입니다. 왜냐하면 성경은 문학적 형식을 취하고 있기 때문에 정황에 따라 그 시각을 달리하여 진실을 행간의 의미 속에 숨기기도 합니다. 싸우다 지쳤습니다. 그래도 야곱은 포기하지 않고 또다시 덤볐습니다. 그런데 이제 날이 밝으려 합니다. 드디어 때가 되었습니다. 어느 누가 보더라도 이 싸움은 야곱이 지고 있는 싸움입니다. 아니, 비교 자체가 안 되는 싸움입니다. 수건을 던질 사람은 야곱입니다. 제대로 된 각본이었다면 이 정도 선에서 야곱이 무릎을 꿇고 살려 달라고 하든지, 아니면 내 숙제 내 고민 좀 풀어달라고 완전히 꼬꾸라져야 하는 상황입니다. 그런데 이야기가 전혀 예상치 못한 결과를 향해 치닫고 있습니다.

> …그가 야곱의 허벅지 관절을 치매 야곱의 허벅지 관절이 그 사람과 씨름할 때에 어긋났더라 (창32:25).

어린 시절을 돌아보면, 보통 동네 아이들끼리 놀다가 싸우면 코피가 터지는 친구가 지는 것이었습니다. 싸움의 실력과 코피가 나는 것은 서로 상관관계가 없습니다. 그럼에도 어찌 되었건 코피가 터지면 치료가 필요하기에 다른 방법이 없었습니다. 근래의 격한 스포츠 경기에서도 마찬가지입니다. 경기 중에 한 선수가 심한 부상을 당해 더는 경기를 진행할 수 없다면 TKO 패가 됩니다. 그런데 본문 25절은 거의 유사한 상황이지만 그 결과는 정반대로 표현하고 있습니다. 그래서 이 부분을 제대로 이해하는 데 어려움이 따릅니다.

야곱이 '죽으면 죽으리라'는 각오로 끝까지 바짓가랑이를 잡고 놓지 않으니까, 하나님의 사자가 마지막으로 크게 한 방 날렸습니다. 그런데 그것이 야곱에게 치명타가 되었습니다. 예전 성경에는 허벅지 관절을 '환도뼈'라고 표기했는데 그 뼈가 골절이 될 정도의 가격이었습니다. 따라서 이 싸움의 승패는 너무나도 분명했습니다. 야곱의 완패(完敗)지요! 야곱은 이 싸움에서 완전히 지고 말았습니다. 그런데 그 순간 너무나도 황당스러운 일이 벌어졌습니다. 수건을 던질 사람은 야곱인데, 오히려 그 순간 하나님의 사자가 수건을 던졌기 때문입니다! 요즘 표현으로 하면 '이거 미친 거 아냐?'인 것이지요! 하나님의 사자가 야곱의 허벅지 관절을 쳐서 야곱을 완전히 KO시킨 후에 오히려 자신이 졌다고 백기를 들어 주셨습니다! 아니, 이보다 더 황당한 상황이 어디에 있겠습니까? 따라서 이 상황만 보더라도 지금까지 하나님의 사자는 어떤 분명한 의도를 가지고 야곱과 대련하고 씨름했던 것이 분명합니다.

그렇기 때문에 여기서부터는 아주 진지하게 이 상황을 살펴야만 합니다. 비록 성경에는 당시 정황이 자세히 묘사되어 있지 않지만 우리는 이 상황을 영상으로 재편집할 수 있어야 합니다.

만약 이 상황이 아주 상식적인 경우였다면 이런 내용으로 전개되었을 것입니다. 하나님의 사자가 마침내 야곱의 허벅지 관절을 한 대 후려갈겼습니다. 야곱은 환도뼈가 어긋나면서 뻗어 버렸습니다. 그 위에 하나님의 사자가 올라타고 있습니다. 게임 오버. 이 싸움은 야곱의 완패로 끝나 버린 것입니다.

그러나 정황상 본문에서 보여 주려는 영상은 이것이 아닙니다. 오히려 그 반대입니다. 하나님의 사자가 마침내 야곱에게 치명타를 한 방 날렸습니다. 허벅지 관절뼈는 어긋났고 야곱은 주저앉게 되었습니다. 여기까지는 영상이 동일합니다. 그런데 여기서부터는 슬로 모션으로 넘어가면서, 하나님의 사자가 마치 넘어지는 야곱을 보호라도 하려는 듯 자신이 땅에 깔리고 그 위에 야곱이 넘어지듯 올라타는 것입니다. 마치 야곱이 싸움에서 이긴 것처럼, 누워 있는 하나님의 사자를 오히려 허벅지 관절뼈가 부러진 야곱이 올라타고 있습니다. 이런 이상한 상황을 지금 성경 본문이 영상으로 보여 주고 있습니다.

마침내 야곱이 깨닫게 되었습니다. 이 싸움의 황당한 결론이 무엇을 의미하는지 말입니다. 상대인 야곱이 너무 당혹스럽게 느껴질 정도로 부러져 주시는데 그 의미를 모른다는 것은 말도 안 되는 것입니다! 맞습니다. 아무리 눈치 없는 자라도 알 것입니다. 이렇게 친히 몸으로 보여 주는데 어찌 그 의미를 모를 수 있겠습니까!

섬광 같은 큰 깨달음이 야곱을 덮쳤습니다. 밤새도록 있었던 그 모든 일련의 과정이 자신의 인생 숙제와 관련이 있다는 사실을 말입니다. 왜 하나님의 사자가 그 밤에 찾아오셔서 말씀 한마디 하지 않으시고 자신에게 싸움(씨름)을 걸어오셨는지, 종국에는 그 싸움에서 완전히 이기고서는 오히려 자신이 졌다고 선포하는지 그 이유를 알게 되었습니다. 하나님께서는 이렇게 무성영화 같은 씨름을 통해 야곱이 풀고자 했던 인생 숙제의 모든 정답을 다 알려 주셨습니다. 힌트가 아니라 친히 몸으로-마임으로 정답 자체를 보여 주셨습니다!

하나님 나라의 법칙, 큰 자가 어린 자를 섬기리라!

하나님께서는 야곱보다 훨씬 큰 분이고 손가락 하나로도 야곱을 이기실 수 있는 분이십니다. 손가락이 뭐겠습니까? 버러지보다 못한 야곱을 향해 말씀 한마디만 하셔도 야곱은 흔적도 없이 사라지게 만드실 수 있는, 그토록 크신 분이 여호와 하나님이십니다. 그런 여호와 하나님께서 야곱에게 나타나시고 인생의 문제를 풀 수 있도록 함께 대련(對鍊)까지 해 주시고 너그러이 봐주시고 종국에는 완전히 져 주기까지 하셨습니다.

언제까지요? 야곱이 스스로 자신의 인생 문제를 풀 때까지입니다. '큰 자가 어린 자를 섬길 것'이라는 그 숙제의 의미를 스스로 깨닫게 될 때까지 기다려 주셨습니다. 그 의미가 무엇입니까? 알고 보니 너무 간단했습니다! 바로 하나님의 사자가 자신에게 져 준 것처럼, 야곱도 에서에게 져 주어야 한다는 것이었습니다! 스스로 크다고 생각하는 자가 큰 자입니다. 하고 싶으면 그 '큰 자' 하면 됩니다. 대신, 그렇게 하면 그 큰 자는 작은 자, 어린 자를 섬겨야 하는 것입니다! 이것이 하나님의 나라와 교회 공동체 그리고 믿음의 가정이 다스려지는 질서요 원리입니다.

리브가가 받은 계시의 말씀 속에 숨어 있는 비밀이 무엇입니까? 바로 약속의 말씀을 붙든 자가 큰 자라는 사실입니다. 이것이 행간에 숨어 있었습니다. 너무나도 아이러니합니다. 야곱 스스로는 자신이 오히려 장자(형)의 축복을 받아야 한다는 생각만 했지, 그렇게 장자가 되었으면, 큰 자가 되어서 어린 자를 섬겨야 한다는 생각은 지금까지 단 한 번도 하지 못했습니다. 자신의 인생 숙제 가운데 있는 '큰 자'가 형이 아니라 오히려 자기 자신이라고는 꿈엔들 생각지 못했던 것입니다!

너무 문제에 몰입해서 진짜 문제의 의미를 몰랐습니다. 너무나도 당연하고 쉬운 신앙세계, 하나님 나라의 원칙을 그가 몰랐습니다. 지금까지 야곱은 이삭의 축복권이 세상에서 잘 먹고 잘사는, 부자가 되는 그런 복이라 생각했었습니다. 그래서 에서를 형으로 인정하지 못했습니다. 그 재산과 세상적 축복에 눈이 멀어 진짜 신앙의 장자, 형으로서 해야 할 일이 무엇인지 깨닫지 못했던 것입니다. 그러나 여호와의 사자가 휘두르는 한 방에 허벅지 관절뼈가 어긋나는 그 순간에야 비로소 육신과 세상의 잣대에 얽매인 자신을 바라보게 되었습니다.

교회에 오래 다닌다고 모두 다 하나님의 자녀가 되는 것이 아닙니다. 말씀으로 거듭나야 하나님의 자녀가 되는 것입니다. 이것이 우리가 그토록 원하는 진짜 '축복'이기 때문입니다. 우리 각자가 이스라엘, 즉 하나님의 자녀가 되는 것 자체가 참된 축복입니다. 이 세상에서의 돈과 명예와 권력은 축복과 아무런 관계가 없습니다. 생각해 보십시오! 이 세상에서 하나님을 가지는 것보다 더 큰 부자가 어디에 있겠습니까! 하나님의 말씀은 바로 이 축복을 받은 자가 '큰 자'라고 이야기합니다. 그리고 큰 자라면 마땅히 어린 자를 섬겨야 하며 이것이 하나님 나라의 원칙이라고 말씀하십니다.

그런데 더 놀라운 것은 바로 이 신앙의 원리가 구약시대나 신약시대나 지금이나 모두 동일하다는 사실입니다. 다시 정신 차리고 한 번 더 생각해 보았으면 합니다. 신앙의 세계, 하나님의 나라에서는 큰 자가 어린 자를 섬기는 것이 원칙입니다! 이에 관한 예수님의 말씀 중 가장 대표적인 것은 마태복음 18장 1절~6절, 마가복음 10장 41절~45절, 누가복음 22장 24절~27절입니다.6)

그때에 제자들이 예수께 나아와 이르되 천국에서는 누가 크니이까 예수께서 한 어린아이를 불러 그들 가운데 세우시고 이르시되 진실로 너희에게 이르노니 너희가 돌이켜 어린아이들과 같이 되지 아니하면 결단코 천국에 들어가지 못하리라. <u>그러므로 누구든지 이 어린아이와 같이 자기를 낮추는 사람이 천국에서 큰 자니라.</u> 또 누구든지 내 이름으로 이런 어린아이 하나를 영접하면 곧 나를 영접함이니 누구든지 나를 믿는 이 작은 자 중 하나를 실족하게 하면 차라리 연자 맷돌이 그 목에 달려서 깊은 바다에 빠뜨려지는 것이 나으니라 (마18:1~6).

열 제자가 듣고 야고보와 요한에 대하여 화를 내거늘 예수께서 불러다가 이르시되 이방인의 집권자들이 그들을 임의로 주관하고 그 고관들이 그들에게 권세를 부리는 줄을 너희가 알거니와 너희 중에는 그렇지 않을지니 <u>너희 중에 누구든지 크고자 하는 자는 너희를 섬기는 자가 되고 너희 중에 누구든지 으뜸이 되고자 하는 자는 모든 사람의 종이 되어야 하리라.</u> 인자가 온 것은 섬김을 받으려 함이 아니라 도리어 섬기려 하고 자기 목숨을 많은 사람의 대속물로 주려 함이니라 (막10:41~45).

또 그들 사이에 그중 누가 크냐 하는 다툼이 난지라. 예수께서 이르시되 이방인의 임금들은 그들을 주관하며 그 집권자들은 은인이라 칭함을 받으나 너희는 그렇지 않을지니 <u>너희 중에 큰 자는 젊은 자와 같고 다스리는 자는 섬기는 자와 같을지니라.</u> 앉아서 먹는 자가 크냐 섬기는 자가 크냐 앉아서 먹는 자가 아니냐 그러나 나는 섬기는 자로 너희 중에 있노라 (눅22:24~27).

보십시오. 누구든지 어린아이와 같이 자기를 낮추는 그 사람이 천국에서는 큰 자이고, 누구든지 크고자 하는 자는 섬기는 자와 모든 사람의 종이 되어야 합니다.

야곱은 이것을 하나님의 사자와 씨름하면서, 하나님의 사자가 확실히 져 주심으로 깨닫게 되었습니다. 하나님께서 친히 낮아지셔서 보여 주셨습니다. 야곱에게 져 주셨습니다. 이것이 성육신과 예수님의 십자가 모형(모델)이 아니고 무엇이겠습니까!

야곱이 받은 하나님의 축복, 이스라엘

그가 이르되 "날이 새려 하니 나로 가게 하라." 야곱이 이르되 당신이 내게 축복하지 아니하면 가게 하지 아니하겠나이다 (창 32:26).

이제야 비로소 하나님의 사자가 야곱에게 첫마디 말을 겁니다. "날이 새려 하니 나로 가게 하라." 밤이 새도록 하나님의 사자와 씨름하면서 그 목소리를 듣고자 했으나 들을 수 없었는데, 그제야 목소리를 듣게 되었습니다. 바로 그 목소리가 그 목소리였습니다. 늘 자신에게 말씀하시던 하나님의 그 목소리였던 것입니다. 이때 야곱이 깨닫고 말합니다. '당신이 축복하지 아니하면 가게 하지 아니하겠나이다.'

얼마나 축복에 목말랐던 야곱입니까! 20여 년 전에 아버지의 축복권이 형, 에서에게로 가는 것을 막기 위해 비열한 방법까지 사용했던 야곱이 아니었습니까! 그것도 어머니와 합작해서 말입니다. 당시에는 그렇게라도 하는 것이 하나님의 말씀을 바로 세우는 길이라 생각했었습니다. 그것이 옳다고 생각했습니다. 팥죽 한 그릇의 거래도 거래이며 속임수로 아버지의 안수를 받았지만 받기는 받은 것이기 때문에 다 된 것이라 여겼습니다. 서류상으로 문제가 없으면 안 될 것이 없다는 것이 야곱의 가치관이고 신앙관이었습니다. 그러나 막상 그렇게 해 놓고 보니 그것 또한 아니었습니다. 결과적으로 자신에게 남은 것은 빈손이었습니다. 축복은커녕 현실은 도망자 신세에 외삼촌 집에 얹혀사는 비렁뱅이 수준이었고, 마음에는 여전히 메울 수 없는 큰 구멍이 나 있었습니다.

왜 그렇습니까? 그는 아버지의 안수와 축복이 결재 라인의 끝인 줄 알았던 것입니다. 그런데 막상 결재를 받고 보니 그다음에 빈칸, 승인란이 하나 더 있다는 것을 알게 되었습니다. 그 결재 라인의 마지막 승인란은 누구의 것입니까? 바로 여호와 하나님이십니다. 여호와 하나님의 승인, 하나님의 도장이 없이는 아버지 아니 할아버지 아브라함의 축복과 안수도 모두 도루묵이라는 것을 알게 되었습니다. 그래서 이때 야곱이 하나님께 간청합니다. 씨름에서 져 주신 하나님께 도장을 찍어 달라고, 진짜 축복을 달라고 울부짖으며 구했습니다. 이 눈물은 하나님을 제대로 만난 자만이 흘리는 그 눈물입니다. 야곱은 여호와의 사자 바짓가랑이를 잡고서 저 심령 근본에서부터 끓어오르는 울음으로 그토록 서럽게 꺼이꺼이 울었습니다(호12:3~5).

> **그 사람이 그에게 이르되 네 이름이 무엇이냐 그가 가로되 야곱이니이다. 그 사람이 가로되 네 이름을 다시는 야곱이라 부를 것이 아니요 이스라엘이라 부를 것이니 이는 네가 하나님과 사람으로 더불어 겨루어 이기었음이니라**(창32:27, 28).

다소 뜬금없습니다. 여호와의 사자는 싸우다 말고 갑자기 져 주면서, 게다가 축복해 달라고 요구하는 야곱을 향해 야곱의 이름을 묻기 때문입니다. 여호와의 사자는 왜 이 상황에서 야곱의 이름을 묻는 것일까요? 정말 야곱의 이름을 몰라서 묻는 것일까요? 아닙니다. 다 이유가 있기 때문입니다.

사람에게는 이름보다 더 중요한 것이 없습니다. 이름은 나의 존재를 나타내는 표식이자 나의 자존감 그 자체이기 때문입니다. 그래서 근래에는 자신의 이름을 바꾸는 사람이 많습니다. 어감이 좋지 않거나 사람들에게 놀림감이 되는 특이한 이름 때문에 마음고생이 심했던 사람들은 과감히 자신의 이름을 바꾸기도 합니다. 이렇게 사람들이 나를 어떻게 부르는가도 중요한데 하물며 하나님께서 나를 어떤 이름으로 부르시는 가는 두말할 필요도 없습니다. 성경에는 하나님께서 직접 그 이름을 지어 주신 사람이 몇 명 있습니다.

놀랍게도 사래의 여종 하갈이 낳은 이스마엘이 먼저입니다. (우리 그리스도인들이 오해하는 부분입니다만, 여호와 하나님께서는 여종 하갈과 이스마엘도 긍휼히 여기시고 사랑하셨습니다!) 그리고 야곱의 할아버지와 할머니 아브라함과 사라라는 이름도 하나님께서 개명(改名)해 주신 이름입니다. 또 아버지 이삭이라는 이름도 하나님께서 친히 지어 주신 이름입니다. 그리고 여기 '이스라엘'이라는 새 이름을 얻게 된 야곱도 이에 해당합니다. 솔직히, 이름에 누구보다 큰 콤플렉스를 가지고 있던 야곱 아니겠습니까! 이제까지 불리던 야곱이라는 이름은 자신의 가족들이 비아냥거리며 붙여 준 것이었다면, 지금부터 불리게 될 이스라엘이라는 이름은 하나님께서 친히 지어 주신 것입니다.

야곱이 하나님께 구한 것은 축복이었습니다. 그가 의미를 제대로 알고 구했는지 모르겠지만, 하나님께서는 그의 요청대로 야곱을 축복하십니다. 그런데 그 축복이 무엇입니까? 바로 야곱에게 '새로운 이름'을 주신 것입니다! 그런데 축복을 달라고 울며 부르짖는 야곱에게 이름을 바꾸어 주는 것이 왜 축복입니까? 왜냐하면 하나님께서 누군가의 이름을 불러 주시면 그 사람은 그 이름대로 되기 때문입니다. 저는 이것을 믿어 의심치 않습니다. 만약 하나님께서 야곱에게 '빌 게이츠'라는 이름을 주셨다면, 야곱은 빌 게이츠 같은 어마어마한 컴퓨터 갑부가 되었을 것입니다. 만약 하나님께서 야곱을 '스티브 잡스'라고 부르셨다면, 야곱이 애플의 아이폰과 아이패드를 만들었을 것입니다. 그런데 하나님께서는 야곱을 빌 게이츠도 아니고 스티브 잡스도 아니고 '하나님과 겨루어 이겼다'는 의미의 '이스라엘'이라는 이름을 지어 주셨습니다.

하나님께서는 야곱에게 왜 그 많고 많은 이름들 가운데 하필이면 '이스라엘'이라는 이름을 주셨을까요? 그리고 그 이름이 의미하는 바는 무엇이었을까요? 그리고 여기에 더해서 새로운 이 이름에 대해서 야곱은 만족하였을까요? 마지막 질문에 대한 대답부터 하면, 당연히 야곱은 만족, 대만족하였습니다. 그 이름이 가지는 의미를 야곱은 제대로 알고 있었기 때문입니다. 그래서 이후에 옮겨간 숙곳이란 곳에 머물 때에 그곳 이름을 '엘엘로헤이스라엘'이라 명명했던 것입니다(엘엘로헤이스라엘: 하나님, 이스라엘의 하나님).

여기서 이스라엘, 즉 하나님과 겨루어 싸워 이겼다는 의미에 관해서 조금 더 생각해 보았으면 합니다. 부모와 자식 간의 싸움이 있다면 보통의 경우 부모가 지게 되어 있습니다. 내리사랑이기 때문입니다. 결국 이 세상에서 아버지와 싸워 이길 수 있는 사람은 딱 한 명밖에 없습니다. 바로 그 자식, 아들입니다. 마찬가지입니다. 좀 죄송한 표현입니다만, 하나님과 싸워서 이길 수 있는 사람이 있다면, 그는 분명히 하나님의 아들들뿐입니다. 바로 이것입니다. 하나님께서 야곱에게 새로운 이름, 이스라엘을 허락하신 이유가 여기에 있습니다. 지금 하나님께서 야곱에게 네 이름이 야곱인데 다시는 야곱이라 부를 것이 아니고 '이스라엘'이라고 부르겠다고 하시며 '하나님과 겨루어 이겼다'는 의미의 새로운 이름을 주신 것은, '너는 내 아들이다. 내가 너를 낳았다. 누가 뭐라 해도 너는 내 새끼다!'라고 말씀하시는 것과 같습니다!

이 말씀을 듣는 순간 야곱의 가슴은 터질 듯했습니다. 바로 이 선포 앞에서 그가 평생 마음속에 품고 있던 분노, 좌절, 원망, 걱정, 근심이 모두 봄 눈 녹듯 다 녹아내렸기 때문입니다. 특별히 형을 향해 가지고 있었던,

마음속에 공존했던 우월감과 열등감, 복잡 미묘했던 감정들이 감쪽같이 다 사라져 버렸습니다. 이제 야곱은 이 세상 모든 우주 만물보다 훨씬 크신 여호와 하나님을 자신의 것으로 소유한 '하나님의 아들'이 되었습니다. 그렇기 때문에 그는 이 세상 모든 것과도 화해할 수 있게 되었습니다. 너무나도 현실적인 비유겠지만, 이때 야곱의 감정은 로또 맞은 기분보다 더 좋았습니다.

한편, 여기서 살펴보아야 할 재미있는 표현이 하나 더 있습니다. 하나님께서는 야곱에게 새 이름을 지어주시며 단지 '네가 하나님과 겨루어 이겼다'라고만 말씀하시지 않고 '하나님과 및 사람들'과 겨루어 이겼다고 말씀하셨습니다. 그런데 여기서 '사람들'이란 누구를 두고 하는 말일까요? 무슨 의도로 이렇게 표현하신 것일까요? 사람들. 야곱이 오랜 세월 동안 살아오며 관계했던 모든 사람들일 것입니다. 여기에는 외삼촌 라반부터 심지어 아버지 이삭과 어머니 리브가까지 포함되어 있습니다. 세상 사람들은 하나님께서 각자에게 주신 인생 본연의 문제를 풀기 싫어합니다. 어렵고 힘들기 때문입니다. 그러나 야곱은 평생, 96세가 될 때까지 그 문제를 붙들고 우직하게 씨름했습니다. 심지어 부모조차 이 문제를 포기했을 정도이지만 그는 끝까지 이 문제를 붙들고 씨름했고 마침내 하나님께 그 답을 얻었습니다. 여기에 '사람들'이란 그가 붙든 인생의 숙제, 하나님의 말씀을 허투루 여기거나 가볍게 여긴, 그가 관계한 모든 사람들을 의미합니다.

이 세상에서 야곱을 아는 모든 사람들은 그를 '야곱'이라고, '어린 자'라고, '둘째'라고, '분깃이 없는 자', '약탈자'라고 비아냥거리고 조롱했습니다. 그러나 그는 끝까지 자신이 받은 비전의 말씀을 붙들었고, 마침내 그 문제를 풀었습니다. 다시 말해, 하나님의 말씀을 끝까지 붙든 사람이 '축복받은 자'이고, '큰 자'이며, '장남'이고, 그래서 '하나님의 나라를 유업으로 받을 자'이고, '천국을 약탈하는 자'이며, '하나님과 겨루어 이긴 자-이스라엘'이며, 곧 '하나님의 아들'이라는 것입니다! 그래서 야곱은 모든 사람, 모든 세상 사람의 편견과 믿음 없음과도 싸워 이겼습니다. 바로 그 믿음을 하나님께서 친히 인정해 주셨습니다.

  세상 사람들은 항상 보는 것만 믿습니다. 그러나 참된 하나님의 자녀들은 보이지 않는 하나님을 믿습니다. 그리고 하나님을 믿는 자들은 하나님의 말씀을 믿습니다. 그래서 그리스도인들은 여기 야곱처럼 그 말씀을 붙들고 평생을 살아가고 살아 내는 자들입니다. 하나님께서 세상 속의 그리스도인들에게 바라시는 것이 무엇일까요? 큰 자가 되어서 어린 자를 섬기는 것입니다. 즉, 그리스도인들이 이 세상 나라 사람들을 겸손하게 섬기는 것입니다. 남 탓이나 남의 눈치를 볼 필요가 없습니다. 남에게 강요나 선동할 필요도 없습니다. 스스로 크다고 생각하는 그가 그렇지 못한 사람들을 섬기면 되는 것입니다. 이것이 '큰 자가 어린 자를 섬기리라'는 하나님 말씀의 진짜 의미입니다.

브니엘, 하나님의 얼굴도장

> 야곱이 청하여 이르되 당신의 이름을 알려주소서 그 사람이 이르되 어찌하여 내 이름을 묻느냐 하고 거기서 야곱에게 축복한지라. 그러므로 야곱이 그곳 이름을 브니엘이라 하였으니 그가 이르

동영상 6강

> **기를 내가 하나님과 대면하여 보았으나 내 생명이 보전되었다 함이더라. 그가 브니엘을 지날 때에 해가 돋았고 그의 허벅다리로 말미암아 절었더라. 그 사람이 야곱의 허벅지 관절에 있는 둔부의 힘줄을 쳤으므로 이스라엘 사람들이 지금까지 허벅지 관절에 있는 둔부의 힘줄을 먹지 아니하더라 (창32:29~32).**

브니엘의 뜻이 무엇입니까? '하나님의 얼굴도장'이라는 뜻입니다. 하나님께서 축복에 갈급한 야곱을 친히 축복해 주시고 그 도장으로 하나님의 얼굴을 보여 주셨습니다. 야곱은 하나님의 이 얼굴도장 덕분에 96년 동안 풀지 못했던, 형과 얽힌 인생의 숙제도 다 해결할 수 있었습니다. 프로젝트명, '누가 장자인가?' 부제, '큰 자가 어린 자를 섬길 것이다.' 이삭 가정의 장자권 관련한 이 오래된 기안서에 아버지 이삭의 안수 도장 이후 빈칸으로 있었던 최종 승인란이 20년 만에 결재되는 순간이었습니다!

이제 야곱은 온전히 형 에서에게 무릎을 꿇을 수 있게 되었습니다. 자신이 큰 자, 영적인 장자이기 때문에 그렇지 못한 어린 형 에서에게 순전한 마음으로 무릎을 꿇을 수 있게 된 것입니다. 우리는 반드시 여기에 멈추어 서서 이때 야곱의 마음을 절절히 느껴 보아야 합니다. 아무리 오랫동안 머물러 있어도 지나치지 않을 것입니다. 야곱의 인생에서 최고의 정점, 환희의 순간이었습니다!

31절로, "그가 브니엘을 지날 때에 해가 돋았고…." (우리는 이 모습을 영상으로 그려볼 수 있어야 합니다!) 저 멀리 아침 해가 붉게 떠오릅니다. 비록 야곱의 몰골은 땀과 눈물로 범벅이 되어 말이 아니었고, 심지어 다리까지 절고 있었지만, 그의 마음속에는 브니엘이라는 태양이 떠오르고 있었습니다. 동시에 야곱의 마음속에는 형 에서에 대한 사랑의 감정 또한 물밀듯 밀려왔습니다. 그 사랑은 미안함과 그리움으로 상승작용을 일으켜 뜨거운 무엇이 되어 심장에서 복받쳐 올라왔습니다. 갑자기 형이 너무너무 보고 싶고 만나고 싶어졌습니다.

> **야곱이 눈을 들어 보니 에서가 사백 명의 장정을 거느리고 오고 있는지라 그의 자식들을 나누어 레아와 라헬과 두 여종에게 맡기고 여종들과 그들의 자식들은 앞에 두고 레아와 그의 자식들은 다음에 두고 라헬과 요셉은 뒤에 두고 자기는 그들 앞에서 나아가되 몸을 일곱 번 땅에 굽히며 그의 형 에서에게 가까이 가니 에서가 달려와서 그를 맞이하여 안고 목을 어긋 맞추어 그와 입 맞추고 서로 우니라 (창33:1~4).**

이제 그는 형, 에서를 만나는 것이 두렵지 않습니다. 인생의 숙제를 풀었기 때문입니다. 그리고 분명한 것은 자기가 큰 자라는 사실입니다. 그리고 이제는 큰 자이기에 어린 자, 에서를 향해 몸과 마음을 다해 머리를 숙여야 한다는 것도 잘 알고 있습니다. 하나님의 가족 세계에서는 마치 아버지가 아들에게 져 주는 것처럼, 그리고 친히 여호와 하나님께서 야곱 자신에게 져 주신 것처럼, 큰 자가 어린 자를 섬기는 것이 순리(純理)이기 때문입니다. 그래서 야곱은 전심으로 형, 에서를 향해 몸을 일곱 번이나 숙이면서 나아갈 수 있었습니다. 전혀 두 마음을 품지 않고서 말입니다.

솔직히, 예전에는 이 부분을 이해할 수가 없었습니다. 이런 굴욕적인 야곱의 모습을 보며 가식(假飾)과 위선(僞善) 덩어리라 생각했습니다. 그리고 10절 이하로 "내가 형님의 얼굴을 뵈온즉 하나님의 얼굴을 본 것 같사오며"라는 말은 그 위선의 정점이라 확신했었습니다. 그러나 이제는 알게 되었습니다. 야곱은 정말로 하나님의 얼굴을 보았고, 본인이 품었던 인생의 숙제를 온전히 해결했기 때문에 진실로 형의 얼굴을 보면서 브니엘의 하나님을 볼 수 있었습니다. 그래서 야곱의 인생은 이날을 기준으로 이전(before)과 이후(after)로 나뉘게 되었습니다.

그날 밤 에서에게 일어난 일

다음으로 이 상황을 에서 편에서 다시 한번 더 살펴보는 것도 의미가 있을 것입니다. 그날 밤에 에서는 어떠했을 것 같습니까? 야곱을 찾아가셨던 하나님께서 에서도 찾아가지 않으셨을까요? 96년을 살아오면서 이때만큼 진지하고 심각했던 에서도 없었습니다. 400명을 이끌고 집에서 출발할 당시만 하더라도 서슬이 시퍼랬습니다. 그때 에서의 마음은 야곱에 대한 복수심으로 활활 불타오르고 있었습니다. 지난 20년간 단 한 번도 꺼트리지 않고 불태우던 복수심이었습니다. 출발할 때는 최고조로 타오르고 있었습니다. 그래서 만나면 단칼에 죽이리라 다짐했었습니다.

그러나 하루 이틀이 지나고 동생과의 거리가 점점 가까워질수록 마음속 번민(煩悶)은 깊어만 갔습니다. 그리고 무엇보다 야곱이 앞서 보낸 선물을 보면서 또 선물을 들고 온 하인들을 통해 들은 지난 20년간 야곱의 고달팠던 이야기를 들으며 에서의 마음은 흔들리기 시작했습니다. 특히 외삼촌 라반의 집에서 겪은 지독한 머슴살이와 쫓겨 나오게 된 사정을 들을 때는 비록 덤덤한 척은 했지만, 피가 거꾸로 솟아올랐습니다. 왜냐하면 항상 피는 물보다 진하기 때문입니다. 이런 식으로 하나님께서는 에서의 마음도 조금씩 만져 주셨습니다.

야곱이 얍복강에서 하나님의 사자와 씨름하고 있을 때, 에서 또한 뜬 눈으로 밤을 지새웠습니다. 어쩌면 또 다른 모습의 하나님의 사람이 에서와도 씨름하지 않았을까요? (저는 그랬다고 확신합니다!) 에서는 야곱과 마찬가지로 자신의 지나온 삶을 돌아보게 되었습니다. 어리석게도 본인 스스로 장자권을 동생에게 팔아먹었습니다. 그것도 팥죽 한 그릇에 말입니다. 동생을 나무랄 것도 없었습니다. 자신이 장자권을 가벼이 여겼습니다. 무엇보다 자신의 결혼과 신앙의 실패를 인정하게 되었습니다. 자식들은 어떻습니까? 성경에 기록은 없지만, 가지 많은 나무 바람 잘 날 없다고 배 다른 여러 명의 자식을 키우면서 마음고생도 많이 했습니다. 그러면서 형제들 사이에 일어나는 싸움이 얼마나 부모의 마음을 상하게 하는지도 깨닫게 되었습니다.

그러나 여전히 자신의 동생 야곱에 대해서는 앙금이 가시질 않았습니다. 왜냐하면 지금까지 에서는 동생 야곱으로부터 단 한 번도 형 대접을 받아 본 적이 없었기 때문입니다. 심지어 힘들게 사냥하고 돌아와서 배가 고파 미칠 지경인 때에도 죽 한 그릇도 공짜로 준 적이 없었던 동생이었습니다. 아니, 설마 사냥한 그 고기, 혼자 다 먹으려고 사냥했겠습니까? 항상 같이 나누어 먹었습니다. 그러나 결국에는 팥죽 한 그릇에 장자권까지 빼앗아 갔던 야곱이지 않습니까! 그래서 에서는 항상 생각했습니다. 만약 아버지께서 말씀하시는 그 하나님이란 분이, 저렇게 약아빠지고 자기밖에 모르는 야곱 같은 놈에게 집안의 장자권을 주기를 원하는 분이시라면, 그런 하나님은 불의(不義)하시고 믿을 필요조차도 없다고 생각했던 것입니다. 비록 에서가 신앙은 없었는지는 몰라도 사람의 도리는 잘 알고 있었기 때문입니다.

한편, 누구보다 에서 본인이 자신의 됨됨이를 더 잘 알고 있었습니다. 자신은 장자의 재목(材木)이 아니라는 사실을 말입니다. 그런데 에서 본인도 자기가 왜 장자가 되었는지 모릅니다. 태어난 순서로 매겨지는 그 형제의 굴레를 자기인들 바꿀 수 있었겠습니까? 그러나 그럼에도 불구하고 사람의 도리와 됨됨이는 평가할 수 있습니다. 에서 자신도 재목이 아니지만 안하무인(眼下無人)격으로 행동하는 야곱도 재목이 아니기는 마찬가지였습니다. 누가 뭐라고 해도 지금까지는 그랬습니다. 그날 밤 에서의 마음속에서는 이렇게 두 명의 에서가 싸우고 있었습니다.

그런데 그토록 자신에게 인색(吝嗇)하던 동생이 먼저 선물을 보내오기 시작했습니다. 그것도 상상하기 어려울 정도로 많은 선물을 보내왔습니다. 지금까지는 있을 수 없는 일이었기에 만감이 교차했습니다.

에서는 자신의 불신앙 가정도 돌아보았습니다. 솔직히 그것을 인정하게 되었습니다. 자신을 피해 동생이 외삼촌 라반 집으로 떠날 때에야 비로소 자신의 아내들이 아버지와 어머니를 너무 힘들게 하고 있었으며 신앙의 차이가 얼마나 가정에 치명적인 영향을 끼치는지도 깨닫게 되었습니다. 그래서 비록 늦은 감은 있었지만, 삼촌 이스마엘의 딸을 다시 아내로 취하게 되었습니다. 모든 과정들이 주마등(走馬燈)처럼 지나갔습니다. 마음이 조금씩 녹기 시작했다는 것도 부인할 수가 없었습니다. 모든 것을 떠나 동생 야곱의 신앙과 부모님을 생각하는 마음만큼은 점점 인정하게 되었습니다.

이렇게 그 밤에 야곱을 만나 주셨던 하나님께서 동시에 에서도 만나주셨습니다. 둘은 영락없는 쌍둥이였기 때문입니다. 새벽녘이 되면서 에서의 마음에 평화가 찾아들었습니다. 그의 마음속에 야곱에 대한 그리움이 밀물처럼 밀려왔습니다. 새벽이 되어서야 찾아온 평안에 잠시 눈을 붙일 수 있었습니다.

드디어 동이 틀 무렵이 되었습니다. 저 멀리서 야곱이 일곱 번이나 몸을 숙이면서 오는데 직감적으로 알 수 있었습니다. 이전에 자기가 알던 그 동생 야곱이 아니라는 사실을 말입니다. 고생과 여독(旅毒)으로 자기보다 훨씬 더 늙어 보이는 쌍둥이 동생…. 몰골은 엉망이고 다리까지 절고 있었지만, 얼굴에서 겸손의 빛이 비치고 눈은 이미 젖어 있었습니다. 이제껏 살아오며 단 한 번도 보지 못했던 동생의 따뜻한 눈빛이었습니다. 마음 깊은 곳에서 울컥하고 무언가가 올라왔습니다. 그에게는 더 이상의 생각이 필요치 않았습니다. 에서는 바로 그런 사람이었습니다. 여호와께서 허락하신 감정이 시키는 대로 손과 발이 먼저 움직였습니다. 동생에게로 달려갔습니다! 하나님의 사자가 먼저 야곱을 찾아왔듯이 큰아들 에서가 먼저 동생 야곱을 향해 달려갔습니다.

무슨 말이 더 필요하겠습니까? 그냥 끌어안고 함께 우는 것 외에는 아무것도 필요치 않았습니다. 야곱의 인생 숙제가 마침내 일단락되는 순간입니다. 그 자리에 함께한 모든 사람들이 기쁨과 감격의 눈물을 흘렸습니다.

큰 자가 어린 자를 섬기리라 2

그런데 이후로 더 놀라운 일이 벌어졌습니다. 그 일은 이후 야곱이 우여곡절을 거치면서 결국에는 아버지 이삭이 있는 고향 땅 헤브론에 도착한 후에 생긴 것입니다. 특별히 창세기 36장은 오로지 에서와 에서의 후손을 소개하는 데 전체 지면을 할애하고 있습니다. 36장 6절은, 에서가 자기 아내들과 자기 자녀들과 자기 집의 모든 사람과 자기의 가축과 자기 모든 짐승과 자기가 가나안 땅에서 얻은 모든 재물을 이끌고 그 동생 야곱을 떠나 타처(他處)로 갔다고 소개합니다. 그 이유는 두 사람의 소유가 풍부하여 함께 거할 수 없었기 때문이라고 합니다. 놀랍지 않습니까? 정말이지 속담처럼 형만 한 아우가 없습니다. 이런 에서의 모습에서 조카 롯에게 선택권을 먼저 준 아브라함의 모습이 겹쳐집니다. 어떻게 해서 이런 일이 가능해졌습니까?

바로 야곱이 신앙적으로 큰 자로서 믿음이 없는 어린 형 에서에게 온전히 무릎을 꿇으니까 형 에서도 변한 것입니다. 동생 야곱의 겸손과 순종 앞에 육신의 형 에서 또한 용서와 양보를 베푸는 것입니다. 창세기 36장은 이런 에서와 그의 자손을 아주 상세하게 소개합니다. 배다른 삼촌 이스마엘의 경우와 비교하면 너무 심한 차이가 느껴질 정도로 성경은 에서의 족보에 큰 의미를 부여하며 먼 후손까지 구체적으로 설명을 합니다. 성경 어디에도 하나님의 백성이 아닌 자들에 대한 족보를 이렇게 소상하게 전하는 곳은 없습니다. 그렇기 때문에 의미가 있습니다. 다시 말해, 성경이 에서의 후손들에 관해서는 잘 모르겠지만 적어도 에서 한 사람에 관해서만큼은 확실하게 챙기고 있습니다. 왜냐하면 이런 식으로 에서 또한 자신의 인생 숙제를 완벽하게 풀어내었고, 실제로 이 땅에 먼저 태어난 큰아들로서 어린 자 쌍둥이 동생을 전심으로 섬겼기 때문입니다.

고향 땅 헤브론을 떠날 때 자신의 가족들, 특별히 에서의 아들들은 강력하게 반발했을 것입니다. 그럼에도 에서는 하나님 나라의 원칙을 이토록 멋있게 순종했습니다. 그러나 결국 야곱과 에서 두 형제지간은 이렇게 사이가 좋아져서 인생을 마무리하지만, 그 이후로 이들의 후손들, 이스라엘 족속과 에돔 족속은 참으로 애증(愛憎)이 교차하는 복잡 미묘한 관계를 유지하게 됩니다. 안타깝게도 신앙은 대물림되는 것이 아니기 때문입니다. 그러나 놀랍지 않습니까? '큰 자가 어린 자를 섬기리라'라는 여호와 하나님의 예언의 말씀이 신앙적으로도, 육체적으로도, 온전히 성취되었기 때문입니다. 진실로 하나님의 말씀은 일점일획(一點一劃)도 없어지지 아니하고 다 이루어지는 것입니다. 야곱과 에서. 아니, 에서와 야곱, 과연 천국에서는 누가 클까요? 저는 결코 에서가 야곱보다 작지 않으리라 확신합니다.[7]

끝으로 여기에서 성경은 또 다른 복선을 깔고 있습니다. 안타깝게도 야곱이 얍복강가에서 브니엘의 체험을 했음에도, 그것이 그의 인격까지는 변화시키지 못했습니다. 야곱은 형, 에서를 만나기 직전에 아내와 자식들의 순서를 정해서 형님께 나아가도록 했습니다. 혹시 에서가 자신의 가족들을 칠 경우를 대비하여 그렇게 한 것입니다. 그 위급하고 혼란스러운 상황에 더하여 브니엘의 하나님을 만나 은혜가 충만함에도 불구하고 야곱의 이성은 놀라울 정도로 차갑습니다! 2절 이하입니다.

여종들과 그들의 자식들은 앞에 두고 레아와 그의 자식들은 다음에 두고 라헬과 요셉은 뒤에 두고 자기는 그들 앞에서 나아가되….

이것은 엄청난 복선이고 시한폭탄입니다. 자식들이 이것을 모르겠습니까? 야곱의 자식들 입장에서 보면 형제들이 다 똑같지 않다는 것입니다. 엄마들도 순서가 있으며 이것에 따라 자식들의 순번이 매겨진다는 것입니다. 말이 형제들 순서이지 이것은 '차별의 순서'였습니다. 아이들이 더 잘 압니다. 이런 차별이 아이들 마음속에 분노를 심었고, 자녀를 노엽게 했습니다. 이에 관해서는 3장에서 자세히 다루겠습니다.

우리 그리스도인들은 모두 하나님의 축복을 갈망합니다. 그러나 스스로 속이지 말아야 합니다. 우리는 근본적으로 제사보다는 젯밥에 관심이 많은 허물 많은 죄인입니다. 우리는 욕심에 스스로 눈이 멀어 이 세상에서 잘 먹고 잘사는 것이 복이라고 생각하는 강한 습성이 있습니다. 그래서 육신의 정욕을 철저히 따르면서 그것이 하나님의 뜻이라고 치부할 때가 얼마나 많은지 모릅니다. 야곱을 보시기 바랍니다. 형에게 어떤 식으로든 장자권만 사면 되고 아버지 이삭으로부터 축복의 안수만 받으면 다 되는 줄 알았습니다. 이렇게 하기만 하면 저절로 복이 굴러들어 올 줄 알았습니다. 이는 돈을 벌고 성공을 위해서라면 어떤 불의한 일도 서슴지 않으려는 현대의 그리스도인들에게 던지는 의미가 크다고 하겠습니다.

그러나 야곱이 얍복강 나루에서 했던 씨름을 통해, 여호와 하나님께서는 우리 그리스도인들에게 진짜 복을 보여 주셨습니다. 반드시 기억해야 할 것입니다. 그 결재 라인은 3단 결재였습니다. 첫째, 형과의 거래에서도 정당했어야 하고, 둘째, 아버지 이삭도 속이지 말아야 했으며, 셋째, 무엇보다 여호와 하나님의 재가(裁可)를 빠트리지 말아야 했습니다. 앞의 두 결재 라인은 어떤 식으로든 가능할지 몰라도 마지막 결재 라인은 호락호락하지 않습니다. 빠져나갈 구멍이 없기 때문입니다. 기억하십시다. 최종 결재 도장은 브니엘, 하나님의 얼굴도장입니다. 그런데 하나님께서는 결코 그 결재 도장만 찍지 않으셨습니다. 그 아래에 친히 코멘트도 적어 주셨습니다. 20년 전에 정당하지 못하게 속여서 찍었던, 형 에서의 얼굴도장도 다시 받아오라고 말입니다. 그래서 에서를 만난 야곱의 이 고백은 위선이 아니라 진심이었습니다. "내가 형님의 얼굴을 뵈온즉 하나님의 얼굴을 본 것 같사오며 형님도 나를 기뻐하심이니이다(창33:10)."

특히 근래에 세상 사람들이 기독교를 맹비난하고 있습니다. 마치 에서가 팥죽 한 그릇에 장자권을 사고 아버지 이삭을 속여 축복을 받아 낸 야곱을 향해 쏟아내는 증오와 분노 같습니다. 먼저 그리스도인들은 말씀으로 거듭나야 합니다. 그래서 제대로 하나님의 자녀가 되어야 합니다. 우리 하나님 아버지는 이 세상과는 감히 비교할 수 없을 정도로 큰 분이십니다. 온 우주 만물을 창조하신 만유의 주십니다. 그렇기에 만유의 주이신 하나님 전부를 가지게 되면 다른 세상 것들에 대해서는 욕심을 좀 내려놓아야만 합니다. 그래서 하나님의 자녀들, 영적인 장자, 큰 자로서 하나님을 알지 못하는 세상 사람들을 순전한 마음으로 섬길 수 있어야만 합니다. 일곱 번씩 일흔 번이라도 고개를 숙이며 세상을 섬기는 것이 제대로 된 그리스도인의 본분입니다.

Chapter 2_연구 및 토론 문제

1. 그리스도인들이 겪는 영적 사춘기가 있습니다. 예수님을 믿고 난 다음에 (구원의 확신을 가지게 된 후에) 맞닥뜨리게 된 각자의 인생 숙제에 대해 나누어 봅시다.

   (가) 각자 인생의 숙제를 풀어 나감에 있어 가장 힘든 것은 무엇이었나요?

   (나) 혹, 이미 풀었다면 어떻게 인도함을 받았는지 나누어 봅시다.

2. 얍복강 나루에서 야곱이 자신의 인생 숙제를 두고 고민과 번뇌에 휩싸여 있을 때 어떤 사람이 나타나 그와 씨름을 했습니다.

   (가) 성경은 이를 분명히 '씨름'이라고 하는데, 왜 우리는 '기도'로 이해할까요?

   (나) 하나님의 사자는 야곱과 밤새도록 씨름을 하면서 말 한마디 하지 않았습니다. 왜 그렇게 했을까요? (결국, 나중에는 "날이 새려 하니 나로 가게 하라"는 말씀을 먼저 할 거면서도….)

   (다) 하나님의 사자가 야곱을 찾아올 때는 사전 동의 없이 왔습니다. 그렇다면 갈 때도 그냥 가면 될 터인데 왜 굳이 야곱에게 동의를 구할까요?

   (라) 이를 통해 하나님의 사람은 야곱과 말 한마디 하지 않고 겨룬 씨름 자체에 의미를 부여합니다. 결과론적으로 보자면 하나님의 사람은 티 내지 않고 져 주기 위한 씨름을 날이 새도록 한 것입니다. 이를 통해 야곱이 깨달은 것은 무엇입니까?

3. 야곱은 자신이 붙든 하나님의 말씀과 뜻을 이루기 위해 형과 아버지를 속였습니다. 심지어 어머니 리브가의 도움까지도 받았습니다.

   (가) 하나님의 뜻을 이룬다는 이유로 형 에서에게 팥죽 한 그릇에 장자권을 산 것과 아버지를 속이고 축복의 기도를 가로챈 것은 옳은 행위일까요? 옳지 않은 행위일까요?

   (나) 위의 문제에 답하기 위해서는 먼저 내가 생각하는 하나님의 뜻과 진짜 하나님의 뜻을 우리는 분별할 수 있어야 합니다. 어떻게 하면 둘 사이를 분별할 수 있을까요?

(다) 홀로 예수님을 믿는 자매가 있었습니다. 아버지가 강력하게(!) 반대했기에, 일요일마다 교회에 가기 위해 도서관에 간다는 거짓말을 했습니다. 옳은 것일까요 옳지 않은 것일까요? 여러분이라면 어떻게 하시겠습니까? 나누어 봅시다.

4. 야곱은 하나님의 사자와 씨름을 하면서 자신이 붙든 말씀(큰 자가 어린 자를 섬기리라)의 참 의미를 깨닫게 되었습니다. 무엇입니까?

5. 여호와 하나님은 언제나 변함이 없으십니다. 항상 동일하십니다. 그렇다면 논리적으로 구약과 신약에서 이야기하는 하나님의 나라에 적용되는 운영 법칙이나 가치관도 동일해야 합니다. 야곱이 깨닫게 된 언약의 말씀과 예수님께서 제자들에게 하신 말씀이 동일한지 복음서에서 찾아 비교해 봅시다(마18:1~6, 막10:41~45, 눅22:24~27, 요13:12~17).

(가) 하나님의 나라(천국)가 운영되는 법칙에 대해 나누어 봅시다.
(나) 내가 섬기는 교회와 가정에서는 어떠한지 나누어 봅시다.

6. 얍복강 나루에서 야곱을 만난 에서는 어떻게 했습니까?(창33:1~4). 에서의 갑작스런 태도 변화는 인간적으로 가능한 일일까요?

7. 창세기 36장은 에서의 족보로 채워져 있습니다. 아브라함이 여종 하갈을 통해 낳은 아들 이스마엘과 비교하면 너무 큰 차이를 보일 정도로 성경은 에서의 족보에 많은 지면을 할애합니다. 이는 얍복강에서 에서가 야곱을 용서하고 받아들인 사실에 큰 의미를 부여하기 때문입니다.

(가) 에서가 풀어간 그의 인생 숙제에 대해 토의해 봅시다. 그는 어떻게 해서 동생 야곱을 용서하고 받아들일 수 있었을까요?
(나) 에서가 동생 야곱의 신앙을 인정하고 장자로 대우해 주었다는 사실을 어떻게 알 수 있습니까?(참고: 창36: 6~8).

8. 에서와 야곱의 일화를 통해 내가 풀어야 할 인간관계의 문제를 피하지 말고 대면해 봅시다.

   (가) 무엇이 가장 큰 걸림돌입니까?

   (나) 나에게 있어 (큰 자로서) 섬겨야 할 어린 자는 누구입니까?

   (다) 스스로 생각하는 인생의 숙제가 아닌 하나님께서 나에게 허락하신 인생의 숙제가 있는지 돌아보고 솔직하게 나누어 봅시다. (조건: 자기 객관화, 참고: 아래 예화).

♠ 예화:

   믿음의 가정에서 성장한 한 자매가 있었습니다. 성인이 된 후 전문 찬양선교단체에 사역할 기회를 얻게 되었는데, 이 일로 부모님과 큰 마찰을 빚게 되었습니다. 그러나 결국 이견을 좁히지 못한 채, 부모님과 크게 다툰 후 가정과 교회를 떠나 독립하게 되었습니다. 그런데 찬양선교단체 생활도 녹록지 않았습니다. 재정적인 문제를 비롯하여 시기와 질투 등 동료 자매와의 다툼으로 인해 관계도 심하게 틀어져 있었기 때문입니다. 그래서 신앙의 선배를 찾아가 상담을 했습니다. 자매는 현재 신앙적으로는 만족하고 있었습니다. 단지 재정문제와 동료와의 어긋난 관계를 어떻게 하면 풀 수 있는지, 이에 관한 하나님의 뜻이 무엇인지 조언을 구했습니다. 그런데 신앙의 선배는 권면하기로, 무엇보다 부모님과의 관계 회복이 제일 중요하며 섬기던 교회로 다시 돌아가는 것이 하나님께서 가장 바라시는 것이라 하였습니다.

9. 브니엘의 하나님을 체험한 야곱이지만 그의 마음은 냉철했습니다. 그 어수선한 상황에서도 형 에서를 만나러 갈 때 자녀들과 아내들을 중요도에 따라 줄 세우기를 했기 때문입니다.

   (가) 요셉을 제외한 야곱의 아들들 입장에서 마음 나누기를 해 봅시다.

   (나) 이번에는 이런 상황을 알고 있는 요셉의 입장에서 마음 나누기를 해 봅시다.

(주)

1) 73 p. 믿음으로 믿음에 이르게 하나니(롬1:17)
   앞의 믿음은 '하나님께서 우리를 자녀로 삼아 의롭다 칭하시는 것'을 믿는 믿음을 의미하고, 뒤의 믿음은 '이제 예수 그리스도를 믿음으로 말미암아, 하나님의 자녀이기에 마땅히 예수님의 장성한 분량(거룩과 의로움)까지 자라가는 믿음'을 의미함.

2) 74 p. [믿음은 순종]
   그러므로 믿음은 들음(순종)에서 나며 들음(순종)은 그리스도의 말씀으로 말미암았느니라(로마서 10:17)/ 믿음으로 아브라함은 부르심을 받았을 때에 순종하여(믿음으로) 장래의 유업으로 받을 땅에 나아갈새 갈 바를 알지 못하고 나아갔으며(히브리서 11:8)/ 믿음으로 기생 라합은 정탐꾼을 평안히 영접하였으므로 순종(믿지)하지 아니한 자와 함께 멸망하지 아니하였도다(히브리서 11:31).

3) 78 p. "야곱이 길을 가는데 하나님의 사자들이 그를 만난지라. 야곱이 그들을 볼 때에 이르기를 이는 하나님의 군대라 하고 그 땅 이름을 마하나임이라 하였더라."(창 32:1~2) 엄밀히 이야기하면 성경은 야곱이 하나님의 사자들을 만난 것이 아니라 하나님의 사자들이 야곱을 만났다고 표현하고 있습니다. 주어가 중요합니다. 항상 이렇게 하나님께서 먼저 우리네 인생을 찾으십니다.

4) 86 p. 당시 야곱의 나이를 76세로 추정한 부분은 1장을 참고할 것. 결론적으로 야곱이 70세 이상이 되도록 결혼하지 않은 이유는 신앙적인 문제였던 것으로 판단됩니다. 야곱의 신앙과 성정으로 볼 때 헷 족속의 이방 여인들과는 깊이 있는 대화 자체가 힘들었을 것입니다. 결혼이라는 것이 성욕을 채우기 위한 육체적인 결합만을 의미하지는 않기 때문입니다. 결혼은 관계로써 인격과 인격이 하나가 되는 것입니다. 특별히 그리스도인들에게 있어 부부지간에 신앙이 달라 생기는 대화 단절은 치명적입니다. 당시 야곱은 형 에서처럼 결혼해서 온 가족을 불행하게 하는 것보다 차라리 혼자 사는 것이 낫다고 판단한 것 같습니다. 우리는 스스로 속이지 말아야 합니다. 우리는-특히 신앙이 없는 자와의 결혼을 앞둔 이들은-믿는 자들의 불신 결혼에 대해서 (강력하게) 상대주의적 입장을 취하고 싶어 합니다. 그러나 이 문제는 근본

적으로 단순합니다. 그 믿는 자들의 믿음이 온전하지 못한 것입니다.

5) 89 p. 상기 3)항과 마찬가지로 성경은 야곱이 어떤 사람과 씨름한 것이 아니라 어떤 사람이 야곱과 씨름했다고 표현하고 있습니다. 여기서는 이렇게 '주어'가 중요합니다. 이를 보더라도 하나님께서 먼저 야곱에게 어떤 의도를 가지고 접근하셨다는 것을 알 수 있습니다. 믿음의 눈을 가지고 보면 항상 우리보다 하나님께서 먼저 움직이시는 것을 볼 수 있을 것입니다.

6) 96 p. 요한복음 13장 12절~17절 참고. 예수님께서 잡히시기 전에 제자들의 발을 씻기며 하신 말씀도 같은 차원에서 하신 말씀임.

7) 111 p. 이런 해석은 논란을 일으킬 수 있습니다. 이에 관한 신학자들의 전통적인 견해는 둘째 문제이고 이보다 히브리서 12장 15절~17절, 로마서 9장 10절~13절 말씀과 이에 대한 근거인 말라기 1장 1절~5절 말씀, 그리고 에돔의 멸망을 예언한 오바댜서를 먼저 극복하고 설득할 수 있어야 할 것입니다. 만약 성경말씀을 문자적으로만 이해한다면 마치 이 책이 전하는 이야기와 히브리서, 로마서, 말라기서의 말씀이 상충되는 것처럼 보일 수 있을 것입니다. 그러나 아모스 9장 11, 12절의 '에돔의 남은 자' 회복에 관한 약속의 말씀을 살피고 성경을 하나님 우리 아버지께서 자녀들에게 들려주시고자 하는 이야기(스토리)의 형태로 받아들인다면 충분히 이해와 설명이 가능하리라 생각합니다. 결국 성경을 학문적으로 보는 것과 (믿음의 선배들과 우리가 살아 낸 그리고 살아 낼) 이야기로 보는 것의 차이일 것입니다. 지면상 더 깊은 이야기는 어려울 듯합니다.

Chapter 3. 엘엘로헤이스라엘

에서가 이르되 우리가 떠나자 내가 너와 동행하리라 야곱이 그에게 이르되 내 주도 아시거니와 자식들은 연약하고 내게 있는 양 떼와 소가 새끼를 데리고 있은즉 하루만 지나치게 몰면 모든 떼가 죽으리니 청하건대 내주는 종보다 앞서가소서 나는 앞에 가는 가축과 자식들의 걸음대로 천천히 인도하여 세일로 가서 내 주께 나아가리이다 에서가 이르되 내가 내 종 몇 사람을 네게 머물게 하리라 야곱이 이르되 어찌하여 그리하리이까 나로 내 주께 은혜를 얻게 하소서 하매 이 날에 에서는 세일로 돌아가고 야곱은 숙곳에 이르러 자기를 위하여 집을 짓고 그의 가축을 위하여 우릿간을 지었으므로 그 땅 이름을 숙곳이라 부르더라 야곱이 밧단아람에서부터 평안히 가나안 땅 세겜 성읍에 이르러 그 성읍 앞에 장막을 치고 그가 장막을 친 밭을 세겜의 아버지 하몰의 아들들의 손에서 백 크시타에 샀으며 거기에 제단을 쌓고 그 이름을 엘엘로헤이스라엘이라 불렀더라(창33:12~20).

그러나 여기에 머물면 죽는다!

창세기 33장 12절~35장 15절

야곱이 밧단아람에서 돌아오매 하나님이 다시 야곱에게 나타나사 그에게 복을 주시고 하나님이 그에게 이르시되 네 이름이 야곱이지마는 네 이름을 다시는 야곱이라 부르지 않겠고 이스라엘이 네 이름이 되리라 하시고 그가 그의 이름을 이스라엘이라 부르시고 하나님이 그에게 이르시되 나는 전능한 하나님이라 생육하며 번성하라 한 백성과 백성들의 총회가 네게서 나오고 왕들이 네 허리에서 나오리라 내가 아브라함과 이삭에게 준 땅을 네게 주고 내가 네 후손에게도 그 땅을 주리라 하시고 하나님이 그와 말씀하시던 곳에서 그를 떠나 올라가시는지라 야곱이 하나님이 자기와 말씀하시던 곳에 기둥 곧 돌기둥을 세우고 그 위에 전제물을 붓고 또 그 위에 기름을 붓고 하나님이 자기와 말씀하시던 곳의 이름을 벧엘이라 불렀더라 (창35:9~14).

순례자에게 치명적인 독, 안주(安住)

존 번연이 쓴 '천로역정'에 안주(安住)의 위험을 경고하는 에피소드가 있습니다. 주인공 크리스천(순례자)이 여행 중에 '고난'이라는 산기슭을 오르는 대목입니다. '위험'과 '멸망'이라는 유혹의 쉬운 길을 피해 열심히 산을 오르던 중 중턱에 이르렀을 때 아름

동영상 7강

다운 정자에서 잠시 머무르게 되었습니다. 그 정자는 산의 주인이 지친 여행객들이 쉬어 갈 수 있도록 만들어 놓은 것이었습니다. 거기에 머무는 동안 크리스천은 이전 여행지였던 '십자가 아래'에서 받았던 천국 통행권인 '두루마리 성경'을 꺼내어 읽기도 하고 또 거기서 받은 '거룩한 옷'을 꺼내어 다시 살피면서 위로를 받기도 했습니다.

여기까지는 좋았습니다. 그런데 그러던 중 그만 깊은 잠에 빠져들고 말았는데 그때 손에 들고 있던 천국의 통행권, 두루마리 성경을 놓쳐 버리게 되었습니다! 그때 꿈결 중에 누군가가 다가와서 그를 깨워 주었습니다. 그를 향해 "게으른 자여, 개미에게 가서 그가 하는 것을 보고 지혜를 얻으라!"라고 소리쳤던 것입니다. 이 소리에 놀란 크리스천은 다급하게 일어나 서둘러 길을 떠났습니다. 그러나 그토록 중요한 두루마리 성경을 잃어버린 줄도 모른 채 말입니다. 그리고 결국 힘겹게 정상까지 다다르게 되었습니다.

그런데 그는 거기서 '소심'이라는 사람과 '불신'이라는 사람을 만나 신앙에 관한 이런저런 이야기를 나누게 되었습니다. 그러던 중에 성경이 필요하게 되었는데, 그제야 크리스천은 두루마리 성경을 잃어버렸다는 사실을 깨닫게 되었습니다. 크리스천은 즉시로 산을 내려왔고 우여곡절 끝

에 두루마리 성경을 되찾을 수 있었습니다. 그러나 왔던 길로 산을 다시 올라야만 했고 (그는 같은 길을 3번이나 지나게 된 것입니다!) 많은 시간과 에너지를 그 대가로 지불해야만 했습니다.

이때 크리스천은 자신의 게으름과 안주 때문에 가장 중요한 천국의 통행권을 잃어버릴 뻔한 이 사건에 대해 얼마나 자책하는지 모릅니다. '오호라, 나는 곤고한 사람이로다. 어려움 중에 대낮에 잠을 자다니! 주님이 순례자들의 영혼에 쉼을 주기 위해 세워 놓은 그곳을 내 육신의 안일을 위해 사용하다니! 이스라엘에게 일어났던 바로 그 일이 내게 일어났구나. 그들도 자신들의 죄악 때문에 홍해 길로 되돌아가지 않았던가!'

이와 비슷한 예를 다윗 왕에게서도 찾을 수 있습니다. 다윗은 사울 왕의 뒤를 이어 이스라엘의 두 번째 왕이 되었습니다. 그러나 그가 왕이 되는 과정은 결코 쉽지 않았습니다. 이새의 말째 아들로 목동으로 지내다가 사무엘 선지자에게 기름 부음을 받은 후 실제로 이스라엘 왕이 될 때까지 아주 오랜 인고의 세월이 필요했습니다. 처음부터 어려웠습니다. 8형제 중 말째였기에 사무엘 선지자와 함께하는 식탁교제 자리에 처음에는 그 명단에 들지도 못했습니다. 형제들 모두 식사자리에 참석하면 소는 누가 키우느냐는 것입니다.

그 후 뜻하지 않게 참여한 전쟁에서 골리앗을 죽이고 잠깐 잘나가는 듯 했습니다. 그러나 '사울의 죽인 자는 천천이요 다윗은 만만이로다'라며 백성들이 부른 승리의 노래 덕분에 사울 왕의 불꽃같은 눈이 감시하는 경계대상 1호가 되었습니다. 비록 전쟁에서 이긴 공으로 사울의 사위가 되는 영광을 누렸지만, 이는 사울이 다윗을 편하게 감시하기 위한 이기적인 배려였을 뿐이었습니다. 사울 왕은 시기와 질투에 눈이 멀어 틈만 나면 다윗을 죽이려 했기 때문에 그는 어쩔 수 없이 도망자 신세로 이스라엘 이곳저곳을 정처 없어 떠돌아다녀야만 했습니다. 심지어 궁지에 몰렸을 때에는 적국 블레셋에 망명하기도 했고, 미친 사람 흉내를 내며 목숨을 부지하기도 했습니다. 이뿐이 아닙니다. 결국 사울 왕과 그의 아들 요나단은 블레셋과의 전쟁에 패해 죽었지만, 그럼에도 다윗은 전 이스라엘의 왕으로 등극하지도 못했습니다. 유다 지파만의 왕이 되었다가 이스라엘 전체의 왕이 되기까지는 무려 7년 6개월이 더 필요했습니다.

그래서 그러했을까요? 다윗 자신이 굳이 전쟁에 나가 전투할 필요가 없을 정도로 나라가 안정을 찾아 가기 시작했을 때 그는 너무 쉽게 무너져 버리고 말았습니다. 바로 우리야의 아내 밧세바를 취한 사건입니다. 순식간이었습니다. 그는 간음죄와 살인죄를 한꺼번에 저지름으로써 두고두고 그 대가를 지불해야만 했습니다. 진실로 이 일은 그 당시까지 다윗이 힘겹게 하나씩 쌓아 왔던 명망을 한꺼번에 다 날려 버릴 정도로 치명적인 사건이었고, 원수들에게는 두고두고 큰 비난과 빌미거리를 제공하는 것이었습니다. 심지어 지금까지도 우리는 밧세바를 기억할 때 '다윗의 아내 밧세바'나 '솔로몬의 어머니 밧세바'로 기억하는 것이 아니라 '우리야의 아내 밧세바'로 기억합니다. 왜냐하면 성경이 늘 그렇게 표현하고 있기 때문입니다(마1:6).

정말이지 이런 부분에서 성경은 에누리가 전혀 없습니다. 그때까지 다윗은 어떤 사람이었습니까? 지나칠 정도로 율법의 말씀과 그 윤리를 실천해 옮기던 사람이었습니다. 사울 왕을 죽일 기회가 많았지만, 하나님의 기름 부음을 받은 사람을 처단하는 것은 분명히 죄라고 생각하였고 사울의 옷자락만 베고도 양심의 가책을 느껴 눈물로 회개하는 사람이었습니다.

이런 그가 자신의 충복(忠僕), 그것도 이방인이면서 자신의 인격에 매료되어 부하가 된 우리야를 배신했습니다. 자신을 위해 목숨을 내어놓는 부하의 뒤통수에 칼을 꽂았던 것입니다! 이것은 논리적으로는 설명이 불가능합니다. 그 짧은 기간에 도대체 다윗에게 무슨 일이 일어난 것일까요? 그는 위선자였을까요? 아니면 다중인격자였을까요? 이런 이율배반적인 일이 어떻게 일어날 수 있을까요?

결과는 상상할 수 없을 정도로 크게 나타났지만, 그 일의 단초는 아주 작은 데서 출발했습니다. 바로 '안정(安定)' 또는 '안주(安住)'의 결과였습니다. 비유하자면, 복잡한 기계장치에서 아주 작은 나사 하나에 불과할 정도로 그 자체로는 별것 아니었습니다. 그러나 작은 나사 하나같은 그 별것 아닌 잠깐의 쉼이 다윗의 인생을 시궁창으로 처박을 뻔했습니다. 어쩌면 다윗에게 그날의 궁궐산책은 평생 처음 맛보는 여유였을 수도 있습니다. 그저 약간의 보상 또는 잠깐 쉬어 가자는 생각이 그의 전 인생을 흔들어 버릴 정도로 위험한 상황까지 몰고 가게 될 줄은 그 자신도 몰랐던 것입니다. 이것이 우리 그리스도인들의 삶이 가진 맹점(盲點)입니다. 잠깐 한눈 팔면 어느새 밑바닥으로 치닫고 있습니다.

지금부터 살펴볼 야곱의 선택이 바로 이와 동일합니다. 야곱은 에서와 헤어지고 난 후, 숙곳과 세겜 땅에 잠시 동안만 머물려고 했습니다. 아버지 집까지는 엎어지면 코 닿을 거리까지 왔습니다. 지금까지 너무 파란만장(波瀾萬丈)한 삶을 살아와서 잠깐 쉬었다가 움직이려 한 것뿐입니다. 그러나 의도와는 달리 야곱의 가족은 그곳에서 수년 동안 주저앉게 되었고, 도낏자루 썩는 줄 모르고 세속화되어 갔습니다.

핑계 없는 안주(安住)는 없다! 안주 = 누룩

에서가 이르되 우리가 떠나자 내가 너와 동행하리라 야곱이 그에게 이르되 내 주도 아시거니와 자식들은 연약하고 내게 있는 양 떼와 소가 새끼를 데리고 있은즉 하루만 지나치게 몰면 모든 떼가 죽으리니 청하건대 내주는 종보다 앞서가소서 나는 앞에 가는 가축과 자식들의 걸음대로 천천히 인도하여 세일로 가서 내 주께 나아가리이다 에서가 이르되 내가 내 종 몇 사람을 네게 머물게 하리라 야곱이 이르되 어찌하여 그리하리이까 나로 내 주께 은혜를 얻게 하소서 하매 이 날에 에서는 세일로 돌아가고 야곱은 숙곳에 이르러 자기를 위하여 집을 짓고 그의 가축을 위하여 우릿간을 지었으므로 그 땅 이름을 숙곳이라 부르더라 야곱이 밧단아람에서부터 **평안히 가나안 땅 세겜 성읍에 이르러 그 성읍 앞에 장막을 치고** 그가 장막을 친 밭을 세겜의 아버지 하몰의 아들들의 손에서 백 크시타에 샀으며 거기에 제단을 쌓고 그 이름을 엘엘로헤이스라엘이라 불렀더라 (창33:12~20).

이렇게 인생을 살아가다 보면 대수롭지 않게 생각하며 쉽게 한 선택이 결정적인 순간에 인생의 발목을 잡는 경우를 만나게 됩니다. 그래서 나중에 깨닫고 돌이켜 다시 돌아오는 데는 상상 이상의 대가를 지불해야 하는 경우가 많습니다. 그래서 그리스도인들에게 있어 율법주의 다음으로 위험한 누룩은 '안주함의 누룩'입니다.

야곱은 에서와 극적인 화해를 했습니다. 진심이었으며 너무 좋았습니다. 에서는 그 성격대로 동생에게 선한 의도를 가지고 호탕하게 제안했습니다. 자신이 야곱의 길에 길잡이가 될 터이니 아버지께서 계신 곳으로 빨리 올라가자는 것이었습니다. 그러나 야곱은 그 제안을 정중하게 거절합니다. 거절의 이유는 아직 자식들이 어리고[1] 가축들 가운데 새끼를 데리고 있는 것들이 많아 과하게 몰면 죽을 수도 있다는 것이었습니다. 그러자 에서는 자신의 하인들 중에서 몇 명이라도 남겨 두고 떠나겠다고 했습니다. 그러나 야곱은 이 또한 간곡히 거절합니다. 물론 야곱의 이런 거절은 일견 정당하다고 생각합니다. 실제로 수고를 마다하지 않는 형님께 많이 미안하기도 하고 더 이상 폐를 끼치고 싶지 않았을 것입니다. 그러나 이는 표면적 이유였습니다. 실제로 이면에는 다른 이유들이 있었습니다.

먼저 지금까지 살아온 야곱의 인생을 돌아보고 한마디로 요약하라면 '긴장'이라 표현할 수 있습니다. 형과의 불화와 팥죽 한 그릇의 거래, 외삼촌 라반의 집에서 지낸 20년은 긴장의 연속이었습니다. 그렇기 때문에 야곱은 정말이지 모든 인생의 어려움과 그 숙제들을 해결한 이 순간만큼은 간절하게(!) 쉬고 싶었습니다. 평생 해결치 못했던 인생의 숙제를 브니엘에서 너무나 잘 풀었기 때문에 그 기쁨과 평안을 잠깐이라도 누리고 싶었던 것입니다. 대입시험을 이제 막 다 치르고 나왔는데 다시 스파르타식 입시학원에 입학하려는 학생이 어디에 있겠습니까? 설사 재수를 위해 다시 학원으로 돌아가는 경우가 있더라도 시험을 다 치른 그날만큼은 쉬고 놀아 주는 것이 정상이지 않겠습니까!

다음으로, 야곱은 마음속 한편에 또 다른 걱정과 염려도 있었습니다. 우여곡절 끝에 형님과 극적으로 화해는 했지만, 야곱에게 형 에서는 여전히 어렵디어려운 존재였습니다. 그래서 많이 불편했을 것입니다. 형 에서를 누구보다 잘 아는 야곱 아니겠습니까? 그때까지 야곱이 생각하는 형 에서는 기분파였기 때문에 언제 또 마음이 바뀔지 모른다는 불안감도 컸습니다. 야곱은 은혜가 걷히고 난 다음에 찾아오는 까칠한 현실을 떠올린 것입니다.

게다가 야곱 입장에서는 형님도 형님이지만 형수들이나 조카들과의 관계나 상황도 고려해야만 했습니다. 형제는 피를 나눈 사이라 싸웠더라도 화해를 하면 그것으로 끝나는 것이지만 형수들이나 머리가 굵은 조카들은 또 다른 경우입니다.2) 사람들은 서로 관계를 맺고 살아가다가 헤어지게 되면 대부분의 경우 마지막 장면을 기억하게 됩니다. 형수와 조카의 뇌리에 각인된 야곱의 마지막 모습은 무엇이었습니까? 삼촌 야곱이 할머니 리브가와 짜고 아버지 에서의 장자권을 가로챈 그 모습입니다. 그 옆에서 할아버지 이삭은 두려워 떨고 있고 아버지 에서는 대성통곡하고 있는, 기가 막힌 그 모습을 기억하고 있습니다. 그래서 이들은 결코 야곱과 그의 가족들에게 호의적이지 않았습니다.

한편, 현실적으로 더 큰 문제도 있었습니다. 왜냐하면 고향 땅이 야곱과 에서의 두 일가를 다 용납할 만큼 크지 않았기 때문입니다. 결국 야곱의 일가가 고향 땅에 도착하게 되면 형이 되었건 동생이 되었건 또다시 누군가의 가족은 더 멀리 다른 곳으로 떠나야 하는 상황이었습니다(창 36:6~8). 에서로부터 통 큰 용서도 받은 상황에서 또 어떻게 형님보고 아버지 집을 떠나라 할 수 있겠습니까?

이런 현실적인 이유들이 야곱에게는 큰 부담으로 작용했습니다. 그는 이렇게 복잡한 심경이었기에 잠시 동안만이라도 이 평안한 적정선을 더 유지하고 싶었습니다. 그래서 형 에서를 세일로 보낸 야곱은 자신의 계획대로 천천히 가족들을 데리고 숙곳과 세겜성에 이르렀습니다. 성경은 33장 18

절에서 야곱이 외삼촌 라반의 집, 밧단아람에서 출발하여 드디어 고향 땅 언저리가 보이는 세겜 성읍까지 '평안히' 이르렀다고 이야기하고 있습니다.

여기서 '평안히'라는 말에 속으면 안 됩니다. 이중적 의미를 담고 있기 때문입니다. 야곱의 귀향 여정을 돌아보면 결코 쉽고 평안하지 못했습니다. 외삼촌 라반에게 쫓기는 필사의 탈출이었고, 얍복강에서 벌인 씨름은 목숨을 건 사투(死鬪)였습니다. 그러나 그 모든 어려움들이 하나씩 다 해결되고 나서 보니까 결과론적 의미에서 '평안히'라는 의미였습니다. 만약 야곱이 후대의 사도 바울을 먼저 알았더라면, 이 모든 것이 '합력하여 선을 이루는 하나님의 은혜'라고 고백했을 것입니다.

따라서 이런 이유들로 형님과의 거리를 조금 둔 자신만의 아지트로서 세겜 만한 곳은 없었습니다. 땅은 넓고 풍요로웠으며 여호와 하나님과 약속한 벧엘까지는 마음만 먹으면 한걸음에 달려갈 수 있는 거리였기 때문입니다. 게다가 세겜성 이웃들도 무척 친절하고 좋았습니다. 모든 환경이 야곱을 위해 돌아가는 것처럼 완벽한 조합을 이루고 있었습니다. 세겜 성읍 앞에서 장막 말뚝을 잡은 야곱의 손에 큰 힘이 들어갔습니다.

그러나 결과론적으로 보자면 그는 형 에서와 함께 빨리 떠났어야만 했습니다. 형과 동행하면서 믿음을 가지고 이러한 실질적인 이야기들, 즉 자신의 속내와 형수나 조카들과의 관계 등을 솔직하고 충분하게 공유하고 나누었어야만 했습니다. 만약 그랬다면 형 에서도 충분히 진지하게 공감하며 함께 이 문제를 의논했을 것입니다. 다시 말해, 야곱은 이 상황에서 자신을 만나 주시고 변화시켜 주셨던 여호와 하나님께서 동일하게 형 에서도 그렇게 만나 주시고 변화시켜 주셨을 것이라는 확고한 믿음을 가졌어야만 했습니다. 그러나 야곱은 자기에게 일어난 변화가 너무 크게 느껴

져 남들에게 일어난 변화를 제대로 바라보지 못했습니다.

신앙의 성숙 유무가 바로 이 부분에서 판가름 납니다. 성숙한 그리스도인들은 자기 자신을 바라봄과 동시에 주위의 다른 형제자매들도 바라보는 자들입니다. 그래서 자기 자신을 낮추고 주위 사람들을 신앙적으로 높여 줍니다. 그러나 야곱은 성숙하지 못했기 때문에 형 에서의 변화를 제대로 감지하지 못했고, 그 순간 자신의 생각과 판단을 더욱 믿었습니다. 그렇기 때문에 선택의 순간에서 휴식과 안정을 택했습니다. 그러나 이 선택은 그의 인생에 치명적인 오점을 남겼고, 이로 인해 그와 그의 가족은 멸문지화(滅門之禍)의 위기까지 몰리게 되었습니다.

인본주의 기복신앙, 엘엘로헤이스라엘

주도면밀한 야곱도 세겜성에서만큼은 모든 방어기제를 다 내려놓았습니다. 상황과 환경이 너무 좋았기 때문입니다. 그래서 한 걸음 더 나아가 그곳에 기쁜 마음으로 자기가 살 집과 우릿간을 지었습니다. 그리고 나름의 의미도 있는 곳이니 이름도 지었습니다. 그곳 이름은 숙곳-우릿간(막들)-입니다.3) 그런데 우릿간만 지었다면 몰라도 성경에는 분명히 자기가 살 집도 지었다고 정확히 기록하고 있습니다. 형과 아버지가 계신 고향으로 돌아갈 마음이 있는 사람이었다면 왜 우릿간과 자신이 살 집을 지었겠습니까? 게다가 그는 세겜 땅 자신이 장막 친 그곳을 히몰의 아들들의 손에서 백 크시타의 돈을 주고 사기까지 했습니다. 움직이고 싶은 마음이 전혀 없었던 것입니다.

이때 야곱의 마음 상태가 어떠하였는지 그것을 가장 잘 나타낸 것이 그곳에 제단을 쌓고 이름을 붙인 대목에서입니다. 야곱은 제단을 쌓은 후 자신의 관례(慣例)를 따라 그 제단에 이름을 붙입니다. 바로 '엘엘로헤이스라엘'이 그 제단 이름입니다. 의미는 '하나님, 이스라엘의 하나님'이라는 의미입니다. 너무 좋습니다. 이 사실들만을 놓고 본다면 전혀 문제가 될 것이 없어 보입니다. 오히려 칭찬받을 일을 한 것 같기도 합니다. 다른 것도 아니고 하나님께 제단을 쌓고 예배를 드리고 여호와 하나님의 이름을 드러내었으니 이보다 더 잘한 일이 어디 있겠습니까? 그러나 이것이 함정입니다. 이 부분에서 야곱은 적어도 두 가지 큰 잘못을 저질렀습니다.

첫째는 세겜에서 제단을 쌓은 것입니다. 특별히 장소와 관계가 됩니다. 사실 세겜성은 야곱이 제단을 쌓을 곳이 아닙니다. 여호와 하나님께서 명하신 곳은 따로 있었습니다. 그곳은 벧엘입니다. 아직 벧엘까지는 더 가야만 합니다. 만약 하나님께 감사드리기 위해 제단을 쌓으려 했다면 세겜보다는 차라리 하나님의 얼굴도장을 받았던 브니엘이 더 적합한 장소였습니다. 그만큼 의미 있는 곳이기 때문입니다. 그런데 야곱은 브니엘에서도 쌓지 않았던 제단을 세겜에 와서 쌓았습니다. 야곱은 하나님의 말씀이 없었는데도 그곳에 제단을 쌓았습니다. 야곱이 모르고 그렇게 한 것이 아닙니다. 알면서도 그렇게 했다는 것이 더 큰 문제입니다.

야곱이 세겜에 정착하여 안주하고자 했을 때 마음에 걸리는 것이 딱 하나 있었습니다. 바로 하나님께서 야곱에게 명령하신 것과 자신이 선택한 결정 사이에 '아주 작은 차이'가 있다는 점이었습니다. 그 작은 차이는 다름 아니라 세겜과 벧엘 사이의 거리만큼의 차이였습니다. 밧단아람에서 시작된 여정을 기준으로 보자면 세겜과 벧엘은 거의 같은 점 안에 있는 수준입니다. 야곱은 지금 일정의 98%를 소화했습니다. 세겜에서 벧엘까지

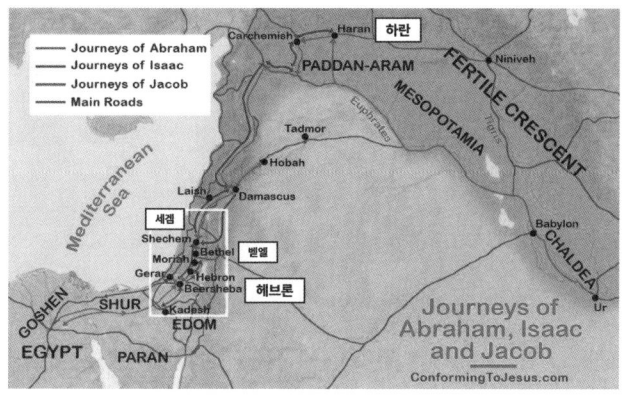

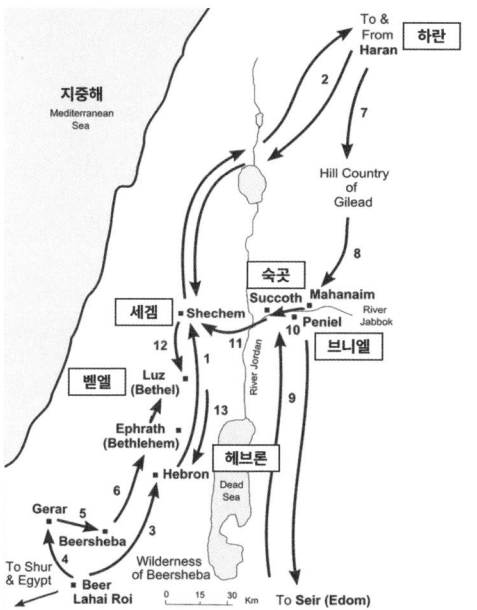

[그림 1] 야곱의 귀향 여정

출처:
(지도-상) https://www.conformingtojesus.com/images/webpages/journeys_of_abraham_isaac_jacob_old_testament_map_1.jpg
(지도-하) https://www.freebibleimages.org/illustrations/bj-maps-eden-egypt/

는 혼자 움직이면 하룻길이면 충분한 거리였습니다.(참조: 그림 1)

여호와 하나님께서는 야곱에게 "네 조상의 땅 네 족속에게로 돌아가라 나는 벧엘의 하나님이라 네가 거기서 기둥에 기름을 붓고 거기서 내게 서원하였으니 지금 일어나 이곳을 떠나서 네 출생지로 돌아가라"(창31:13)고 말씀하셨지만, 야곱은 조금 거리를 둔 세겜에 그냥 머물러 살고 싶었습니다. 왜냐하면 야곱은 자신이 내린 결정이 하나님의 말씀과 큰 차이가 나지 않았기 때문에 자신의 소견에 좋을 대로 하고 싶었던 것입니다. 고향 마을 초입까지 왔는데 굳이 상대하기 거북한 형님이나 형님 식구들이 있는 곳까지 갈 필요는 없었기 때문입니다. 그래서 적당한 선에서 타협하고 싶었습니다. 그러나 여호와 하나님의 명령을 온전히 쫓은 것이 아니기 때문에 마음속으로는 찝찝했습니다. 그래서 이런 걸쩍지근한 마음의 상태를 무마시키기 위해서 그는 그곳에 제단을 쌓았습니다. 자신의 결정과 행동을 정당화시키기 위한 행동이었습니다.

신앙생활에서 이런 결정은 많은 그리스도인이 실수하는 부분 가운데 하나입니다. 아주 중요합니다. 내가 믿고 싶은 것(하고 싶은 것)과 내가 믿어야 할 것(해야 할 것)은 완전히 다릅니다. 우리가 가진 믿음의 무모함이 무엇인가 하면, 내가 하고 싶은 것을 믿음의 결과물, 즉 내가 해야만 할 하나님의 뜻으로 치부하려는 강한 습성입니다. 여기에 속으면 안 됩니다. 이것은 믿음이 부족한 사람이나 신앙생활을 금방 시작한 사람들만이 저지르는 실수가 아닙니다. 이는 믿음이나 신앙의 연륜과 관계가 없습니다. 아니, 오히려 그 반대일 가능성이 큽니다.

그 뿌리는 지독한 무지(無智) 아니면 지독한 교만(驕慢)입니다. 우리는 매사에 하나님의 뜻보다 내 뜻대로 하려는 강한 욕망이 있기 때문에 내 뜻에 반하는 의견, 길, 방법 등을 만나면 내 뜻을 관철시키려고 수단과 방법을 가리지 않습니다. 이는 의식되지 않습니다. 관성과 같이 자연스레 그렇게 합니다. 하나님의 뜻이 내 뜻이 되어야 하는데, 우리는 내 뜻이 하나님의 뜻이 되기를 원합니다.

특별히 기도를 많이 한다고 자부하는 교회 지도자들 사이에서 흔히 나타나는 증상입니다. 기도를 많이 할수록 그 시야가 좁아져 문제 자체에 매몰될 가능성이 많습니다. 기도를 하면서 자기 말만 했기 때문입니다. 기도에는 듣는 과정도 있습니다. 들어야 객관적이 되고 시야가 좁아지지 않는데, 듣지 않았기 때문에 자신의 의견밖에 보이지 않는 것입니다. 그래서 자신의 믿음에 취해 건전한 상식을 무시하는 오류를 범합니다.

이뿐이 아닙니다. 한국 교회 특성상, 대부분의 일반 성도들은 교회 지도자들의 의견에 선뜻 반대 의견을 잘 내지 못합니다. 그리고 안타깝게도 대부분의 경우, 그들 주변에는 충언할 사람보다는 동조할 가능성이 높은 사람들만 있게 됩니다. 이런 식으로 본질적인 부분은 그들의 고유권한이라 어쩌지를 못하고, 비본질적인 부분은 충분한 의견 수렴이 되지 않는 구조적 문제로 어쩔 수가 없고…. 이런 악순환이 반복됨으로 교회 공동체 모든 행정에 특정 지도자 전횡(專橫)이 판을 치는 것입니다.

크건 작건, 큰 교회건 작은 교회건, 이것이 한국 교회의 근본적인 문제입니다. 만약 교회 지도자들이 이러한 한국 교회의 구조적인 조직문화를 충분히 이해하고 고려한다면 더욱 겸손하게 자신의 의견을 내려놓고 교회 공동체의 뜻과 음성에 귀를 기울이기 위해 뼈를 깎는 노력을 다해야 할 것입니다. 이를 두고 '소통과 공유의 겸손한 과정'이라 말합니다. 믿음이 태산 같은 교회의 지도자들은 초침으로 움직이고자 합니다. 그러나 겨

자씨보다 작은 믿음의 성도들은 분침으로 움직이려고 합니다. 그러나 그 믿음의 근원이신 여호와 하나님께서는 항상 시침으로 움직이십니다.

근래 우리 기독교는 세상 사람들에게 지독한 비난과 혐오의 대상이 되고 있습니다. '개독교'라는 말은 그나마 점잖은 표현이라 생각합니다. 대형 교회의 목회세습 문제와 유명 목회자들의 학위논문 표절과 성적 타락, 교회 재정과 사업에 대한 전횡, 과도한 사례비 등이 그 주된 원인으로 지목되고 있습니다. 그러나 드러난 이런 것들은 빙산의 일각에 불과할 것입니다. 엄밀히 말해 이것들은 증상일 뿐 원인은 아닙니다. 원인에 해당하는 물속에 잠긴 것들이 더 중요합니다. 나타나는 증상들, 이슈가 되는 것들은 그나마 상대적으로 공적인 노출이 많은 대형 교회와 유명 목회자들에 한정된 내용들이겠지만, 표면에 드러나지 않은 중소형 교회들도 결코 예외가 아닐 것입니다. 오십보백보(五十步百步)이거나 오히려 더 심할 수도 있습니다.

결국 이런 증상들의 근본 원인은 우리 기독교 신앙의 세속화에 있습니다. 이 세속화에 가장 큰 책임은 분명히 목회자들에게 있다고 보아야 합니다. 이렇게 세속화되고 변질된 종교 지도자들만큼 사회에 해악(害惡)을 끼치는 것도 없습니다. 왜냐하면 세속화된 목사들과 여기에 영합하는 교회 공동체는 자신들의 뜻과 결정을 정당화하기 위해 하나님의 말씀을 변질시키기 때문입니다. 이들은 여기 야곱처럼 겉으로 보기에 화려한 제단(예배)을 쌓고 그럴듯한 하나님의 말씀을 차용한 후 스스로 도장을 찍음으로 자신의 뜻을 철옹성(鐵甕城)으로 만들어 버립니다. 이는 초라한 성적표를 받은 학생들이 부모님께 혼나는 것이 싫어 몰래 부모님 도장을 찍어 학교에 제출하는 죄를 짓는 것과 같습니다.

참된 하나님의 뜻은 제대로 알지도 못하면서 '하나님의 뜻'이라는 미명을 내세워 자신들의 뜻을 펼치는 것입니다. 얼마나 많은 교회의 지도자들이 자신의 뜻과 생각을 관철시키기 위해 이런 방법들을 사용하는지 모릅니다. 그리고 그 뜻에 반하는 성도들을 정죄하고 믿음 없음으로 치부합니다. 의로운 말씀이 선포되어야 할 강단의 권위를 자신의 유익을 위해 사용하는 것입니다. 이는 한국 교회 전반에 만연된 잘못된 신앙(신학)으로 인본주의에 물든 기독 신앙이 급격하게 세속화되면서 발생한 문제들입니다.

이런 분별은 간단한 상식만 있어도 가능한 것인데, 요즘 교회공동체에서 건전한 상식을 찾아보기란 하늘의 별 따기만큼이나 어려워져 버렸습니다. 믿음은 절대로 건전한 상식을 무시하지 않습니다. 믿음이 상식을 초월할 수는 있어도 무시하지는 않아야 합니다. 특별히 이것이 더 나쁜 이유는 앞서도 이야기했지만 자신의 뜻과 결정을 정당화하기 위해 하나님의 말씀을 차용하여 권위를 세우려 한다는 점입니다. 여기 야곱처럼 말입니다. 철저하게 성경을 끌어다 놓습니다. 아는 만큼 그렇게 합니다.

이것은 죄입니다. 사람의 눈으로 보면 별것 아닌 것 같아도 신앙의 논리로 보자면 이보다 더 심각한 죄도 없습니다. 이 죄는 사도행전 초반부에 나오는 아나니아와 삽비라 부부가 범했던 것과 동일한 죄입니다. 아나니아와 삽비라 부부가 자신들 소유의 밭을 팔아 사도들의 발 앞에 헌금을 했습니다. 연보를 하지 않은 것이 절대로 아닙니다. 많이 했습니다. 그러나 그 일부를 숨기고 말하지 않았습니다. 그 돈이 아까웠기 때문에 일부를 빼돌린 것이고, 숨기고 말하지 않은 것은 거액의 연보로 말미암은 교회의 인정과 권위는 그 이상으로 부여받고 싶었기 때문입니다. 두 경우를 비교해 보십시오. 하나님의 뜻과는 관계없이 자신의 뜻과 계획을 실행해 옮기면서 하나님으로부터의 인정은 그대로 받기를 원하는 아나니아와 삽비라 그리고 야곱의 경우에 있어 서로 다른 점이 무엇입니까?

둘째는 그렇게 쌓은 제단의 이름 또한 잘못되었습니다. 엘엘로헤이스라엘. '하나님, 이스라엘의 하나님'이라는 귀한 의미입니다. 얍복강 나루, 브니엘에서 체험한 야곱의 신앙고백이 고스란히 담긴 소중한 의미입니다. 그러나 안타깝게도, 여호와 하나님께서는 야곱의 이름을 이스라엘로 개명해 주시기는 하셨지만, 그때까지 야곱을 새 이름-이스라엘로는 한 번도 불러 주신 적이 없었다는 사실입니다. 야곱은 자신의 간절한 바람과 뼈저린 현실을 혼동했습니다. 야곱은 자신의 뜻을 정당화하려고 세겜성에서 제단을 쌓았고, 그 뜻이 얼마나 합당하고 정당한 것인지 나타내려고 하나님의 이름을 끌어왔습니다.

앞서도 이야기를 했지만, 이는 우리가 가진 치명적인 약점과 동일합니다. 야곱은 그 순간 그곳에 머무르고 싶은 욕망이 너무 강해 여호와 하나님보다 훨씬 앞서가고 있습니다. 마음먹은 대로 모든 상황이 펼쳐지고 있기 때문에 그의 믿음은 하늘을 날고 있습니다. 위로부터 말미암은 은혜가 아니라 자신으로부터 말미암은 은혜가 충만했습니다. 그래서 제단을 쌓았습니다. 이렇게 단을 쌓고 엘엘로헤이스라엘이란 이름을 붙임으로써 자신의 행동을 정당화하고 있습니다. 우리는 절대로 이런 이름을 함부로 사용해서는 안 됩니다. 내 뜻과 내 계획에 하나님의 이름을 차용하는 것은 십계명 중 셋째 계명을 어기는 것과 같습니다. 여호와의 이름을 망령되이 일컫는 것이기 때문입니다. 스스로 속지 말아야 합니다. 이 분별은 성화(聖化)의 백미(白眉)입니다. 성숙하고 겸손하지 않으면 절대로 분별할 수 없는 가치입니다. 들을 귀 있는 자 들으시기를 바랍니다.

안주는 도낏자루 썩는 줄 모르게 한다!

처음에 야곱은 그저 잠시 쉬어 가고자 했을 뿐입니다. 그러나 살다 보니 생각보다 더 오래 그곳에 머무르게 되었습니다. 우릿간도 짓고 살 집도 지었습니다. 그곳에 완전히 정착한 것입니다. 그렇다면 야곱의 가족들은 숙곳과 세겜에서 얼마 동안이나 머물렀

동영상 8강

을까요? 그 기간을 정확히 계산하기는 어렵지만 어느 정도 유추할 수는 있습니다. 지난 장에서 살펴본 바와 같이 야곱의 나이와 자녀들의 나이에 대해 우리가 확실히 알고 있는 정보에서 시작하면 됩니다. 숙곳과 세겜에 도착했을 무렵, 당시까지 야곱의 막내아들이었던 요셉은 6세에서 7세 남짓 되었습니다. 그러면 야곱의 장자 르우벤은 13세 또는 14세쯤 되었을 것입니다. 우리는 이를 통해 레아가 낳은 딸 디나의 나이도 유추할 수 있습니다. 레아는 아들을 6명 낳고 마지막에 딸 디나를 낳았습니다. 이 모든 과정이 7년 내에서 이루어졌기 때문에 요셉과 이복누이 디나 사이에 나이 차이는 거의 없었을 것이라 판단됩니다. 따라서 둘의 나이는 동갑이라 판단해도 무방할 것입니다.

따라서 이들이 숙곳과 세겜에 머문 시기는 당시 예닐곱 살이었던 디나가 (표현이 이상합니다만) 어느 정도 성장해서 성폭행을 당할 정도로 자랄 때까지 라고 보는 것이 적절할 것입니다. 추정하기로 이때 디나의 나이는 얼추 13세에서 15세 전후였다고 판단합니다. 그러나 디나의 나이가 그보다 더 많지는 않았을 것입니다. 왜냐하면 이후에 일어나는 사건으로, 동갑인 요셉이 17세가 되었을 때에 형들의 미움을 받아 애굽에 종으로 팔려 가기 때문입니다. 그렇다면 야곱 일가는 숙곳을 포함한 세겜 인근에서

적어도 7~8년 정도 머물렀다고 보는 것이 가장 합당한 추론입니다. 그러나 생각보다 아주 오래 머문 것은 분명합니다.

그렇다면 야곱이 숙곳과 세겜에 머문 그 7년, 8년 동안에 이들 가정에 무슨 일과 어떤 변화가 일어났을까요?

> **레아가 야곱에게 낳은 딸 디나가 그 땅의 딸들을 보러 나갔더니 히위 족속 중 하몰의 아들 그 땅의 추장 세겜이 그를 보고 끌어들여 강간하여 욕되게 하고 그 마음이 깊이 야곱의 딸 디나에게 연연하며 그 소녀를 사랑하여 그의 마음을 말로 위로하고 그의 아버지 하몰에게 청하여 이르되 이 소녀를 내 아내로 얻게 하여 주소서 하였더라 (창34:1~4).**

야곱은 세겜성이 마음에 들었습니다. 하몰의 아들들에게서 돈을 주고 땅을 샀을 정도이기 때문입니다. 이들과 원만한 교역과 교류가 지속적으로 이루어졌던 것으로 보입니다. 야곱의 가족들은 목축을 하면서 얻은 양털이나 가죽, 고기 그리고 유제품 등을 세겜성에 내다 팔고 그 돈으로 의복이나 곡식이나 각종 생필품을 세겜성 사람들로부터 샀을 것입니다. 숙곳이 가축을 치기에는 더없이 좋은 장소였지만, 사람들과 교류하고 물물교환 같은 경제생활을 하기에는 그렇게 좋은 장소는 아니었습니다.

그래서 야곱은 거처를 인근 세겜성 앞까지 자연스레 옮겼습니다. 그러나 세겜성 안으로 들어가 살지는 않았습니다. 어쩌면 세겜성 사람들은 우호적이어서 성안으로 들어와 살라고 권했을지도 모르겠습니다. 그러나 야곱은 세겜성에 입주하지 않는 것이 자신이 최소한으로 지켜야 할 신앙의 마지노선이라 생각했습니다.

다시 정리하면, 야곱의 일가는 살기는 세겜성 앞에서 살고, 주업인 목축은 숙곳 인근에서 하는 것으로 삶의 자리를 잡아갔습니다. 그렇기 때문에 레아의 딸 디나가 그 땅의 딸들을 보러 나가는 것도 아주 자연스러운 일이었습니다.

그런데 이 한 구절이 시사하는 바는 생각하는 것보다 훨씬 큽니다. 왜냐하면 디나가 단순히 한 번쯤 놀러 갔다는 의미 그 이상으로 보이기 때문입니다. 그전에 디나는 이미 그 땅의 딸들과 친구가 되었던 것이 분명합니다. 하물며 디나가 이러할진대 야곱의 다른 가족들은 두말할 필요도 없습니다. 그냥 친하게만 지냈을까요? 아닙니다. 사람들은 서로 교류하게 되면 친구가 되고 또 그러다 보면 서로 주고받는 것이 생기게 됩니다. 그런데 바로 이렇게 주고받는 것이 문제입니다. 여기에는 눈에 보이는 것뿐만 아니라 눈에 보이지 않는 가치관들도 포함되기 때문입니다. 안타깝게도, 바로 이것이 세속화의 첫걸음입니다.

처음에는 서로 경계하고 서먹서먹했을 것입니다. 그러나 윗선에서 서로 토지거래도 하면서 친분을 쌓으니 아래 선에서도 자연스레 교류가 이루어지게 되었습니다. 그러면서 서로 닮아 가는 것입니다. 보통의 경우 폐쇄적이고 보수적인 문화와 개방적이고 자유스러운 문화가 만나면 당연히 후자 쪽으로 그 흐름이 바뀌기 마련입니다. 야곱의 가족들도 그런 과정을 거쳤을 것입니다. 친절한 세겜 족속과 원만하게 지내면서 이들의 의복을 따라 입게 되고 그러다 보니 이들이 믿는 미신과 우상까지도 야곱의 가정으로 자연스레 들어오게 되었습니다.

창세기 35장 2절 말씀은 세겜을 떠나 벧엘로 올라갈 때, 야곱이 자기 집안 모든 사람들에게 명령한 내용이 나옵니다.

> **야곱이 이에 자기 집안 사람과 자기와 함께 한 모든 자에게 이르되 <u>너희 중에 있는 이방 신상들을 버리고 자신을 정결하게 하고 너희들의 의복을 바꾸어 입으라</u> (창35:2).**

보십시오. 그 7년, 8년 사이에 야곱의 가족들에게 어떤 일이 일어났는지 말입니다. 저는 야곱의 가족들이 세겜성에 처음으로 도착했을 때만 하더라도 이렇지 않았을 것이라 확신합니다. 그런데 기껏해야 7년, 8년 만에 이들은 완전히 변질되어 버렸습니다.

먼저 이들은 의복부터 바꾸었습니다. 야곱의 일가족들은 자신들이 입던 볼품없는 옷을 벗어 던지고 세겜 사람들이 입는 세련된 옷으로 바꾸었습니다. 동서고금(東西古今)을 막론하고 사람들에게 의복은 단순히 몸을 보호하기 위해서 걸치는 그 무엇이 절대로 아닙니다. 옷은 그 사회가 가진 문화와 가치관들이 표현되는 수단입니다. 우리는 사람들이 입고 있는 옷만 보더라도 그 사람의 수준과 빈부귀천(貧富貴賤), 그 사람이 속한 사회가 폐쇄적인지 개방적인지도 단번에 알 수 있습니다. 이런 의미에서 보자면, 야곱의 식솔들이 입었던 초기의 의복은 보수적이었을 것입니다. 왜냐하면 의복에 관한 성경적 가치관은 여호와 하나님께서 아담과 하와에게 입혀 주셨던 가죽옷에 기인하고, 초기 창세기 족장들과 그 구성원들은 그나마 그 가치관을 잘 견지했을 것이기 때문입니다.

여하튼 당시 세겜 족속의 여인들은 야곱 집안의 여자들과 같지 않았습니다. 많은 장신구들이 박혀있고 야곱의 여자 식솔들이 상상할 수 없었던 훨씬 세련되고 섹시한 옷들을 걸쳐 입고 있었습니다. 여자들의 눈이 휘둥그레졌을 것이고 남자들도 그것이 싫지만은 않았습니다. 이렇게 시작된 변질의 단초가 곧 이방 신상이 야곱 집안에 들어오는 것으로 이어졌습니다. 무엇이 문제였을까요? 아이들의 눈은 속이지 못합니다. 모두 어른을 닮는 것입니다. 야곱이 그곳에 안주하기 위해서 스스로 지켜오던 신앙의 소중한 가치들을 하나씩 하나씩 양보하기 시작하면서부터 그렇게 된 것입니다.

시험은 예기치 못한 시간에 상상치 못할 방법으로 찾아온다!

> 야곱이 그 딸 디나를 그가 더럽혔다 함을 들었으나 <u>자기의 아들들이 들에서 목축하므로 그들이 돌아오기까지 잠잠하였고</u> 세겜의 아버지 하몰은 야곱에게 말하러 왔으며 야곱의 아들들은 들에서 이를 듣고 돌아와서 그들 모두가 근심하고 심히 노하였으니 이는 세겜이 야곱의 딸을 강간하여 이스라엘에게 부끄러운 일 곧 행하지 못할 일을 행하였음이더라 하몰이 그들에게 이르되 내 아들 세겜이 마음으로 너희 딸을 연연하여 하니 원하건대 그를 세겜에게 주어 아내로 삼게 하라 너희가 우리와 통혼하여 너희 딸을 우리에게 주며 우리 딸을 너희가 데려가고 너희가 우리와 함께 거주하되 땅이 너희 앞에 있으니 여기 머물러 매매하며 여기서 기업을 얻으라 하고 세겜도 디나의 아버지와 그의 남자 형제들에게 이르되 나로 너희에게 은혜를 입게 하라 너희가 내게 말하는 것은 내가 다 주리니 이 소녀만 내게 주어 아내가 되

게 하라 아무리 큰 혼수와 예물을 청할지라도 너희가 내게 말한 대로 주리라 (창34:5~12).

야곱과 딸 디나에게 일어난 이 비극은 지진과 쓰나미처럼 전혀 예상치 못한 순간에 들이닥쳤습니다. 아들만 많은 집안에 홍일점 같은 딸이었기 때문에 이 성폭행 사건은 야곱의 식솔들에게 더 큰 충격으로 다가왔습니다. 그리고 야곱의 가족들이 이 일에 더 근심하고 분노했던 이유는 이 모든 일의 자초지종(自初至終)을 디나에게 직접 들을 수 없었기 때문입니다. 왜냐하면 가해자 세겜과 그 아비 하몰이 '말하기 위해서(협상하기 위해서)' 야곱의 집을 방문했을 때 피해자 야곱의 딸 디나를 데리고 오지 않았기 때문입니다. 야곱의 가족들은 아무런 준비도 없는 상황에서 인사도 제대로 나누지 못한 채 졸지에 딸과 누이를 잃어버리게 되는 처지에 놓이게 되었습니다.

그리고 성경은 이야기하기로, 야곱은 딸, 디나의 성폭행 사건을 듣고 난 이후에도 아들들이 돌아오기까지 잠잠했다고 합니다. 아마도 이때 아들들은 세겜성에서 조금 떨어진 숙곳 인근에서 목축을 하고 있었을 것입니다. 그래서 사람을 보내 아들들이 속히 돌아오도록 기별을 했습니다.

그런데 여기서부터는 야곱의 자식들 입장에서 이 사건을 바라보는 것이 더 좋을 것 같습니다. 실제로 여기서부터 성경 이야기의 주도권이 야곱에서 그 아들들로 옮겨지고 있기 때문입니다. 아버지의 갑작스러운 기별을 받고 야곱의 아들들은 흥분한 상태로 집으로 돌아왔습니다. 그런데 그 자리에 누이 디나는 없었습니다. 오히려 가해자인 세겜성의 주인, 하몰과 그의 아들 세겜만 있었습니다. 그런데 아들들 입장에서는 아버지 야곱의 속내가 궁금하기도 하고 의심스럽기도 했습니다. 왜냐하면 자신들이 돌아올 때까지 충분한 시간적 여유가 있었을 터인데 그 동안에 야곱은 딸을 찾아오기 위한 어떤 행동도 취하고 있지 않았기 때문입니다.

이런 상황에서 보통의 사람들이라면 어떻게 했을까요? 상식적인 선에서 보자면 야곱은 협상을 위해 찾아온 하몰과 세겜에게 딸 디나를 이 자리에 데리고 오지 않으면 절대로 만나주지도 않겠다고 엄포를 놓아도 시원치 않았을 상황이었습니다. 적어도 그의 아들들보다는 더 분노하고 더 근심하고 더 울부짖어야 했습니다. 그러나 야곱은 잠잠했습니다. 그리고 자식들이 막상 들에서 돌아왔을 때에는 자식들 뒤로 숨습니다. 이런 야곱의 행태를 보고 있자면 참으로 답답합니다. 이는 순진하다 못해 어리석은 것입니다. 그는 이 상황에서 더욱 정치적이었어야 했습니다. 현실만 직시하고 자신이 가진 것을 냉정하게 바라보는 것도 중요하지만, 자신의 그런 생각이 상대방뿐 아니라 자신의 아들들에게도 읽히고 있음을 인지했어야만 합니다.

이런 상황 판단력과 분별을 두고 '지혜'라고 하는데, 야곱은 이 부분에서 너무나도 부족한 모습을 보입니다. 야곱은 이 상황에서 하몰과 세겜을 의식하는 것뿐 아니라 자신의 혈기왕성한 아들들을 의식해서라도 다소 정치적 언행, 오버액션을 했어야 합니다. 그러나 그는 전혀 그렇지 못했습니다. 그저 눈 감고 잠잠히 참담한 심정을 묵상만 하고 있었을 뿐입니다. 이 모습 그대로가 당시 야곱의 신앙과 수준이니 방법이 없습니다. 그는 이 기적일 뿐만 아니라 겁도 많고 아주 현실적인 늙다리 노인에 불과했습니다. 이것이 바로 야곱의 아들들이 아버지 야곱을 바라보는 마음의 자세였습니다. 다불과 7, 8년 만에 달라진 그리고 변질된 야곱의 모습입니다 얍복강에서 하나님의 사람과 씨름하던, 그 대단했던 야곱의 모습은 온데간

데없어져 버렸습니다.

지금까지 야곱이 가진 신앙을 확인해 보면, 철저히 개인적이며 온실 안의 신앙이라 할 수 있습니다. 그런데 세겜에 정착하면서부터 그의 신앙은 온실 밖으로 나오게 되었습니다. 여호와 하나님께서는 야곱의 신앙이 세상 가운데서 검증받기를 원하셨습니다. 엄밀히 말하면, 온실 안의 신앙은 신앙이 아닙니다. 진짜 신앙고백은 거친 세상살이 가운데 흘러넘치는 것들이어야 합니다.

하나님께서는 왜 우리를 택해 이스라엘(하나님의 자녀)로 삼으셨겠습니까? 세상에 자랑하기 위해서입니다. 소금으로써 짠맛을 내어 세상을 살맛 나게 하고, 빛으로써 등경 위에 두고 세상을 밝히고자 하는 것입니다. 그렇기 때문에 구원받은 하나님의 자녀들은 반드시 세상 가운데서 삶으로 검증을 받게 되어 있습니다. 이것이 진짜입니다. 그러면서 우리의 신앙은 치열해지고 예수님 닮은 십자가 헌신의 신앙으로 업그레이드되는 것입니다.

그러나 야곱이 세겜에서 보낸 7년은 오로지 세상에 순응하고 안주하는 삶이었기 때문에 이런 유사시에 보여 줄 수 있는 것이 없었습니다. 이런 실제적인 문제에 전혀 훈련되어 있지 않았기 때문에 우왕좌왕할 수밖에 없었습니다. 지금 야곱을 비난하는 것 같지만 그렇지 않습니다. 과연 우리 가운데 누가 야곱을 향해 돌을 던질 수 있겠습니까?

남의 이야기는 쉬울지 몰라도 저 이야기가 나의 이야기가 되면 상황은 달라집니다. 솔직히 이야기하면, 현세대의 교회와 그리스도인의 영적인 상황을 고려해 볼 때, 저 상황과 동일한 상황을 맞닥뜨리게 된다면 과연 야곱보다 더 용기 있게 행동할 사람이 얼마나 있겠습니까? 아니, 오히려 야곱보다 한 걸음 더 나가는 분들이 많지 않을까요? 소송을 제기하면 위자료를 더 많이 받을 수 있을 것이기에 이 기회를 이용하여 한몫 챙기려는 분들도 있을 것이고, 소위 권세 있는 자(하몰은 세겜성 성주(城主)이니 지금으로 치면 시장(市長) 정도 될 것입니다)와 사돈 관계를 맺게 되었으니, 속으로 잘되었다 쾌재를 부르는 분들도 있을 것입니다. 이미 엎질러진 물이니까 실속을 차리자는 것이겠지요. 아무리 생각해도 이런 생각이 저의 지나친 억측 같지는 않습니다.

세겜의 제안 – 사과를 가장한 거래

사람은 영물이기 때문에 이런 사실을 바로 알 수 있습니다. 야곱의 아들들은 직감적으로 아버지 야곱이 디나를 포기함으로써 조용히 이 사건을 마무리하려 한다는 것을 눈치채게 되었습니다. 객관적으로 보더라도 세겜은 큰 성이고 백성도 많았기 때문에 일개 야곱의 일가가 상대하기에는 현실적으로 역부족이었습니다. 계란으로 바위를 치는 격이었겠지요. 야곱은 아주 현실적이고 냉정한 사람입니다. 이 상황에서 그가 실제로 할 수 있는 것이 아무것도 없었습니다. 그래서 적당한 선에서 협상을 한 후에 조용히 떠날 생각을 했습니다. 이런 추론은 후에 세겜성 참사가 벌어지고 난 후에 야곱이 자식들에게 소리치는 내용에서도 확인할 수 있고, 여기 야곱을 찾아온 하몰과 세겜의 태도를 통해서도 금방 알 수 있는 부분입니다.

하몰과 세겜은 결코 호락호락한 사람들이 아니었습니다. 이들은 말 그대로 이 거친 세상에서 잔뼈가 굵은 세상 사람들입니다. 규모가 어떠했는지는 정확히 알 수는 없지만, 그래도 이름 있는 한 성의 성주였습니다. 그냥 되었겠습니까! 그 이전에 이들은 야곱과 토지거래까지 했던 사람들입니다. 이웃으로 삼고 몇 년을 함께 왕래하면서 살았던 사이입니다. 야곱의 성품과 심리를 누구보다도 잘 알고 있었습니다.

쉽게 말해, 하몰과 세겜은 '갑'입니다. 야곱은 그저 힘없는 '을'일 뿐입니다. 그래서 하몰과 세겜은 자신들이 가진 모든 우위를 바탕으로 사과가 아니라 협상과 거래를 하러 야곱에게 왔습니다. 그러나 겉으로는 미안해하고 용서를 구하러 온 것처럼 행동합니다. 돈이 드는 것이 아니기 때문입니다. 만약 이들이 진심으로 사죄하는 마음을 가졌다면 야곱의 집으로 올 때 반드시 그 딸 디나를 데리고 왔을 것입니다. 데리고 오지 않은 것은 그럴 마음이 전혀 없었다는 뜻입니다. 울타리를 넘어 들어오는 것은 자유이지만 한 번 들어온 후에 나가는 것은 마음대로 할 수 없다는 것입니다. 바로 이것이 세상에 만연한 약육강식(弱肉强食)의 원리입니다.

이런 모든 정황들이 야곱의 아들들의 심기를 더 건드렸습니다. 다른 형제들도 분노했겠지만 특별히 디나와 같은 배에서 태어난 오빠들, 레아의 아들들은 눈이 뒤집혔습니다. 하몰과 세겜의 태도도 마음에 들지 않았지만, 너무 빨리 포기하려는 아버지 야곱을 참아 내는 것은 더 힘들었습니다. 그리고 아버지에게 버림받기 직전인 디나의 모습에서 아버지에게 늘 무시당하고 어머니들 세계에서조차 찬밥 신세였던 자신들의 어머니 레아의 모습이 겹쳐졌습니다. 장남 르우벤은 장남의 특성상 전체 가족을 생각했던 것 같습니다. 그러나 시므온과 레위는 다릅니다. 내가 가진 힘과 능력을 헤아려 가면서 상대방을 공격할 만큼 이들은 늙지 않았습니다. 당시 이들은 쇠막대기도 씹어 먹을 정도로 혈기왕성한 20대 전후의 젊은 사자 새끼들이었습니다.

눈에 넣어도 아프지 않을 여동생 디나입니다. 그런데 그런 여동생을 저런 약아빠진 도둑놈들한테 빼앗기는 것도 모자라 아버지로부터도 버림받기 직전으로 내어 몰리니 오빠들 입장에서는 무한으로 감정이입이 되었던 것입니다. '아버지한테 차별받는 것은 우리로 충분하다. 그러나 누이동생만큼은 안 된다. 수단과 방법을 가리지 않고 지켜야 한다.' 이것이 디나의 오빠들이 가진 가감 없는 생각이었습니다.

야곱의 아들들이 던진 신의 한 수

동영상 9강

<u>야곱의 아들들이 세겜과 그의 아버지 하몰에게 속여 대답하였으니 이는 세겜이 그 누이 디나를 더럽혔음이라 야곱의 아들들이</u> 그들에게 말하되 우리는 그리하지 못하겠노라 할례받지 아니한 사람에게 우리 누이를 줄 수 없노니 이는 우리의 수치가 됨이니라 <u>그런즉 이같이 하면 너희에게 허락하리라 만일 너희 중 남자가 다 할례를 받고 우리 같이 되면 우리 딸을 너희에게 주며 너희 딸을 우리가 데려오며 너희와 함께 거주하여 한 민족이 되려니와</u> 너희가 만일 우리 말을 듣지 아니하고 할례를 받지 아니하면 우리는 곧 우리 딸을 데리고 가리라 (창34:13~17).

정황적으로 볼 때 야곱의 아들들은 하몰과 세겜의 제안을 두고 자기들끼리 충분히 논의할 시간을 가지진 못한 것 같습니다. 그러나 하나같이 하몰과 세겜의 제안을 받아들이고 싶은 마음은 눈곱만큼도 없었습니다. 그

래서 야곱의 아들들은 세겜과 하몰의 제안에 즉흥적으로 대답했지만, 마치 사전에 짜기라도 한 듯 이구동성으로 '속여서' 대답할 수 있었습니다. 여기에는 몇 가지 현실적인 이유가 있었습니다.

첫째, 자기 누이가 성폭행을 당했고 하몰과 세겜은 그 가해자입니다. 당시 야곱의 아들들이 가진 가치관으로 볼 때, 이 문제는 타협할 만한 성질의 것이 아니었습니다. 게다가 이들은 당시 이십 대 초반의 혈기왕성한 청년이었기 때문에 특히 옳고 그름의 문제에 있어서만큼은 양보란 있을 수 없었습니다. 이것 하나로도 충분합니다. 그렇기 때문에 이들은 하몰과 세겜의 제안에 속여서 대답할 때에 표정에서 강렬한 복수심을 숨기는 것이 무척 힘들었을 것입니다.

둘째, 세겜의 아비 하몰이 제안한 두 족속 간의 '통혼(通婚)'은 집안 또는 족속의 사활이 걸린 중요한 문제였습니다. 이는 눈에 보이지는 않지만, 삶의 정수에 해당하는 영적 가치관과 관계가 있습니다. 비록 야곱의 가족이 세겜성 근처에 살면서 세속화되어 가기는 했지만, 거기 머무르던 7, 8년 동안 한 번도 통혼한 적은 없었습니다. 그만큼 야곱의 가정은 보수적이었습니다.

통혼 문제는 우리 영혼의 마지막 빗장과 같습니다. 왜냐하면 이것은 두 족속 간에 살과 피만 섞는 것이 아니라 정신까지도 함께 나누는 것이기 때문입니다. 만약 야곱이 이것마저 양보하면서 세겜에 살았더라면 야곱의 가정은 이미 사라져 버리고 없었을 것입니다. '이스라엘'은 없어지고 모두 '세겜 백성'이 되고 말았을 것입니다. 그러나 다른 사람은 몰라도 야곱은 이 사실을 이미 잘 알고 있었습니다. 왜냐하면 형 에서의 불신 결혼을 통해 이 문제가 얼마나 심각한지를 충분히 인지하고 있었기 때문입니다. 그렇기 때문에 야곱은 아무리 세겜성에서 안주하며 살았다손 치더라도 통혼 문제만큼은 보수적으로 지키고 있었습니다.

셋째, 여기에는 금전과 관계된 보다 실제적인 이유도 있었습니다. 야곱이 거느린 식솔들 가운데 실제 자신의 피붙이를 제외하고 하인들 같은 다른 식구들이 얼마나 많았는지 정확히 알 수는 없습니다. 그러나 분명한 것은 여자들보다 남자들이 훨씬 많았다는 점입니다. 실제 야곱의 자식들만 보아도 알 수 있습니다. 10여 명의 자녀들 가운데 여자라고는 레아가 낳은 딸 디나 하나밖에 없었습니다. 그런데 이런 상황에서 만약 통혼을 허용하게 된다면 야곱의 식솔들은 세겜 족속에게 상상 이상의 지참금을 지불해야만 했을 것입니다.

> **세겜도 디나의 아버지와 그의 남자 형제들에게 이르되 나로 너희에게 은혜를 입게 하라 너희가 내게 말하는 것은 내가 다 주리니 이 소녀만 내게 주어 아내가 되게 하라 아무리 큰 혼수와 예물을 청할지라도 너희가 내게 말한 대로 주리라 (창34:11, 12).**

세겜이 여기서 큰소리치는 이유가 다 있습니다. 세겜의 입장에서는 디나를 얻기 위해서 아무리 큰 혼수와 예물을 야곱의 식솔들에게 준다고 할지라도 아까울 것이 하나도 없었습니다. 왜냐하면 나중에 그 반대의 상황이 되면 야곱의 식솔들로부터 더 많이 받아 낼 수 있기 때문입니다.

그래서 이후 세겜이 자기 백성에게 할례 의식을 권장하며 하는 말은 빈 말이 아닙니다. "우리 중의 모든 남자가 그들이 할례를 받음 같이 할례를 받아야 그 사람들이 우리와 함께 거주하여 한 민족 되기를 허락할 것이

라. 그러면 그들의 가축과 재산과 그들의 모든 짐승이 우리의 소유가 되지 않겠느냐?" 이렇게 본다면 세겜은 충동적으로 범행을 저지른 것이 아니라 심중에 어떤 의도를 가지고 야곱의 딸 디나를 겁탈했을 가능성이 커집니다. (개인적인 견해이나, 세겜은 자신의 마을을 왕래하던 디나를 오랫동안 예의주시하며 지켜보지 않았을까요!) 그렇다면 이 성폭행은 젊은 혈기에 우연히 우발적으로 저지른 것이 아니라 오랜 기간 지켜보며 계획한 의도적 성범죄임이 분명합니다.

한편, 야곱의 아들들은 하몰과 세겜의 제안을 마치 기다렸다는 듯 흔쾌히 받아들입니다. 이 사건을 계기로 서로 통혼하자는 것입니다. 그런데 여기에 조건을 달았습니다. 그것은 '할례'로서, 두 족속 간의 합병을 위해서는 모든 세겜성의 남자들은 다 할례를 행해야만 한다는 것이었습니다. 이렇게 야곱의 아들들이 하몰과 세겜을 그럴듯하게 속여 대답을 했지만, 이 제안은 급조된 것이지 뒤에 있을 복수를 염두에 두고 주도면밀하게 계산된 것은 아닙니다. 이들은 우선 시간을 좀 벌고 싶었습니다. 그렇기 때문에 본인들 생각에 세겜성 사람들이 절대로 받아들이지 않을 제안을 했던 것입니다. 왜냐하면 야곱의 아들들의 기준에서 볼 때, 할례를 행하라는 제안은 받아들이는 세겜 족속의 입장에서 보자면 그렇게 만만한 것이 아니었기 때문입니다.

할례는 남성 성기의 양피 일부를 절개해 내는 의식으로 당시 의학 수준으로는 상당히 위험한 수술이었으며, 세겜성 모든 남자들이 만장일치(滿場一致)로 동의하고 실행에 옮겨야 하는 문제였습니다. 무엇보다 할례는 상징적인 의미가 컸습니다. 즉, 세겜성 백성이 할례를 받는다는 것은 이제 더는 세겜 족속이 아니고 야곱 족속이 되겠다고 혈맹(血盟)의 다짐을 하는 것이었기 때문입니다. 이는 두 족속 간 M&A에서 아주 중요한 부분입니다. 그렇기 때문에 이 제안은 백성 사이에 의견이 분분하여 자칫하면 큰 내분이 일어날 수도 있는, 정치적으로 아주 민감한 문제였습니다.

예를 들겠습니다. 수년 전에 FTA, 다시 말해 '자유무역협정' 때문에 전 세계가 시끄러웠던 적이 있었습니다. 이는 FTA 체결 국가 사이에 상품 관세장벽뿐만 아니라 서비스나 투자 등 다양한 분야에서 비관세장벽까지도 완화하는 특혜 무역협정을 말합니다. 그런데 이 협정은 국가 간 또는 자국 내의 이해관계가 너무 복잡해서 상호 동의를 이끌어 내는 것이 너무 어려운 협정이었습니다. 우리나라도 예외가 아니었습니다. 그런데 당시 우리는 미국과 FTA를 체결함에 있어 그것이 그만 정치적인 이슈로 비화되는 바람에 온 나라가 혼란에 빠져 버렸습니다. 광우병에 대한 우려와 이로 인한 촛불 집회로 온 나라가 들썩였습니다. 세월이 지난 지금 생각하면 특정 부류의 정치인과 언론 집단의 선동질에 국민들이 놀아난 것으로 판명 났지만, 당시에는 미국산 소고기 수입과 자동차 수출 문제로 대변되던 FTA 이슈보다 더 심각한 수준의 이슈는 없었습니다. 이때 처음으로 '촛불집회'라는 것도 생겨났기 때문입니다.

다시 본문으로 돌아갑니다. 쉽게 이야기하면, 야곱의 아들들은 세겜성에서 '촛불집회'가 일어나기를 기대했던 것입니다. 이렇게 명분과 실리 싸움에서는 늘 의견이 분분하기 마련이고, 야곱의 아들들은 바로 이런 혼란과 동요를 노렸던 것입니다. 여하튼 야곱의 아들들 입장에서는 머리를 잘 쓴다고 쓴 것입니다. 그래서 어떻게든 일을 도모할 수 있는 시간도 벌고 그렇게 하면서 여러모로 상황을 자신들이 유리한 쪽으로 몰고 가려고 했던 것입니다.

세겜의 사랑일까? 세겜의 속셈일까?

> 그들의 말을 하몰과 그의 아들 세겜이 좋게 여기므로 이 소년이 그 일 행하기를 지체하지 아니하였으니 그가 야곱의 딸을 사랑함이며 그는 그의 아버지 집에서 가장 존귀하였더라 하몰과 그의 아들 세겜이 그들의 성읍 문에 이르러 그들의 성읍 사람들에게 말하여 이르되 이 사람들은 우리와 친목하고 이 땅은 넓어 그들을 용납할 만하니 그들이 여기서 거주하며 매매하게 하고 우리가 그들의 딸들을 아내로 데려오고 우리 딸들도 그들에게 주자 그러나 우리 중의 모든 남자가 그들이 할례를 받음 같이 할례를 받아야 그 사람들이 우리와 함께 거주하여 한 민족 되기를 허락할 것이라 그러면 그들의 가축과 재산과 그들의 모든 짐승이 우리의 소유가 되지 않겠느냐 다만 그들의 말대로 하자 그러면 그들이 우리와 함께 거주하리라 성문으로 출입하는 모든 자가 하몰과 그의 아들 세겜의 말을 듣고 성문으로 출입하는 그 모든 남자가 할례를 받으니라 (창34:18~24).

그런데 일은 야곱의 아들들이 생각한 것과는 전혀 다른 방향으로 흘러가 버리고 말았습니다. 안타깝게도, 세겜성 사람들은 명분을 따지는 사람들이 아니라 철저히 실리를 챙기는 세상 사람들이었습니다. 하몰과 세겜의 논리와 언변은 탁월했으며 부자(夫子)에 대한 세겜성 백성의 신뢰와 지지는 상상 이상이었습니다. 성문으로 출입하는 모든 자가 하몰과 세겜의 말을 들었으며, 성문으로 출입하는 모든 남자가 그 말을 듣고 다 할례를 받았습니다. 그것도 같은 날에 말입니다. 대단한 세겜성 사람들입니다!

본문을 자세히 들여다보면 세겜과 하몰의 속내가 여실히 드러납니다. 그러나 자칫 잘못 생각하면 이 상황을 오해할 수도 있고, 그렇게 되면 전혀 엉뚱한 결론에 도달할 수도 있습니다. 예를 들어, 디나를 성폭행한 후, 책임을 지려는 듯한 세겜의 행동을 선하게 여기는 경우입니다. 게다가 성경은 좀 헷갈리게 세겜의 이런 부분을 여러 번에 걸쳐 부각시키는 듯합니다. 그래서 그런 선한 의도에 대해서 야곱의 아들들이 치졸하고 비겁한 복수극을 펼쳤기 때문에 오히려 이들이 더 큰 비난을 받아야 한다고 생각하는 것입니다.

그러나 이런 식으로 성경 이야기를 이해하고 받아들이는 것은 문제가 많습니다. 주객이 전도된 경우입니다. 이는 가해자의 인권을 존중하기 위해서 피해자의 인권을 무시하는 현대의 어설픈 인권 운동가들이 범하는 오류와 같습니다.

예를 들겠습니다. 이 세상을 살아가다 보면 정말 대단한 사람들을 많이 만나게 됩니다. 학식도 있고 건전하고 상식적이며 배려심도 많습니다. 게다가 리더십도 있고 사람을 보는 눈도 있으며 책임감도 강합니다. 무엇보다 이야기를 해 보면 대화가 통합니다. 큰 산을 만난 듯하여 같이 있을 때는 핸드폰을 꺼 두고 싶을 정도로 인격적입니다. 마치 사도행전에 나오는 율법 학자이며 사람들의 존경을 받던 바리새파 의회 의원, 가말리엘 같은 그런 사람입니다(행5:34~40).

그러나 그 사람에게 부족한 것이 하나 있습니다. 다름이 아니라 예수를 믿지 않는다는 것입니다. 그런데 이럴 때 우리는 비교하게 됩니다. 이렇게 흠잡을 데 없는 세상 사람들과 오히려 말도 제대로 통하지 않고 배운 것도 없으며 자기밖에 모르는 답답하기 짝이 없는 그리스도인들 말입니다. 같은 그리스도인이라는 것이 부끄러울 정도의 그런 사람들이지요. 그러나 이때 절대 속지 말아야 할 부분이 있습니다. 별거 아니라고 생각하는 그 차이가 전부의 차이입니다.

아무리 세상 사람들이 좋은 가치관과 위대한 뜻과 선한 열심을 가졌더라도 십자가 앞에서 걸러지지 않은 것들은 다 위험합니다. 십자가를 통과하지 않은 것들은 그 재료가 아무리 좋다 할지라도 익히지 않은 음식과 같습니다. 유사시가 되면 그 독과 허물이 다 드러나게 되어 있습니다. 분명히 치명적인 약점이 있습니다. 여기 세겜과 하몰의 경우처럼, 절대로 겉모습만 보면 안 됩니다.

그렇다고 야곱의 아들들이 저지른 살육을 옹호하는 것은 더더욱 안 됩니다. 이것은 또 다른 차원의 이야기입니다. 세겜이 저지른 성폭행이라는 중대한 죄에 대해 이후, 마치 책임을 지려는 듯한 그의 태도를 근거로 절대로 물타기를 해서는 안 된다는 뜻입니다. 우리는 이 좌표계를 확고부동한 반석 위에 두어야 합니다. 그렇기 때문에 세겜을 향해 측은히 여기는 마음을 거두시기를 바랍니다. 세겜은 전형적인 세상 사람입니다. 자기가 원하는 것을 취하기 위해 최선을 다한 것뿐입니다. 그 이상도 이하도 아닙니다.

다시 본문을 살펴보십시오. 세겜이 디나를 너무 사랑한 나머지 그녀를 얻기 위해 자기 백성의 손해를 감수하면서까지 달콤한 말로 자기 백성을 꼬드기는 장면 같습니까? 절대로 그렇지 않습니다. 그는 아주 현실적인 이야기를 세겜성 자기 백성에게 하고 있습니다. 생각해 보라는 것입니다. 야곱의 집안과 통혼하면 이것만큼 수지맞는 장사가 어디 있겠냐는 것입니다. 야곱과 우리가 한 민족이 되면 야곱의 모든 재산-재물뿐 아니라 사람까지도 모두 세겜성의 것이 되지 않겠는가, 이를 위해 지금 바로 할례라는 가벼운 의식만 치르면 된다는 것입니다.

세겜 사람들도 이에 관해 생각이 전혀 없었던 사람들이 아닙니다. 7, 8년 이상을 이웃으로 지내면서 야곱의 가족들을 지켜보았고 거래를 했기 때문에 이미 잘 알고 있던 부분이었습니다. 세겜의 말이 결코 감언이설(甘言利說)이나 허풍이 아니란 것을 알았기 때문에 모두 그 의견에 동의했습니다. 서로 통혼하게 되면 자신들의 딸들을 야곱의 식솔들에게 큰 지참금을 받고 팔 수 있었기 때문입니다. 이들에게 딸들은 양과 염소와 같은 소유물이었기 때문에 충분히 수지맞는 장사였습니다.

우리 그리스도인들이 잘 모르거나 인정하지 않으려는 사실이 있습니다. 세상 사람들이 그리스도인들보다 훨씬 지혜롭고 똑똑하다는 사실입니다. 이는 예수님께서도 인정하신 부분이니 정확한 표현이 맞습니다. 누가복음 16장의 옳지 않은 청지기의 비유에서 예수님께서 이렇게 말씀하셨습니다. "주인이 이 옳지 않은 청지기가 일을 지혜 있게 하였으므로 칭찬하였으니 이 세대의 아들들이 자기 시대에 있어서는 빛의 아들들보다 더 지혜로움이니라." 실제로 이 세대 사람들이 그리스도인들보다 더 지혜롭습니다. 더 치열하게 살지 않을 수 없고 또 약지 않으면 이 세상에서 도태되기 때문입니다. 그래서 그들은 늘 여우나 늑대 같고 하나님의 백성은 어리석은 양 떼 같습니다.

여기서 살펴보아야 할 것이 하나 더 있습니다. 남녀 간의 이성관입니다. 세상의 남자들이 여자를 바라보는 관점은 신앙을 가진 그리스도인 남성들이 여성을 바라보는 관점과 근본적으로 다릅니다. 우리는 여기서 하몰의 아들 세겜의 물불을 가리지 않는 '사랑'을 보게 됩니다. 성경은 디나를 향한 세겜의 집착을 사랑이라고 여러 번 표현하고 있지만, 이는 성경이 의도적으로 그렇게 표현한 것으로 판단됩니다. 정말 이것이 진정한 사랑일까요? 속지 말라는 것입니다. 성경에 이런 표현들이 있을 경우, 우리는 좀 더 진지하게 본문을 살피고 이해해야 합니다. 철저하게 이 구절은 디나의 입장에서 읽어야 합니다.

특별히 그리스도인 자매들에게 권면합니다. 복음으로 새롭게 되지 않은 남자들은 전부 세겜입니다. 이 세상의 세겜들은 여자들을 향해 오직 하나의 목적만 가지고 있을 뿐입니다. 소유입니다. 소유할 때까지는 물불을 가리지 않습니다. 그러나 막상 소유한 후에는 아무것도 없습니다. 끝입니다. 소유 자체가 목적이기 때문입니다. 그 후에는 버림받는 것입니다.

절대로 속지 마시기 바랍니다. 그것은 절대로 사랑이 아닙니다. 세상의 세겜들마다 개인 차이는 있을 수 있지만, 많은 경우 그 소유의 기준을 성관계로 생각합니다. 이것이 세상에 겁탈과 성폭행이 줄어들지 아니하고 만연한 이유입니다. (지금까지 제가 만난 많은 세겜들 중에서 가정의 울타리, 특별히 부부관계의 울타리와 결혼 서약을 온전하게 유지하는 사람들을 만나기가 어려웠습니다.) 술이 들어가는 몇 차까지 가면 전부 개가 됩니다. 물론 정도의 차이는 있을 수 있겠지만, 가물에 콩 나는 수준일 뿐입니다. 그래서 천연기념물이라 칭송하더라도 부족하지 않을 것입니다. 앞으로는 더 할 것입니다. 심각한 수준입니다. 그럼에도 하나님의 일반 은총이 그나마 이 세상 사람들을 강하게 붙들고 있기에 이 사회가 이만큼이라도 평화와 안정을 유지하고 있는 것입니다.

그렇기 때문에 우리 그리스도인들은 가능한 한 믿음의 자녀들이 하려는 불신 결혼은 막아야만 합니다. 불신 결혼만큼 어리석다 못해 위험한 판단도 없기 때문입니다. 차라리 그리스도 안에서 중매하시기를 바랍니다! 속지 마십시오! 세겜의 사랑은 사랑이 아니라 폭행이고 병이며 집착일 뿐입니다.

디나의 오빠들은 누구보다도 그 사실을 잘 알고 있었습니다. 여기 하몰의 아들 세겜의 경우를 보시기 바랍니다. 그는 자신의 행동을 '사랑'이라고 표현하고 있습니다. 세상에나! 이런 사랑이 어디에 있습니까? 성폭행은 충동적으로 저지른 것이 절대 아닙니다. 술에 취해 그런 것도 절대 아닙니다. 그것은 전부 새빨간 거짓말입니다. 자기가 한 나쁜 짓을 술에다 전가시키는 더 나쁜 거짓말입니다. 술이 그 이야기를 들으면 무척 기분 나빠할 것입니다. 이것은 가치관의 문제입니다. 여성을 바라보는 그 사람의 인격, 성품에 문제가 있는 것입니다. 의도적으로 그렇게 하는 것입니다. 그렇기 때문에 성경은 기를 쓰고 불신 결혼을 반대하고 있으며 믿지 않는 자들과 사귀는 일에 조심 또 조심하라고 경고하고 있습니다. 고린도후서에서 사도 바울은 다음과 같은 경종의 말씀을 선포하고 있습니다.

> "너희는 믿지 않는 자와 멍에를 함께 메지 말라 의와 불법이 어찌 함께하며 빛과 어둠이 어찌 사귀며 그리스도와 벨리알이 어찌 조화되며 믿는 자와 믿지 않는 자가 어찌 상관하며 하나님의 성전과 우상이 어찌 일치가 되리요 우리는 살아 계신 하나님의 성전이라 이와 같이 하나님께서 이르시되 내가 그들 가운데 거하며 두루 행하여 나는 그들의 하나님이 되고 그들은 나의 백성이 되리라 그러므로 너희는 그들 중에서 나와서 따로 있고 부정한 것을 만지지 말라 내가 너희를 영접하여 너희에게 아버지가 되고 너희는 내게 자녀가 되리라 전능하신 주의 말씀이니라 하셨느니라(고후6:14~18)." (인용: 레26:12, 출29:45, 겔37:27, 렘31:1, 사52:11, 호1:10, 사43:6)

이런 이야기를 하면 또 오해하는 분들이 있습니다. 그러면 이 세상 사람들과 전혀 만나지도 말고 사귀지도 말라는 것인가 하고 말입니다. 아니지요! 사도 바울도 고린도전서 5장에서 이 같은 이야기를 했습니다. "내가 너희에게 쓴 편지에 음행하는 자들을 사귀지 말라 하였거니와 이 말은 이 세상의 음행하는 자들이나 탐하는 자들이나 속여 빼앗는 자들이나 우상 숭배하는 자들을 도무지 사귀지 말라 하는 것이 아니니 만일 그리하려면 너희가 세상 밖으로 나가야 할 것이라."

그러면 무슨 의도로 한 말입니까? 우리 그리스도인들은 지킬 것은 지켜야 한다는 것입니다. 가장 기본적으로 지켜야 할 것이 가정입니다. 그리고 그 가정의 시작인 '결혼'을 지키는 것입니다. 예전에는 교회에서 '불신 결혼', 다시 말해, 믿지 않는 자와 결혼을 하게 되면 감히 주보에 광고도 낼 수 없었습니다. 그러나 지금은 당연히 목사님께서 주례까지 서십니다. 당사자가 세례를 받지 않았음에도 그렇게 합니다. 여기 야곱처럼 지켜오던 신앙의 빗장을 계속해서 낮추고 낮추었기 때문입니다. 지금 포스트모더니즘 시대에는, 신실하다 일컬음 받는 수많은 그리스도인들조차도 '세속화'와 '죄'의 문제를 너무 쉽게 생각합니다.

신앙은 지키는 것부터 할 수 있어야 합니다. 먼저 나를 지키고, 내 가정을 지키고, 내 교회를 지키는 것부터 해야 합니다. 그렇기 때문에 우리 신앙의 가장 작은 단위인 '가정교회'가 소중한 것입니다. 이를 위해 우리는 불신 결혼을 해서는 안 됩니다. 그런데 많은 분들이 생각하기를, 내가 하면 믿지 않는 배우자를 개종시킬 것만 같습니다. 그러나 이보다 더 큰 교만은 없습니다. 이런 의미에서 저는 '그리스도인의 불신 결혼'이라는 말을 믿지 않습니다. 그리스도인이 불신 결혼을 한다는 것은, 그 이전에 그는 정직한 의미에서 그리스도인이 아닌 것입니다. 인정하기 싫겠지만, 여기서부터 시작해야 합니다.

자식들, 분노의 자충수를 두다!

제 삼일에 아직 그들이 아파할 때에 야곱의 두 아들 디나의 오라버니 시므온과 레위가 각기 칼을 가지고 가서 몰래 그 성읍을 기습하여 그 모든 남자를 죽이고 칼로 하몰과 그의 아들 세겜을 죽이고 디나를 세겜의 집에서 데려오고 야곱의 여러 아들이 그 시체 있는 성읍으로 가서 노략하였으니 이는 그들이 그들의 누이를 더럽힌 까닭이라 그들이 양과 소와 나귀와 그 성읍에 있는 것과 들에 있는 것과 그들의 모든 재물을 빼앗으며 그들의 자녀와 그들의 아내들을 사로잡고 집 속의 물건을 다 노략한지라 야곱이 시므온과 레위에게 이르되 너희가 내게 화를 끼쳐 나로 하여금 이 땅의 주민 곧 가나안 족속과 브리스 족속에게 악취를 내게 하였도다 나는 수가 적은즉 그들이 모여 나를 치고 나를 죽이리니 그러면 나와 내 집이 멸망하리라 그들이 이르되 그가 우리 누이를 창녀같이 대우함이 옳으니이까 (창34:25~31).

일이 꼬여도 이렇게 꼬일 수는 없었습니다. 세겜 족속이 일말의 동요나 망설임 없이 야곱 족속의 제안을 받아들여 그것도 한날한시에 다 할례를 행해버렸기 때문입니다. 야곱의 아들들의 입장에서는 이보다 더 당혹스러운 경우도 없었을 것입니다. 복수심에 불타는 야곱의 아들들이 머리를 짜내어 세겜 족속의 내분을 기대하며 던진 신의 한 수가 그만 자충수(自充手)가 되어버렸습니다. 모든 것을 나 위주로 생각하여 한 치 앞도 제대로 내다보지 못한 어리석은 한 수였습니다. 이렇게 세겜성 사람들은 너무 쉽게 할례를 행하였고 공식적으로 야곱 족속이 되어버렸습니다. 이제 야곱의 아들들에게는 그나마 있던 누이동생 디나를 찾아올 명분조차도 없어져 버렸습니다. 그래서 이제부터는 이 일로 인하여 세겜 족속에게 화를 낼 수도 없게 되었습니다. 이제는 방법이 없습니다. 오로지 서로 통혼하면서 할례를 행한 세겜성 백성과 함께 무늬만 이스라엘인 세겜성 사람으로 살아가는 수밖에 없었습니다.

그런데 상황은 더욱 나쁜 쪽으로, 최악의 상황까지 흘러갔습니다. 왜냐하면 오히려 야곱의 아들들 사이에서 내분이 발생했기 때문입니다. 시간이 흘러 3일이나 지났는데도 야곱의 아들들은 아무 결론도 내리지 못하고 아까운 시간만 보내고 있었습니다. 만약 세겜성 유혈 참극이 야곱의 아들들 사이에서 사전에 모의되고 계획된 것이었다면, 가장 고통이 심했을 첫째 날이나 둘째 날에 그 거사가 진행되었을 것입니다. 그러나 삼일째 되던 날, 고통은 여전하지만 조금씩 나아지는 무렵에야, 그것도 시므온과 레위 두 아들만 단독으로 일을 저질렀습니다! 이것으로 보아 이 유혈 참극은 야곱의 아들들 사이에 큰 이견이 있어 사전에 충분한 합의점에 도달하지 못한 것임을 알 수 있습니다.

그러나 선무당이 사람 잡는다는 속담처럼 시므온과 레위에게 이 활극은 생애 첫 살육이었지만 한 치의 망설임도 없는 잔인함 그 자체였습니다. 그들은 칼로 그 성읍의 모든 남성을 다 죽였습니다. 이는 신들린 사람이 아니면 불가능한 일입니다. 다시 말해, 두 형제는 분노의 화신이 되었습니다. 평생 마음속에 쌓아 두었던 모든 불만과 화를 이 복수극에 다 쏟아 냈습니다. 끝으로, 세겜과 하몰도 아주 잔인하게 죽인 후 동생 디나를 자기들 집으로 데리고 왔습니다.

상황은 급박했으며 걷잡을 수 없게 되었습니다. 돌아온 디나와 피범벅이 된 시므온과 레위를 보고 망설일 형제들은 없었습니다. 이미 엎질러진 물이 되어 버렸다고 판단한 야곱의 다른 아들들도 그 성읍으로 가서 함께 노략에 동참했습니다. 이제 최악의 상황까지 간 것입니다. 이미 이들은 분별력을 상실했기 때문에 선택을 할 때마다 점점 더 궁지로 몰리는 최악의 결정만 하고 있습니다.

만약 이들이 남자들만 다 죽이고 더 이상 노략을 저지르지 않았다면, 이 사건은 그나마 복수라는 명분을 내세운 단지 두 족속 간의 불화가 낳은 참사로 끝날 수 있었을 것입니다. 그러나 이들이 그 이후에 저지른 노략은 전혀 다른 차원의 문제였습니다. 재산과 재물, 그리고 그 성읍의 부녀자들을 사로잡은 노략은 주위 성읍들에게 큰 위협이 되는 심각한 문제였습니다. 주위 성읍들은 야곱 족속이 복수는 핑계고 처음부터 세겜성의 재물과 사람들을 빼앗기 위해 비열한 방법으로 참극을 저질렀다고 판단할 수 있었기 때문입니다.

따라서 살육 이후 노략을 함으로써 야곱 족속과 세겜 족속 간의 문제에서 주위의 다른 족속들과의 전쟁으로 비화될 수 있을 정도로 문제가 커져 버린 것입니다. 야곱이 이 일에 대해 그 아들들에게 퍼붓는 폭언을 들어 보시기 바랍니다. 이런 상황을 두고 사면초가(四面楚歌)라고 하는데, 야곱과 그의 아들들이 스스로의 힘으로 수습하기에는 불가능한 일이었습니다. 지금까지 야곱과 그의 아들들 사이에 불안불안했던 부분들, 썩어 곪고 있던 것들이 이 일을 계기로 다 터져 버렸습니다. 밖과 안, 모두 손을 쓸 수 없는 상황이 되었습니다.

나 vs 우리

> 야곱이 시므온과 레위에게 이르되 너희가 내게 화를 끼쳐 나로 하여금 이 땅의 주민 곧 가나안 족속과 브리스 족속에게 악취를 내게 하였도다 나는 수가 적은즉 그들이 모여 나를 치고 나를 죽이리니 그러면 나와 내 집이 멸망하리라 그들이 이르되 그가 우리 누이를 창녀같이 대우함이 옳으니이까 (창34:30~31).

야곱과 그의 아들들 간에 오간 대화에서 우리는 아주 오래되고 깊은 감정의 골을 발견하게 됩니다. 아버지이기 때문에 잘못된 일에 대해 아들들에게 불같이 화를 낼 수도 있습니다. 그러나 그것과 그 일에 책임을 지는 것은 다른 문제입니다.

먼저 야곱은 이 모든 참사의 책임을 두 아들에게로 돌리고 있습니다. '너희가 내게 화를 끼쳐!' 사실 하몰과 세겜이 야곱을 찾아왔을 때 자식들 뒤에 숨은 사람은 다름 아닌 야곱 자신입니다. 자식들이 하몰과 세겜 부자와 협상을 벌일 때 야곱은 말 한마디도 하지 않았습니다. 그랬던 그가 어떻게 이런 말을 할 수 있을까요? 그는 철저히 책임을 회피하고 있습니다.

다음으로, 그는 이기주의의 극치를 보여 줍니다. 야곱은 지금 아버지와 아들의 관계를 근거로 하여 대화를 나누는 것이 아닙니다. 요셉을 제외한 나머지 아들들이 아버지 야곱에게서 가장 섭섭해하는 부분이 바로 이것인데, 야곱은 대화의 초두부터 이것을 먼저 언급하고 있습니다. 야곱은 자신의 말에서 '나'라는 1인칭 용어를 자그마치 7번이나 사용하고 있습니다. (KJV 영어 번역본에서는 8번 사용됩니다.)[4] "너희가 내게 화를 끼쳤고, 나는 수가 적고, 그들이 나를 치고, 나를 죽이리니, 그러면 나와 내 집이 멸망하리라!" 오로지 야곱 입에서는 나(I), 나(my), 나(me) 밖에 없습니다. 이것이 바로 평생을 자기중심적으로 살아온 야곱의 가감 없는 모습입니다. 온갖 콤플렉스의 집합체로서 자신이 아니면 자기를 지켜줄 사람이 없었던 야곱에게 이런 현상은 어쩌면 당연할지도 모르겠습니다. 아버지 이삭에게서 받은 차별, 외삼촌 라반에게서 받은 설움. 정말 이들을 닮지 않으려 했는데 너무나도 똑같이 이들을 닮아 간 야곱이었습니다.

이에 대한 자식들의 반응을 보시기 바랍니다. 나, 나, 나밖에 이야기하지 않는 아버지를 향해 시므온과 레위가 항변합니다. "그들이 이르되 그가 우리(our) 누이를 창녀같이 대우함이 옳으니이까?" 야곱의 아들들은 '나'밖에 모르는 아버지에게 '우리', '우리', '우리'로 대답하는 것입니다.

역설적이지만, 야곱의 아들들은 세겜과 그의 아버지 하몰, 두 부자지간을 바라보면서 적잖이 놀랐던 것 같습니다. 이들의 모습을 자신들과 아버지 야곱의 관계와 비교하게 되었기 때문입니다. 비록 누이 디나의 문제로 원수처럼 만나게 되었지만, 하몰과 세겜 두 부자의 관계는 말할 수 없는 부러움이었습니다. 성경은 세겜이 그의 아버지 하몰의 집에서 가장 '존귀'했다고 표현하고 있습니다. 이들의 대화와 분위기에서 자기들과는 전혀 다른 부자지간의 정을 보게 된 것입니다.

과연 아버지 야곱은 자식들을 존귀하게 여기고 있었을까요? 자식들 입장에서는 헛웃음만 나올 뿐이었습니다. 존귀하게 여김 받는 것은 바라지도 않고 그저 아들 취급만이라도 제대로 받고 싶었을 것입니다. 아니, 실제로는 아버지 야곱은 자신들을 하인 취급했습니다. 외삼촌 라반에게서 보고 배운 것이겠지요. 그들은 아침 일찍부터 저녁 늦게까지 양과 염소를 쳐야 했습니다. 하인들도 많았지만, 아버지 야곱은 아들들과 하인들 사이에 차별을 두지 않았습니다. 어떤 면에서는 하인들이 오히려 더 나았을지도 모르겠습니다. 하인들은 일과 시간이 있어 자기들이 해야 할 일만 하면 되는 반면 자식들은 그 일에 더하여 자식들이 해야 할 일들도 마땅히 해야 했기 때문입니다.

만약 세겜과 자신들의 입장이 바뀐 상황이었다면 과연 아버지 야곱은 어떤 반응을 보였을까요? 세겜의 아버지 하몰처럼 적극적인 행보를 할 수 있었을까요? 고개를 가로젓게 됩니다. 절대로 야곱은 하몰처럼 행동하지 않았을 것입니다. 아마도 그 집에서 지참금만큼 종살이를 시켰을 것입니다. 아버지 본인도 아내를 얻기 위해 자그마치 14년간 종살이를 했기 때문입니다. 야곱 아들들의 입장에서는 자괴감이 물밀듯 밀려왔습니다. 그리고 실제로 그런 상황을 맞닥뜨리게 되었습니다. 비록 최악의 상황이지만 일은 이미 벌어졌습니다. 그러나 아버지 야곱은 모든 책임을 아들들에게 다 돌리고 있습니다.

그래서 시므온과 레위 그리고 그의 아들들은 디나의 사건을 통해 자신들의 이야기를 아버지에게 하고 있는 것입니다. "아버지, 그들이 우리 동생 디나를 창녀같이 대우하는 것이 옳습니까?" 이 말 속에는 이런 의미가 숨어 있었습니다. "아버지, 아버지께서 우리 자식들을 이렇게 하인처럼 대우하시는 것이 옳습니까? 아버지, 왜 우리를 차별대우하십니까? 왜 요셉만 사랑하고 우리는 찬밥이어야 합니까? 아버지, 왜 얍복강에서 우리는 줄줄이 일렬로 순서대로 서 있어야 했습니까? 왜 맨 앞에는 서모의 자식들이 서고, 왜 맨 뒤에는 요셉과 작은어머니가 서야 했습니까? 그 의미는 무엇입니까? 그것이 옳습니까? 아버지, 여호와 하나님을 믿지 않는 세상 사람들도 자기 자식만큼은 존귀하게 여깁니다. 하몰이 세겜에게 하는 것 보셨습니까? 아버지, 누가 옳습니까? 아버지가 옳습니까? 우리가 옳습니까? 아버지는 하나밖에 없는 딸을 포기했습니다. 그러나 적어도 우리는 우리의 동생 디나를 포기하진 않았습니다. 누가 옳습니까?" 야곱이 그동안 자식들을 키우면서 그들의 마음에 심어 놓은 분노가 여기서 다 폭발했습니다. 다이너마이트처럼 말입니다.

하나님의 간섭하심

하나님이 야곱에게 이르시되 일어나 벧엘로 올라가서 거기 거주하며 네가 네 형 에서의 낯을 피하여 도망하던 때에 네게 나타났던 하나님께 거기서 제단을 쌓으라 하신지라(창35:1).

그러나 이 절체절명의 순간에 여호와 하나님께서 사건에 개입하십니다. 항상 그렇듯, 야곱이 여호와 하나님을 찾은 것이 아니라 하나님께서 먼저 야곱을 찾아오셨습니다. 그리고 사건을 정리해 주십니다. 야곱과 그 자녀들은 자신들도 어떻게 할 수 없는 외통수를 쳐 놓은 상태였습니다. 참극은 이미 벌어졌고 수습이 불가능한 상황입니다. 야반도주(夜半逃走)라도 하고 싶었지만 마음대로 도망갈 수도 없었습니다. 주위 성읍들이 두려웠기 때문입니다. 할 수 있는 것이라고는 엎질러진 물 앞에 망연자실(茫然自失) 그냥 주저앉아 있는 것뿐이었습니다.

이런 상황에서 여호와 하나님께서 나타나셨습니다. 그런데 놀라운 것은 이때 하나님께서 야곱과 그의 가족들이 주목하고 있는 그 엎질러진 물을 수습해 주시지 않으셨다는 사실입니다. 아주 근본적인 말씀만 전해 주시며 이들의 시야를 완전히 다른 곳으로 돌리셨습니다. 먼저 야곱에게 주저앉아 있지 말고 일어나라고 말씀하셨습니다. 그리고 벧엘로 올라가라고 하셨습니다. 그리고 거기서 제단을 쌓으라고 하셨습니다.

야곱이 아닌 다른 사람들은 하나님의 이 말씀을 제대로 이해하지 못했을 것입니다. 그러나 야곱만큼은 정확히 알았습니다. 자신의 가정에 일어난 이 비극과 참극이 어떤 연유로 발생한 것인지를 말입니다.

결국 잘못된 방향으로 가고 있는 우리의 인생길을 돌이킬 수 있는 것은 오직 여호와 하나님의 말씀밖에 없습니다. 하나님의 자녀들이라 자부하는 우리 그리스도인들도 먹고 사는 문제와 세상일에 매몰되어 버리면 스스로의 힘과 의지로 빠져나오기가 어렵습니다. 그러나 이 모든 것을 초월하는 하나님의 말씀은 우리를 일어서게 하고 돌이킬 수 있는 능력을 주십니다. 그래서 우리 그리스도인들은 오직 하나님의 말씀만 붙들어야 합니다. 보십시오! 이 얼마나 단순하고 강력한 말씀입니까?

일어나 벧엘로 올라가서 거기 거주하며 네가 네 형 에서의 낯을 피하여 도망하던 때에 네게 나타났던 하나님께 거기서 제단을 쌓으라.

첫 단추를 잘못 끼웠으니 풀고 다시 시작하라 말씀하십니다. 지금 혹 어디에 주저앉아 있으신가요? 세겜성 참사가 벌어진 곳에 어찌할 바 몰라 넋 놓고 계신가요? 우리 아버지 하나님께서 일어서라 명하십니다. 그리고 그 옛날 가장 힘들 때 만나 주셨고 내가 서원했던 그곳에 다시 가라하십니다. 그곳에서 예배를 회복하라 명하십니다.

야곱의 한 걸음 성장

야곱이 이에 자기 집안 사람과 자기와 함께 한 모든 자에게 이르되 <u>너희 중에 있는 이방 신상들을 버리고 자신을 정결하게 하고 너희들의 의복을 바꾸어 입으라</u> 우리가 일어나 벧엘로 올라가자 내 환난 날에 내게 응답하시며 내가 가는 길에서 나와 함께 하신 하나님께 내가 거기서 제단을 쌓으려 하노라 하매 <u>그들이 자기 손에 있는 모든 이방 신상들과 자기 귀에 있는 귀고리들을 야곱에게 주는지라 야곱이 그것들을 세겜 근처 상수리나무 아래에 묻고</u> 그들이 떠났으나 하나님이 그 사면 고을들로 크게 두려워하게 하셨으므로 야곱의 아들들을 추격하는 자가 없었더라 (창35:2~5).

동영상 11강

야곱은 벧엘로 올라가서 제단을 쌓으라는 여호와 하나님의 말씀을 듣고서야 비로소 정신을 차렸습니다. 자신에게 무엇이 문제였는지 깨닫게 되었습니다. 이후에 행하는 행동을 보면 무척 놀랍습니다. 신앙과 관계된 부분에서 스스로! 무엇인가를 하고 있기 때문입니다. 여호와 하나님께서 명하시지도 않은 일을 그가 스스로! 자신의 의지로! 실행하고 있습니다.[5]

야곱은 자신과 함께한 모든 가족들에게 곧바로 벧엘로 올라가자고 명령하지 않았습니다. 그전에 해야 할 일이 있으니 그것부터 먼저 준행하라고 명합니다. 모두 세 가지입니다. 첫째는 이방 신상을 버리라는 것입니다. 둘째는 자신을 정결하게 하라고 합니다. 셋째는 의복을 바꾸어 입으라는 것입니다.

여호와 하나님께서 시키시지도 않은 일을 야곱 스스로 찾아서 하고 있습니다. 이것이 무슨 의미입니까? 야곱이 하나님의 말씀을 제대로 이해하고 있다는 의미입니다. 문자적 해석으로 끝나는 것이 아니라 진짜 의미, 행간의 의미를 이해하게 되었다는 뜻입니다. 즉, 일어나 벧엘로 올라가서 제단을 쌓으라는 여호와 하나님의 말씀을 이 세상과 타협하고 세속화되어 죄짓고 살아가던 삶에서 돌이키라는 명령으로 제대로 이해했다는 것입니다.

먼저, 이방 신상에 대해서입니다. 어떻게 이런 일이 가능했을까요? 길어야 7년 또는 8년밖에 안 되는 기간에 야곱의 일가는 완전히 세속화되어 버리고 말았습니다. 유일하신 여호와 하나님을 믿는 가정 공동체에서 이방 신상이 나왔습니다. 그것도 아주 많이 나왔던 것으로 보입니다. 게다가 성경은 아주 친절하게 표현하고 있습니다. 4절로 "그들이 자기 손에 있는 모든 이방 신상들과…"라고 되어 있습니다. 이들 사이에 우상숭배가 얼마나 만연했는지를 잘 드러내는 말씀입니다. 이들은 이방 신상들을 집안에만 잘 모셔 둔 것이 아니라 늘 자기 손에 들고 다닐 정도였습니다. 야곱의 가족들 가운데 얼마나 우상숭배가 보편화되어 있는지, 이들이 얼마나 세겜을 추구했는지를 잘 알 수 있는 부분입니다.

그다음으로, 야곱은 식솔들에게 자신을 정결하게 하고 의복을 바꿔 입으라 했습니다. 우리는 처음 야곱의 일가가 세겜성에 도착했을 때 입고 있던 의복과 수년이 지난 이 시점에 이들이 입고 있는 의복 사이에 어떤 차이가 있었는지 정확히 알 수는 없습니다. 그러나 이들이 세겜에 정착한 후 7, 8년이 지났을 때 입고 있던 의복이 어떠했는지는 정확히 알 수 있습니다. 바로 세겜 사람들이 입고 있던 것과 똑같았다는 점입니다. 그리고 그것은 정결함을 나타내는 옷은 분명히 아니었습니다. 이런 연유로 당시 야곱의 식솔과 세겜성 사람들을 겉모습으로만 구별하는 것은 불가능했을 것입니다.

우리는 이 모든 것을 뭉뚱그려 '세속화'라고 부릅니다. 그런데 가만히 있으면서 세속화를 이길 수 있는 장사는 없습니다. 결국 신앙의 길이란 세상이라는 강물을 거슬러 올라가는 것뿐인데 세파에 떠밀려 내려가지 않기 위해서 열심히 노를 젓는 수밖에 없습니다. 그렇기 때문에 신앙생활에서는 지키는 것, 수성(守城)이 먼저입니다. 행함은 그다음입니다. 아니, 어떤 의미에서는 수성이 곧 행함입니다.

예수님께서는 산상수훈에서 제자들을 향해 자신들의 정체성을 알려 주셨습니다. 소금과 빛에 관한 말씀입니다. 여기서는 순서가 중요합니다. 먼저 너희는 세상의 소금이라 하셨습니다. 그리고 그다음에 너희는 세상의 빛이라고 하셨습니다. 소금이 먼저고 그다음이 빛입니다. 이 세상에서 짠맛을 내면서 살아가게 되면 하나님 아버지께서 우리네 인생을 등경 위의 등불처럼 세상을 밝히는 데 사용하실 것입니다. 이런 의미에서 우리 그리스도인들은 굳이 이 세상에서 빛이 되려고 노력할 필요가 없습니다. 세속화되지 않기 위해 깨어 근신하고 우리가 가진 믿음의 바른 도리와 복음을 지키다 보면 어느 순간 이 세상을 밝히는 자신의 모습을 보게 될 것입니다.

그리스도인의 사회 참여

우리는 어느 때보다도 그리스도인의 사회 참여가 이슈가 되는 시대를 살고 있습니다. 그만큼 그리스도인들이 욕을 많이 먹고 있다는 의미입니다. 반성하고 자성하라는 목소리가 어느 때보다도 큽니다. 그런데 그 방향이 이상합니다. 그리스도인의 사회 참여는 크게 구제사업과 정치 참여의 형태로 나타날 수 있는데 우리는 정치적 성향이 아주 강합니다. 몸과 물질로 봉사하기에 더 중요하다 할 수 있는 구제 부분은 은근슬쩍 무시되고 말로 때우기가 쉬운 정치 참여가 강조된다는 의미입니다.

이것이 문제입니다. 사실 정치 참여는 밑바닥부터 궂은 일을 하면서 몸으로 덕을 쌓아 가는 것입니다. 그러나 이 나라에 만연된 정치는 모두 말로 하는 것입니다. 그러다 보니 너나 할 것 없이 정부와 기득권층을 향한 신랄한 비판과 정죄, 선동도 서슴지 않습니다. 특별히 SNS의 활성화로 얼마나 속도도 빠른지요! 그러나 그리스도인으로서 저는 이런 부분에 있어 회의적입니다. 성경적이지 않다고 판단하기 때문입니다.

그리스도인의 사회 참여는 선한 것입니다. 이것을 결코 부인하지 않습니다. 그러나 선한 일이요 선한 사업이기 때문에 우리는 이 일을 조심해서 겸손히 수행해야 합니다. 이것과 관련하여 예수님께서 허락하신 원칙이 있습니다. 오른손이 하는 일을 왼손이 모르게 하라는 것입니다.[6] 이것이 그리스도인의 사회 참여에 대한 성경적 철칙입니다. 철저하게 그렇게 행해야 합니다. 절대로 떠벌릴 필요도 없고 선동할 필요도 없습니다. 세상 사람들과 연합하여 공동으로 어떤 일을 도모할 필요도 없습니다.

어떤 그리스도인들은 불의한 위정자들을 질타하고 비판하며 주위 사람들에게 그런 일을 널리 알리는 것이 그리스도인들이 마땅히 해야 할 선하고 의로운 책무라고 생각합니다. 오해입니다. 손가락 클릭으로 행한 말들은 단지 말일 뿐입니다. 행함이 없는 자기 믿음에 지나지 않습니다. 바로 이런 일들이 바리새인들의 소행이었습니다. 많은 사람들이 예수님 당시의 바리새인들을 오해하고 있습니다. 이들은 정치적이었고 특별히 사회 참여를 얼마나 강조했는지 모릅니다. 매사에 철두철미했습니다. 당시 정치세력이었던 사두개인들과 대립각을 세우며 지금으로 치면 야당의 역할을 톡톡히 감당하던 사람들, 신지식인들이 바로 바리새인이었습니다. 이들의 문제가 무엇입니까? 성경 읽기와 묵상을 하되 여전히 영성이 책상머리에 머물렀다는 사실입니다. 우리는 말과 입술로 선한 일을 행하는 자들이 아닙니다. 손과 발과 몸으로 그 일을 행하는 자들입니다.

그러하기에 그리스도인의 사회 참여 중 정치참여 같은 일은 절벽 산책과 같습니다. 너무 몰입하면 영적으로 아주 위험할 수 있습니다. 이 또한 현대의 시대정신과 관련이 깊습니다. 포스트모더니즘이 낳은 지나친 상대주의, 회의주의 때문입니다. 마치 오래된 종교가 율법화되면서 사람의 모든 죄를 캐내어 고백하고 용서받도록 강권하는 것처럼 현대의 시대정신은 이 사회 가운데 있는 압제, 기형, 왜곡, 권력 오용을 찾아내도록 강권합니다. 이런 치우침은 우리 스스로 만들어 갈 의미 있는 삶의 이야기의 첫 출발부터 평가절하합니다. 또 자신이 인생 이야기의 줄거리를 만들어 갈 힘을 가진 적극적인 인물이라기보다는 가진 자들이나 사회의 기득권층으로부터 버림받은 무기력한 희생자라는 자아상을 심어 줍니다.[7]

그래서 마음속에 이 사회를 향한 강력한 분노를 장전시킵니다. 그런데 이 분노의 폭발은 우리의 몸과 마음을 마비시킵니다. 심지어 시간조차도 멈추게 합니다. 이렇게 되면 사실상 우리가 우리의 삶에서 선택할 수 있는 것이 아무것도 없습니다. 아니, 어떻게 해서 얻게 된 자유(의지)인데! 그 귀한 예수님의 십자가짜리 자유를 우리는 너무 쉽게 포기해 버리는 것입니다. 이런 식으로 사탄은 포스트모더니즘의 아들들(상대주의와 다원주의)을 통해 우리에게 이 짓을 부추깁니다.

그러면 우리 그리스도인들은 어떻게 사회 참여를 해야 하는 것일까요? 그리스도인들의 몫은 알릴 의무가 있는 자들로 하여금 알리게 하고, 책임질 자들로 책임지게 하고, 우리는 우리의 길을 가는 것입니다. "죽은 자들로 자기의 죽은 자들을 장사하게 하고 너는 가서 하나님의 나라를 전파하라"고 대답하신 예수님의 말씀을 기억하면 좋을 것입니다. 속지 마시기 바랍니다. 우리는 자신의 분량대로 자기 일만 하면 됩니다. 오늘 하루 동안만큼의 생명만 부여받은 부족하기 짝이 없는 죄인들에 불과합니다. 누가 누구를 정죄하겠습니까? 이 어지러운 세상에서 내 가정, 아니, 나 하나만이라도 지켜내는 것도 어려운데 무엇을 하겠다는 것입니까? 그렇기 때문에 우리는 너무 부끄러워서라도 오른손이 하는 일을 왼손이 모르게 사회 참여, 특별히 구제 활동을 해야만 합니다. 그것도 내가 가진 능력의 범위 안에서만 하면 됩니다. 우리 스스로 연약하고 보잘것없기에 부득불 그렇게 하는 것입니다. 만약 이것에서 어긋나는 것이 있다면 모두 자기 의를 쌓는 것으로 보아도 무방합니다.

야곱 가족의 한 걸음 성장

다시 돌아갑니다. 야곱의 깨달음, 우상숭배를 버리고 정결함을 유지하라는 명령에 관해서입니다. 야곱의 명령에 가족들은 온전히 순종하는 모습을 보입니다. 하나님께서 야곱에게 말씀의 권위를 부여해 주셨기 때문입니다. 모든 가족들이 야곱의 명령에 하나님의 임재하심과 권위를 느끼게 된 것입니다. 강력한 이 권위 앞에 조금 전까지 아버지에게 대들던 시므온과 레위는 없었습니다. 모두들 순한 양처럼 자신들을 돌아봅니다. 그 명령에 순복하여 이방 신상을 야곱 앞으로 가지고 옵니다.

그런데 한 가지 특이한 점은 야곱과 마찬가지로 야곱의 식솔들도 야곱이 명령하지도 않은 일을 자진하여 시행하고 있습니다. 이방 신상만 야곱에게 가지고 오는 것이 아니라 명령하지도 않은 귀에 있는 귀고리들, 장식품까지도 야곱에게 내어놓았습니다. 왜냐하면 이런 귀고리와 장식품들이 향후 신상의 재료로 쓰일 가능성이 컸기 때문입니다.

게다가 이들은 한 걸음 더 나아갑니다. 그렇게 모은 이방 신상과 모은 귀중품들을 다 땅에 묻어 버렸습니다! 돈으로 치면 얼마나 큰 값어치가 나가는 것이었을까요! 솔직히 나라면 이렇게까지는 하지 않았을 것입니다! 잔머리를 굴려, 모두 모아 풀무에 녹인 후에 그냥 금덩어리나 은 덩어리로 만들어 사용했을 것입니다. 그러나 이들은 이에 아랑곳하지 않고 모두 세겜 근처 상수리나무 아래에 묻어 버리고 떠납니다.

그런데 한 가지 더 놀라운 일이 있습니다. 이렇게 의미 있는 장소임에도 불구하고 그들은 이곳에 이름을 붙이지 않았습니다! 기억하지 말아야 할 곳이기 때문입니다. 왜냐하면 그곳에 이름을 붙이면 누군가 기억을 할 것이고 그러면 또 다시 언젠가 그 묻어 둔 귀고리와 우상과 재물들을 다시 끄집어내어 재사용할 수 있기 때문입니다. 이제는 야곱과 그의 가족들이 기억해야 할 것과 기억하지 말아야 할 것들 사이에 차이를 정확하게 분별합니다. 비록 큰 시행착오와 아픔을 겪었지만 한 걸음 더 성장한 야곱과 그의 가족들입니다.

벧엘과 알론바굿

> 야곱과 그와 함께 한 모든 사람이 가나안 땅 루스 곧 벧엘에 이르고 그가 거기서 제단을 쌓고 그곳을 엘벧엘이라 불렀으니 이는 그의 형의 낯을 피할 때에 하나님이 거기서 그에게 나타나셨음이더라 리브가의 유모 드보라가 죽으매 그를 벧엘 아래에 있는 상수리나무 밑에 장사하고 그 나무 이름을 알론바굿이라 불렀더라 (창35:6~8).

드디어 야곱과 그의 모든 식솔들이 약속의 땅, 제단을 쌓아야 할 땅, 벧엘에 온전히 도착했습니다. 야곱이 말씀하시는 하나님을 처음 경험한 곳입니다. 야곱에게 이곳은 신앙의 근원지 그 이상입니다. 하나님께서는 야곱이 인생에서 가장 어려운 순간을 맞을 때마다 이곳을 기억하게 하시고 또 이곳을 지나도록 하셨기 때문입니다.

그런데 이곳에 머무는 동안 슬픈 일이 일어났습니다. 리브가의 유모 드보라가 죽었습니다. 어떻게 해서 야곱의 어머니 리브가의 유모 드보라가 야곱의 일행에 포함되어 있었는지 정확히 알 수는 없습니다. 그러나 드보라는 당시에 나이가 무척 많았고 -적어도 야곱의 아버지 이삭만큼 나이가 들었을 것이며- 외삼촌 라반의 집을 떠나올 때 함께 따라온 것으로 판단됩니다.

그토록 나이도 많고 거동도 불편했을 터인데 드보라가 굳이 야곱을 따라나선 이유는 무엇이었을까요? 성경에 더 이상의 설명이 없기 때문에 지나친 추측은 의미가 없습니다. 그러나 대체로 신앙의 문제였다고 결론을 내릴 수 있을 것입니다. 밧단아람의 라반 일가 역시 여호와 하나님을 믿는 신앙을 가지고 있긴 했지만, 형식적인 신앙일 뿐이었습니다. 그러나 야곱은 비록 실수와 허물이 많이 있었으나 그럼에도 그에게는 하나님의 말씀과 간증이 실제로 살아 있었습니다. 그래서 제대로 된 신앙을 가진 드보라는 말년에 자신의 목숨을 걸고 야곱을 선택한 것입니다. 바로 이것입니다! 사실 드보라는 이미 나이도 많고 죽을 날만 기다리고 있었는데 용기를 내어 자신의 삶을 도전하는 인생으로 내어 던진 것입니다. 이런 용기와 결단을 하나님께서 얼마나 귀하게 여기시는지 모릅니다.

그 일례로, 사도행전 초반부에 땅끝 나라 에디오피아에서 온 간다게의 국고 맡은 내시를 기억하면 좋겠습니다. 그는 하나님의 말씀이 듣고 싶고 예루살렘에서 드리는 예배에 참여하고 싶어 목숨을 걸고 그 예배 여행을 감행했습니다. 강도와 도적떼들의 위험과 산과 강의 위험과 풍토병의 위험, 무엇보다 왕의 허락과 다른 신하들의 모함을 극복해야 하는, 진실로 목숨을 건 예배 여행이었습니다. 그래서 하나님께서는 그의 열정을 기쁘게 받으셔서 당대 최고의 전도자 빌립을 성경 멘토로 붙여 주셨습니다. 그가 읽고 있던 이사야서 말씀에서 시작하여 예수님과 복음을 상세하게 배울 수 있도록 인도하셨습니다. 마침내 그는 빌립을 통해 세례까지 받게 되었습니다.

리브가의 유모 드보라도 마찬가지였습니다. 비록 온전한 교회는 아니었지만 드보라는 자신을 도전하는 인생으로 밀어붙임으로 하나님의 임재하심이 여전히 머무는 곳, 야곱의 가족교회 공동체 안에서 신앙생활을 할 수 있었습니다. 무엇보다 드보라는 이 공동체 안에서 기쁨과 즐거움뿐만

이 아니라 시험과 고난과 역경을 함께 겪고 경험하면서 야곱의 가족교회 공동체가 성장하고 온전해져 가는 모든 과정에 함께 할 수 있었습니다. 이보다 더 중요한 것이 어디에 있겠습니까! 드보라는 온전하고 아름답게 변화되고 있는 가족들 사이에서 최후를 맞이할 수 있었습니다.

마침내 야곱이 벧엘에 도착하였고 이곳에서 제단을 쌓고 하나님께 예배를 드리게 되었는데, 이때 이를 지켜보는 드보라는 얼마나 감개무량했겠습니까! 밧단아람에 있을 때 야곱으로부터 여러 번 반복하여 들었던 벧엘의 간증을 실제 자신의 몸으로 체험하고 있었기 때문입니다. 죽어도 여한이 없는 것이지요. 놀랍지 않습니까? 우리가 믿고 따르는 하나님 나라의 신앙은 누룩과 같은 전파력이 있습니다. 그리고 그것을 살아낸 간증을 아멘으로 화답하고 받아들이기만 해도 그 간증을 전한 자와 동일한 은혜를 누리게 된다는 사실을 말입니다. 야곱의 가족들은 죽은 드보라를 벧엘 근처 상수리나무 아래에 장사하였습니다. 반드시 기억되어야 할 죽음입니다. 그래서 그 나무도 기억되어야 합니다. 왜냐하면 그 상수리나무가 신앙의 열정은 나이와 전혀 상관이 없다는 사실을 삶으로 보여 준 위대한 신앙인 드보라를 품고 있기 때문입니다. 그래서 그들은 그 나무에 이름을 붙였고 그 이름을 곡함의 상수리, 알론바굿이라 불렀습니다.

야곱으로 지으시고 이스라엘이라 부르신다!

야곱이 밧단아람에서 돌아오매 하나님이 다시 야곱에게 나타나사 그에게 복을 주시고 하나님이 그에게 이르시되 <u>네 이름이 야곱이지마는 네 이름을 다시는 야곱이라 부르지 않겠고 이스라엘</u>

> **이 네 이름이 되리라 하시고** 그가 그의 이름을 이스라엘이라 부르시고 하나님이 그에게 이르시되 나는 전능한 하나님이라 **생육하며 번성하라** 한 백성과 백성들의 총회가 네게서 나오고 왕들이 네 허리에서 나오리라 내가 아브라함과 이삭에게 준 땅을 네게 주고 내가 네 후손에게도 그 땅을 주리라 하시고 하나님이 그와 말씀하시던 곳에서 그를 떠나 올라가시는지라 야곱이 하나님이 자기와 말씀하시던 곳에 기둥 곧 돌기둥을 세우고 그 위에 전제물을 붓고 또 그 위에 기름을 붓고 하나님이 자기와 말씀하시던 곳의 이름을 벧엘이라 불렀더라 (창35:9~14).

야곱의 신앙이 한 단계 더 성숙해졌습니다. 야곱은 세겜의 참사를 겪으며 자신의 믿음과 신앙이 얼마나 형편없고 이기적이며 보잘것없는지를 깨닫게 되었습니다. 우상을 섬기고 정결치 못한 삶을 살았기 때문에 여호와 하나님 보시기에 악취를 낸 것은 자식들이 아니라 자기 자신이었습니다. 벧엘까지 와야 다 온 것입니다. 하나님께서 명하신 곳이 벧엘이기 때문입니다. 이렇게 야곱이 다시 정신을 차려서 우상을 없애고 온 가족들을 정결케 하자 하나님께서 다시 나타나셔서 그에게 복을 주시고 약속의 말씀을 다시 베풀어 주셨습니다.

첫째, 브니엘에서 약속하셨던 그 이름의 축복을 다시 한번 더 확증해 주셨습니다. 여기서 야곱의 이름을 야곱이라 부르지 않으시고 '이스라엘'이라 불러 주셨습니다! 이제야 비로소 야곱의 신앙고백과 믿음 생활을 인정해 주셨습니다. 언제요? 스스로의 힘으로 우상을 없애고 심지어 우상이 될 재료들까지 모두 청산할 때, 스스로 신앙의 바른길을 걸어갈 수 있을 때, 바로 그때 비로소 참 이스라엘이라, 너는 내 아들이라 불러 주십니다.

동일한 논리로, 하나님께서 우리를 이스라엘이라, 하나님의 자녀라고 불러 주실 때에는 당연히 우리가 그 이름에 걸맞은 삶을 살아 내기를 간절히 원하신다는 뜻입니다. 여기서 무엇보다 중요한 것은 이 관계에서 우리가 종이 아니라는 사실입니다. 우리는 하나님의 자녀들입니다. 그렇기 때문에 그 자녀답게 배우고 들은 말씀의 원리들을 실제 삶에서 스스로 살아 낼 수 있어야만 합니다. 그리고 하나님께서는 우리를 이 세상 가운데 안주하고 순응하며 살라고 구원하신 것이 아닙니다. 우리를 이스라엘이라고 불러 주실 때에는 이에 합당한 삶을 살아 내라고 그렇게 불러 주셨습니다. 그렇기 때문에 하나님께서는 우리를 기다려 주십니다. 우리가 잘못된 길을 가더라도 스스로의 힘으로 돌이킬 수 있도록 인내하시며 기다려 주십니다.

그러나 이 부분에서 우리는 반대로 생각하는 경향이 큽니다. 우리는 우리가 기다린다고 생각합니다. 우리가 처한 고난과 그 어려운 환경 가운데 하나님께서 나타나셔서 간섭해 주셔야 하는데, 하나님께서 개입하지 않으시니 우리 속이 새카맣게 다 타들어 가는 것입니다. 그래서 우리는 우리가 그 상황을 인내한다고 생각합니다. 그러나 그렇지 않습니다. 상상할 수 없을 만큼의 오래 참으심과 인내로써 기다려 주시는 분은 여호와 우리 아버지 하나님이십니다. 언제까지요? 우리가 스스로 깨달을 때까지입니다.

여기 야곱을 보십시오. 하나님께서는 자그마치 7년에서 8년 가까이나 그의 세속화와 불신앙을 기다려 주셨습니다. 스스로 깨달아 돌이킬 수 있도록 말입니다. 그렇기 때문에 우리는 여기까지 성장해 가야 합니다. 하나님께로부터 "형의 낯을 피할 때에 처음으로 만났던 그곳, 벧엘로 올라가라!"라는 말씀을 들었을 때, 이 말씀이 '너와 너의 가족들을 정결하게 하고 의복을 바꾸며 우상들과 그 재료들을 다 제거하라'는 의미로 알아들을 수 있는 자리까지 성장해 가야만 합니다. 야곱의 경우를 반면교사(反面敎師)로 삼아 이왕이면 뼈저린 대가를 지불하지 않고 성장해 가는 것이 좋을 것입니다.

둘째, 야곱이 형의 낯을 피해 외삼촌 라반의 집으로 도망갈 당시 벧엘에서 주셨던 그 언약의 말씀을 다시 한번 더 확인해 주셨습니다. 앞 장에서 로마서 1장 17절, "복음에는 하나님의 의가 나타나서 믿음으로 믿음에 이르게 하나니…"를 인용하면서 '믿음으로 믿음에 이르게 하나니'의 의미를 살펴보았습니다. 똑같은 '믿음'인데도 앞의 믿음과 뒤에 나오는 믿음은 다른 것이라 하였습니다. 비록 앞의 믿음과 뒤의 믿음 사이에는 단 두 글자밖에 없고 읽을 때는 1초도 걸리지 않는 짧은 간격이지만, 실제 우리네 삶에서 이 둘 사이의 거리는 상상을 초월합니다.

아브라함의 경우에는 25년이 걸렸고, 여기 야곱의 경우에는 거의 30년이 걸렸습니다. 야곱은 벧엘에서 출발하여 마침내 벧엘로 돌아왔습니다. 비록 같은 벧엘이지만 처음 형의 낯을 피해 외삼촌 라반의 집으로 피신 갈 때 돌베개 베고 자던 벧엘에서의 믿음과 이제 30년이 지나 얍복강과 브니엘과 세겜의 시련을 겪고 다시 돌아온 벧엘에서의 믿음은 차원이 다른 것입니다. 그러나 아무리 오랜 시간이 걸리더라도 결국에는 뒤의 믿음으로 나아가야만 합니다. 나아갈 수밖에 없습니다. 왜냐하면 우리를 향한 하나님의 사랑과 열심이 우리네 인생을 그렇게 만들어갈 것이 분명하기 때문입니다.

우리가 구원의 확신을 가지게 되는 것은 어떤 형태로든 스스로 '하나님의 자녀'라는 강한 믿음을 가지게 될 때입니다. 마치 내 귀로 '너는 내 아들, 이스라엘이다'라는 하나님의 음성을 듣는 것과 같습니다. 그러나 우리를 하나님의 자녀(이스라엘)로 불러 주실 때 우리가 모두 참 이스라엘다

워서 그렇게 불러 주신 것이 아닙니다. 미리 그렇게 불러 주십니다. 그렇기 때문에 거기에 만족한다면 '어른 아이'로 머물 수밖에 없습니다. 이는 혼인 잔치에는 들어갔는데 예복을 준비하지 않은 어떤 한 사람과 같습니다. 이 사람의 결국을 우리는 잘 알고 있습니다.

결국 우리는 참 이스라엘로 자라가야 합니다. 종국적으로, 하나님께서 야곱에게 하신 언약과 복은 우리가 앞의 믿음에서 뒤의 믿음으로 나아갈 때 주시는 것입니다. 씨앗에 머문 믿음이 아니라 자라나고 성장하는 그래서 열매를 맺는, 살아 있는 믿음이 될 때 약속하신 그 언약을 참으로 성취시켜 주십니다. 세속화를 이겨내고 참된 신앙인으로 거듭나 스스로의 힘으로 하나님께서 원하시는 삶을 살아 내는 참 이스라엘, 하나님의 아들들이 다 되시기를 예수님의 이름으로 축복합니다. 우리를 야곱으로 지으시고 이스라엘이라 불러 주시는 아버지 하나님을 찬양합니다.

Chapter 3_연구 및 토론 문제

1. 야곱은 얍복강에서 형 에서와 극적인 타협 이후 잠시 쉬어 가고자 했습니다. 야곱은 대략 7~8년 정도 세겜 인근에 안주하여 머문 듯합니다.

    (가) 야곱이 형 에서의 제안을 받아들이지 않고 극구 사양한 이유에 대해 나누어 봅시다. (표면적인 이유와 이면적인 이유로 나누어 생각해 봅시다.)

    (나) 야곱은 하나님의 명령이 없었음에도 돈을 주고 땅을 샀으며 그곳에 제단을 쌓았습니다. 왜 그렇게 했을까요?

    (다) 그런데 야곱은 그곳의 이름을 '엘엘로헤이스라엘'이라 짓습니다. 왜 이런 이름을 붙였을까요? 신앙생활을 하다 보면 우리도 이런 경우가 있습니다. 비슷한 실수에 대해 솔직하게 나누어 봅시다.

    (라) 믿음 생활을 하면서 현실에 안주하게 되는 것이 왜 위험할까요? 사도 바울은 이를 경계하기 위해 '경건 연습'을 강조했습니다(딤전3:16, 4:7,8). 현실에 안주하는 것과 가나안화(세속화)는 어떤 관계가 있을까요?

    (마) 야곱이 세겜성 인근에 살면서 세겜화(가나안화, 세속화)되어 가는 동안, 그럼에도 불구하고 한 가지 잘한 것이 있었습니다. 무엇입니까? 왜 그것이 그토록 중요할까요? 믿지 않는 자와의 결혼을 금하는 성경의 가르침을 어떻게 생각하십니까?

2. 겉으로 보기에는 야곱이 세겜성에서 제단을 쌓고 예배를 드린 것과 그곳에 '엘엘로헤이스라엘'이라는 이름을 붙여 기념한 것은 아주 잘한 것처럼 보입니다. 그러나 저자는 이것이 잘못된 행위였다고 주장합니다. 왜 이런 행위가 잘못된 것인가요?

3. 야곱의 딸 디나를 겁탈한 세겜이 마치 그 일에 책임을 지고 용서를 구하는 것처럼 행동합니다. 그러나 실제로는 그렇지 않았습니다. 어떤 것으로 이들의 진짜 속내를 확인할 수 있습니까?

4. 야곱은 세겜과 하몰 두 가해자로부터 딸 디나가 겁탈당했다는 소식을 들었습니다.

    (가) 여러분이 야곱이라면 이런 상황에서 어떻게 행동했을 것 같습니까?

    (나) 여러분이 야곱의 아들들이라면 이 소식을 듣고 어떻게 행동했을 것 같습니까?

5. 야곱의 아들들이 저지른 참극 이후에 야곱의 언행을 살펴봅시다(창34:30~31).

    여기서 야곱은 '나(I, my, me)'라는 주격 용어를 7번 이상 사용합니다. 이런 말을 들은 야곱의 아들들 입장에서 그 마음을 나누어 봅시다. 특히, 레아가 낳은 아들들, 르우벤, 시므온, 레위, 유다 각자의 입장에서 생각해 봅시다. (처음 복수의 활극(살인)을 펼친 것은 시므온과 레위 둘뿐이었다는 사실을 염두에 두어야 합니다.)

6. 성경은 세겜과 하몰의 부자 관계와 야곱과 그의 아들들 사이의 부자 관계를 보여줍니다. 둘 사이에 있어 근본적인 차이점이 있습니다. 어느 관계가 더 좋아 보입니까? 야곱의 아들들 입장에서 솔직하게 나누어 봅시다.

7. 야곱의 아들들이 저지른 참극은 최악의 상황이 되어 버렸습니다. 그런데 이때 하나님께서 먼저 야곱을 찾아오셨습니다.

    (가) 그런데 왜 하나님께서는 이렇게 엎질러진 물이 되고 나서야 찾아오시는 것일까요? 수년 전 세겜 성 앞에 이사 와서 장막을 칠 때, 그렇게 하면 안 된다고 야곱에게 미리 말씀해 주셨더라면 더 좋지 않았을까요?

    (나) 여호와 하나님께서는 항상 왜 이러시는 것일까요?

8. 여호와 하나님은 야곱에게 찾아오셔서 일을 해결해 주신 것이 아니라 예전에 했던 말씀을 반복하셨습니다. (창35:1, "일어나 벧엘로 올라가서 거기 거주하며 네가 네 형 에서의 낯을 피하여 도망하던 때에 네게 나타났던 하나님께 거기서 제단을 쌓으라.")

    (가) 이 말을 들은 야곱은 바로 일어나 바로 벧엘로 가지 않고 자신의 식솔들에게 몇 가지 명령을 합니다. 무엇입니까? (이를 통해 야곱은 문제의 근본 원인을 자각했습니다.)

(나) 하나님께서는 야곱의 가족들이 일으킨 심각한 문제를 해결해 주신 것이 아니라 그 문제의 근본 원인을 지적해 주셨습니다. 근본 원인은 무엇입니까?

(다) 상기 6번 문제를 다시 한번 더 생각해 봅시다. 하나님께서 우리에게 바라시는 '하나님의 자녀답게 사는 것(믿음 생활, 신앙 생활)'의 핵심은 무엇일까요?
(주기 5번을 참고해 주세요)

(주)

1) 128 p. (참조 139 p.) 당시 야곱의 아들들의 나이를 추정하면 모두 6세~14세 사이였다고 판단됩니다. 야곱은 외삼촌 라반 집에 머무르는 총 20년 중에 7년 차가 되었을 때 비로소 레아와 라헬과 혼인하여 자식들을 낳기 시작했습니다. 그 후 14년 차에 당시로서는 막내인 요셉이 태어났습니다. 즉, 야곱은 외삼촌과 7년 계약이 완료된 이후에 정식으로 혼인하였고, 이후 7년 동안 4명의 아내를 통해서 10명 이상의 자녀를 두었습니다. 그리고 그 후 외삼촌을 위해 6년 동안 일했다고 보는 것이 가장 성경적입니다(창31:41). 그런데 2명의 아내와 2명의 첩을 통해 오로지 "7년" 동안에 11~12명의 자녀를 두게 되는 이 상황은 아주 빠듯한 일정입니다. 물론 물리적으로 불가능하지는 않습니다. 그러나 창세기 29장 후반부부터 30장 초반부에서 소개하는 자식 낳는 순서를 그대로 받아들이기에는 석연찮은 부분이 분명히 있다고 생각합니다.

레아는 야곱에게서 6명의 아들을 얻은 이후에 딸 디나를 얻었습니다(창30:21). 그러나 고려해야 할 부분이 많습니다. 레아는 가장 먼저 4명의 아들(르우벤, 시므온, 레위, 유다)을 낳았습니다. 여기에는 여지가 없습니다. 거의 1년에 한 명씩 태어난 것으로 보아야 하기 때문에 이 기간만으로 얼추 4년을 잡아야만 합니다. 이후 라헬의 여종 빌하와 레아의 여종 실바를 통해 총 4명의 자식(단, 납달리, 갓, 아셀)이 경쟁적으로 태어났습니다. 그러나 이 기간에는 다소 여지가 있습니다. 두 명의 첩들이 자식을 낳을 때는 동시에 배불러 있던 기간이 분명히 있었다고 판단됩니다.(성경의 설명과는 조금 다를 수 있습니다.) 그렇더라도 2년은 잡아야 합니다. 이후에 레아는 잇사갈과 스불론을 낳았습니다. 그리고 끝으로 딸 디나가 태어났습니다(창30:21). 조금 여유를 두고 일정을 추정하면, 앞쪽에 4년 뒤쪽에 4년, 합하여 8년 정도가 적정 기간으로 보입니다. 그러나 유다와 단 사이도 줄이고 아셀과 잇사갈 사이도 줄여서 최대한 겹치게 잡으면 7년 안에 억지로 구겨 넣을 수는 있을 것 같습니다. (납득하기는 어려우나 불가능하지는 않기 때문에) 이런 이유로 야곱이 형 에서를 만난 시점에서는 맏아들 르우벤은 14세 정도 그리고 막내인 요셉은 6세 정도 되었다고 추론한 것입니다. 따라서 본문에서 야곱이 '자식들은 연약하고'라는 표현을 사용한 것은 정당합니다.

또 분명한 것은, 디나는 레아가 낳은 자식 가운데 막내(일곱째)입니다. 이 말은 딸 디나의 나이가 요셉과 거의 같다는 의미입니다. 이렇게 본다면 딸 디나가 세겜성 하몰의 아들 세겜에게 성폭행을 당했을 때의 나이를 어림짐작할 수 있습니다. 야곱이 세겜성에 정착했을 때 디나의 나이는 요셉과 비슷한 6세 정도였고, 성폭행 사건이 벌어졌을 때는 적어도 13세 이상 되었다고 보아야 할 것입니다. 그러면 야곱의 가족들은 세겜성에서 적어도 7년에서 8년 이상은 머물렀다는 결론에 도달합니다. 이것이 합당한 추론인 근거는 또 있습니다. 디나의 성폭행 사건 이후에 곧 세겜성의 참사가 벌어졌는데, 이때 시므온과 레위가 살인과 노략질을 주도하였습니다. 그 정도의 큰일을 벌일 정도가 되려면 이들의 나이는 적어도 10대 후반이나 20대 초반은 되어야 했을 것입니다. 따라서 야곱의 가족들은 세겜에서 7년~8년 정도 머물렀다고 보는 것이 가장 합당합니다. 그리고 야곱의 가족들이 세겜을 떠나 벧엘을 거쳐 에브랏(베들레헴) 길로 올라갈 즈음 라헬이 베냐민을 낳게 됩니다. 그렇기 때문에 베냐민과 요셉의 나이 차이는 약 13~15년 정도 난다고 보아야 합니다. 이후 요셉이 17세 때 형들에게 팔려 애굽으로 건너갔다가 약 23년 후에 다시 만나게 됩니다. 이때 요셉의 나이가 40세였기 때문에 유다나 르우벤의 나이는 각각 43세, 47세 정도였고 막내 동생인 베냐민의 나이는 25세에서 27세쯤 되었을 것으로 판단됩니다. 그러나 여기에서 재미있는 사실이 하나 있습니다. 이때 형들이 베냐민을 부를 때 여전히 '아이'라고 부른다는 점입니다. 그러나 실제 당시 베냐민은 이미 혼인을 한 상태였으며 슬하에 10명의 자식들을 두고 있었습니다. (베냐민은 아버지나 형들과는 달리 아주 이른 나이에 결혼했음에 틀림이 없습니다!)

그러나 창세기 46장 8절~27절에는 애굽으로 간 야곱의 식솔들을 소개하고 있는데 여기에 이해하기 어려운 부분이 있습니다. 쌍둥이 베레스와 세라 중에서 베레스의 아들들까지 소개하고 있기 때문입니다. 즉, 지금까지 추산한 야곱과 요셉과 그 형제들의 나이로 따진다면 애굽에 도착했을 때 다말이 낳은 쌍둥이의 나이는 아주 어렸어야 합니다. 이때 베레스가 아들 둘을 낳을 정도의 성인이 될 수는 없습니다. 난해 구절로 판단됩니다.

2) 129 p. 야곱이 외삼촌 라반집으로 피신 갈 때 76세 정도였습니다. 쌍둥이 형 에서는 40세에 결혼을 했기 때문에 이미 그 당시 야곱의 조카들은 30대 중반에 접어들었을 것입니다. 아버지 에서와 삼촌 야곱 간의 불화를 이미 다 지켜본 조카들입니다. 이들은 자신을 피해자라 생각하고 있습니다. 이렇게 피해자 입장에서 가해자 삼촌을 받아들이기란 결코 쉽지 않았을 것입니다.

3) 131 p. 숙곳과 세겜. 먼저 야곱의 일행은 숙곳에 도착했습니다. 아마도 가축들을 키우기에는 이만한 장소도 없었던 것 같습니다. 숙곳은 물과 풍부한 목초지를 가진 지역이었던 것 같습니다. 그렇기 때문에 야곱은 우릿간과 자기가 거처할 집도 지었습니다. 그러나 사람이 살기에는 불편한 점이 많았던 것 같습니다. 특히 이웃이 없었기 때문입니다. 그래서 유목생활을 위한 생필품을 사기 위해서 인근 세겜성까지 다녀오게 되었는데, 세겜성에서 큰 유익을 얻었던 것 같습니다. 그래서 어느 누가 먼저랄 것도 없이 야곱의 가족들은 거처를 세겜성 근처로 옮기게 되었고 실제 목축 일은 숙곳에서 했던 것으로 여겨집니다. 즉, 숙곳은 가축들을 치기에 좋은 장소였고, 세겜성은 사람들이 살기에 좋은 장소였던 것입니다. 그러나 이것이 야곱 가족들의 급격한 세속화에 가장 큰 단초가 되었습니다.

4) 165 p.
And Jacob said to Simeon and Levi, Ye have troubled me to make me to stink among the inhabitants of the land, among the Canaanites and the Perizzites: and I being few in number, they shall gather themselves together against me, and slay me; and I shall be destroyed, I and my house. And they said, Should he deal with our sister as with an harlot? (KJV)

5) 170 p. 스스로 행하는 신앙의 중요성에 대해서 사도 바울은 노예와 아들의 비유를 들어 설명하고 있습니다(갈4:21~5:1/참조: 요15:15). 똑같은 일을 하더라도 노예가 하는 것과 아들이 하는 것은 다릅니다. 노예는 주인이 시키기 때문에 부득불 하는 것이고 아들은 아들이기 때문에 스스로 그 일을 하는 것입니다. 우리의 신앙은 결국 아들의 신앙으로, 다시 말해, 이스마엘이 아닌 이삭의 신앙으로, 스스로(의지적으로) 행하는 분량에까지 나아가야 하는 것입니다. 이에 관해서 C. S. 루이스는 『스크루

테이프의 편지』 중 8번째 편지에서 이를 잘 표현하고 있습니다.

원수(하나님)가 왜 더 많은 능력을 사용하여, 어느 순간에든 자기가 원하는 만큼 인간 영혼들에게 느끼기 쉽게 임재하지 않는지 궁금한 적이 많았을 게다. 하지만 불가항력으로 믿게 하는 것과 반론의 여지를 봉쇄하는 것은, 그의 계략의 본질상 그가 사용할 수 없는 두 가지 무기임을 알아야 한다. 인간의 의지를 단순히 짓밟는 것(원수 자신의 임재를 가장 약하고 미세하게만 느끼게 해도 분명 그럴 수 있다)은 그에게는 쓸모없는 일이다. 그는 강탈은 못 한다. 오직 사랑으로 호소할 뿐이지. 그의 야비한 생각은 케이크를 먹기도 하고 소유하기도 하는 것이다. 피조물은 그와 하나가 되면서도 각자 자기 자신이 되어야 한다. 피조물을 단순히 없애 버리거나 동화시켜 버리는 것으로는 안 된다. … 원수는 피조물과 사실상 절연하지는 않지만 적어도 그들의 의식적 경험, 모든 지원, 유인 행위에서 깨끗이 손을 뗀다. 피조물을 혼자 힘으로 서게-의욕 잃은 의무들을 의지 하나로 수행하게-두는 것이다. … 우리가 악으로 유혹하는 것처럼 그는 인간을 선으로 "유혹할" 수 없다. 원수는 인간들이 스스로 걸음마를 배우기 원하기 때문에 그들에게서 손을 떼는 것이다. … 우리의 대의가 가장 큰 위험에 처할 때는, 한 인간이 우리의 원수의 뜻을 행할 의욕이 없는 중에도 의지를 보이며, 그의 흔적이 다 사라져 보이는데도 우주를 올려다보며, 그에게 왜 자기를 버렸는지 따지면서도 여전히 순종할 때다. (C. S. 루이스의 『스크루 테이프의 편지』, 8번째 편지 중. 그러나 번역 내용은 달라스 윌라드의 『하나님의 모략』 서두에서 재인용)

6) 172 p. 구제와 그리스도인의 사회 참여. 성경에서 말하는 구제와 현시대의 그리스도인의 사회 참여는 같은 차원입니다. 세상을 긍휼히 여기는 행위와 관계가 되기 때문입니다. 근거 구절은 마태복음 6장 1절~4절입니다.
7) 173 p. 왜 스토리가 중요한가(다니엘 테일러/정연) 4장 96~100 p.

Chapter 4. 질풍노도

그 후에 유다가 자기 형제들로부터 떠나 내려가서 아둘람 사람 히라와 가까이하니라. 유다가 거기서 가나안 사람 수아라 하는 자의 딸을 보고 그를 데리고 동침하니 그가 임신하여 아들을 낳으매 유다가 그의 이름을 엘이라 하니라. 그가 다시 임신하여 아들을 낳고 그의 이름을 오난이라 하고 그가 또다시 아들을 낳고 그의 이름을 셀라라 하니라 그가 셀라를 낳을 때에 유다는 거십에 있었더라. 유다가 장자 엘을 위하여 아내를 데려오니 그의 이름은 다말이더라. 유다의 장자 엘이 여호와가 보시기에 악하므로 여호와께서 그를 죽이신지라 유다가 오난에게 이르되 네 형수에게로 들어가서 남편의 아우 된 본분을 행하여 네 형을 위하여 씨가 있게 하라 오난이 그 씨가 자기 것이 되지 않을 줄 알므로 형수에게 들어갔을 때에 그의 형에게 씨를 주지 아니하려고 땅에 설정하매 그 일이 여호와가 보시기에 악하므로 여호와께서 그도 죽이시니 유다가 그의 며느리 다말에게 이르되 수절하고 네 아버지 집에 있어 내 아들 셀라가 장성하기를 기다리라 하니 셀라도 그형들 같이 죽을까 염려함이라 다말이 가서 그의 아버지 집에 있으니라. 얼마 후에 유다의 아내 수아의 딸이 죽은 지라 유다가 위로를 받은 후에 그의 친구 아둘람 사람 히라와 함께 딤나로 올라가서 자기의 양털 깎는 자에게 이르렀더니 유다가 그 친구 아둘람 사람의 손에 부탁하여 염소 새끼를 보내고 그 여인의 손에서 담보물을 찾으려 하였으나 그가 그 여인을 찾지

탕자 유다가 용서를 품다

창세기 38장 1절 ~ 30절

못한지라 그가 그곳 사람에게 물어 이르되 길 곁 에나임에 있던 창녀가 어디 있느냐 그들이 이르되 여기는 창녀가 없느니라 그가 유다에게로 돌아와 이르되 내가 그를 찾지 못하였고 그곳 사람도 이르기를 거기에는 창녀가 없다 하더이다 하더라 유다가 이르되 그로 그것을 가지게 두라 우리가 부끄러움을 당할까 하노라 내가 이 염소 새끼를 보냈으나 그대가 그를 찾지 못하였느니라 석 달쯤 후에 어떤 사람이 유다에게 일러 말하되 네 며느리 다말이 행음하였고 그 행음함으로 말미암아 임신하였느니라 유다가 이르되 그를 끌어내어 불사르라 여인이 끌려나갈 때에 사람을 보내어 시아버지에게 이르되 이 물건 임자로 말미암아 임신하였나이다 청하건대 보소서 이 도장과 그 끈과 지팡이가 누구의 것이니이까 한지라 유다가 그것들을 알아보고 이르되 그는 나보다 옳도다 내가 그를 내 아들 셀라에게 주지 아니하였음이로다 하고 다시는 그를 가까이하지 아니하였더라. 해산할 때에 보니 쌍태라 해산할 때에 손이 나오는지라 산파가 이르되 이는 먼저 나온 자라 하고 홍색 실을 가져다가 그 손에 매었더니 그 손을 도로 들이며 그의 아우가 나오는지라 산파가 이르되 네가 어찌하여 터뜨리고 나오느냐 하였으므로 그 이름을 베레스라 불렀고 그의 형 곧 손에 홍색 실 있는 자가 뒤에 나오니 그의 이름을 세라라 불렀더라.

유다 이야기, 과연 성경 속 의미 있는 스토리일까?

아내와 성경 이야기를 자주 하는 편입니다. 그런데 성경 속의 많은 이야기 가운데 아내가 아직도 잘 받아들이지 못하는 본문 중 하나가 함께 살펴볼 창세기 38장의 유다와 며느리 다말에 관한 이야기입니다. 아내는 유다와 그의 며느리 다말 사이에 일어난
근친상간의 사실성을 부정하고 싶어 합니다. 그렇게 생각하는 이유는 아주 단순합니다. 아무리 다말이 그 당시 풍습대로 너울(면박)을 쓰고 얼굴을 가렸다고 할지라도 유다는 다말과 가까이에서 함께 살았던 가족이었고 게다가 둘 사이에 매춘에 관한 흥정이 이루어졌기 때문에 목소리를 듣고서도 충분히 며느리임을 알아챌 수 있었어야 한다는 것입니다.

일견 일리 있는 주장입니다. 반면 저는 그 반대편에서 변론하는 입장입니다. 다말이 이미 시아버지 유다를 속이려고 작정했기 때문에 그 방법은 무궁무진합니다. 그리고 그러기 위해 다말은 얼굴을 가리고 목소리도 다르게 바꾸었을 것이기 때문에 충분히 가능한 모사였다는 것입니다. 그 근거로 중동 지역에 실제 있었던 뉴스를 예로 들었습니다.

얼마 전 중동 어느 지역 상가건물에 불이 크게 나서 쇼핑하던 여성들이 많이 죽거나 다치는 사건이 발생했습니다. 그런데 더 안타까웠던 것은 남편들이 아내의 얼굴을 제대로 알지 못해 시신을 수습하는 데 어려움이 많았다고 합니다. 여성들이 히잡이나 차도르를 두르고 살았기 때문에 남편도 아내의 얼굴과 체형을 정확하게 잘 알지 못해 이런 일이 발생했다고 합니다. 이렇게 여성들이 너울이나 면박으로 자신의 몸과 얼굴을 가리는 중동지역의 풍습은 아주 오래된 것으로 보입니다. 유다와 다말이 살았던 그 시대에도 같은 풍습이 있었기 때문입니다.

따라서 상황은 조금 다를 수 있겠지만, 다말이 의도적으로 유다를 속이고자 작정했기 때문에 유다는 충분히 속을 수밖에 없었을 것입니다. 아니, 어느 시아버지가 며느리의 이런 도발을 상상이나 하겠습니까!

그런데 제 아내가 이 이야기에 딴지를 거는 진짜 이유는 따로 있었습니다. 첫째, 아무리 상황이 비관적이라 할지라도 그래도 사람이라면 저질러서는 안 되는 일이 있다는 것입니다. 다말도 예외는 아닌 것이지요. 아무리 생각해 보아도 온전한 정신에서는 그런 혐오스러운 일은 불가능하다는 의미입니다. 둘째, 무엇보다, 다른 곳이라면 몰라도 어떻게 성경에 이런 이야기가 실릴 수 있냐는 것입니다. 전혀 교육적이지도 않을뿐더러 아무리 당시의 시대 상황을 고려하더라도 이런 일은 입에 담기조차 부끄러울 정도로 상스러운 이야기이기 때문입니다.

사실, 저도 뒷부분에서는 아내와 같은 생각이었습니다. 성경 기자가 과연 제정신이었는가 싶을 정도였습니다. 시아버지와 며느리와의 근친상간은 19금(禁) 정도를 떠나 동서고금을 막론하고 하나님을 믿지 않는 이방 나라에서도 일어나지 않는 부끄러운 일입니다. 그런데 이런 막장 이야기가 성경에 버젓이 기록되어 있으니 당시 다말의 어려운 처지를 아무리 고려하더라도 이것은 이해하기가 어려웠습니다. 과연 이런 이야기가 성경 속에 기록이 되어 후손들에게 물려줄 신앙의 유산이 될 수 있을까요? 어떻게 이런 일이 가능한 것일까요?

본문에 대한 더 깊은 연구는 성경을 놓고 아내와 벌인 토론에서 비롯되었습니다. 그런데 막상 이렇게 창세기 38장을 변명하는 위치에 서 보니 이상한 것이 한두 가지가 아니었습니다. 무엇보다 당시 유다와 다말이 처한 상황과 심리가 무척 특이했다는 생각을 했습니다. 그래서 품고 있던 선입견을 잠시 내려놓고 유다와 다말의 입장에서 이들이 살아 낸 이야기의 자초지종과 그 행간의 의미를 살펴보게 되었습니다. 하나씩 확인해 나가다 보니 본문도 야곱의 얍복강 나루터 이야기만큼이나 독특했습니다.

막장인가, 아니면 대반전의 드라마인가?

본문을 자세히 살펴보기 전에, 우리가 전제해야 할 중요한 사실 두어 가지를 염두에 두었으면 합니다. 먼저, 우리는 성경을 신뢰해야 합니다. 하나님께서 우리 자녀들에게 단순한 막장드라마를 남기셨을 리 없기 때문입니다. 그렇기 때문에 본문의 유다와 다말 이야기는 대 반전의 드라마가 분명합니다. 이런 의미에서 성경은 진실로 정확하고 정직합니다. 이 세상 나라들이 밥 먹듯 하는 역사왜곡이 전혀 없습니다. 이스라엘과 유다 나라가 아닌 다른 어떤 나라였다면 이런 상스런 이야기는 쥐도 새도 모르게 삭제되었을 것입니다.

따라서 우리는 '어떻게 성경에 이런 상스러운 이야기가 기록될 수 있는가?'라는 강한 반감과 의문을 극복하고 '이런 이야기가 성경에 실렸으니 도대체 이 속에 어떤 의미가 숨겨져 있는가?'라는 질문으로 나아갈 수 있어야 합니다. 그러면 다른 질문들이 꼬리에 꼬리를 물고 나타납니다.

'이들의 삶에 대체 무슨 일이 일어난 것인가? 다말에게 이 집안의 자식을 낳는 것이 자신의 목숨을 걸 만큼 중요했는가? 그렇다면 그녀는 왜 이렇게 무모한 방법으로 그 일을 도모한 것일까? 유다 집안에 자신의 뼈를 묻기 위해 그토록 집착을 보인 이유는 무엇일까? 도대체 하나님께서는 이

들의 이야기를 통해 그들의 후손과 우리에게 무슨 말씀을 하고 싶으신 것일까?'

다음으로, 우리는 오랜 장에 걸쳐 야곱의 이야기를 살펴보고 있었습니다. 그런데 야곱과 관련된 성경 이야기의 전반적 흐름상 본문 38장의 유다 이야기는 통째로 들어내도 전혀 어색하지 않습니다. 한발 물러나 보면 창세기 38장의 유다 이야기는 아주 뜬금이 없습니다. 이 이야기는 마치 야곱과 요셉의 대하드라마 사이에 끼어든 전혀 어울리지 않는 액자소설 같은 느낌을 줍니다. 그렇기 때문에 이 본문의 이야기는 어떤 분명한 목적을 가지고 의도적으로 중간에 삽입된 것이 틀림없습니다.

만약 이 이야기가 우리가 생각하는 것처럼 부도덕하고 상스러운 것이어서 금기시해야 할 내용뿐이었다면, 성경은 절대로 이런 식으로 본문의 이야기를 허락하지 않았을 것입니다. 따라서 본문의 이야기는 우리가 미처 깨닫지 못한 더 깊은 의미가 있음을 스스로 방증(傍證)합니다. 그리고 본문이 긴 여정의 야곱 이야기 한가운데 있기 때문에, 더 깊은 의미는 야곱과 관계된 것이 분명합니다. 어떻게 생각하십니까? 야곱이 자신에게 주어진 더 깊은 인생 숙제를 풀어 가는 데 있어서 넷째 아들 유다의 이야기가 단초가 되었다고 한다면 저의 지나친 상상일까요?

유다의 출가 배경

<u>그 후에 유다가 자기 형제들로부터 떠나 내려가서 아둘람 사람 히라와 가까이하니라. 유다가 거기서 가나안 사람 수아라 하는 자의 딸을 보고 그를 데리고 동침하니 그가 임신하여 아들을 낳</u>

> **으매 유다가 그의 이름을 엘이라 하니라. 그가 다시 임신하여 아들을 낳고 그의 이름을 오난이라 하고 그가 또다시 아들을 낳고 그의 이름을 셀라라 하니라 그가 셀라를 낳을 때에 유다는 거십에 있었더라. 유다가 장자 엘을 위하여 아내를 데려오니 그의 이름은 다말이더라 (창38:1~6).**

성경은 유다의 출가와 이방 여인과의 결혼, 이후 세 아들의 출생과 성장, 큰 며느리 다말을 얻게 되는 긴 여정을 단 여섯 절에 걸쳐 특별한 묘사 없이 건조하게 기록하고 있습니다. 자세하게 살펴보기 전에 두어 가지 확인하고 넘어갈 부분이 있습니다.

첫째, 유다가 출가(出家)할 당시의 그의 나이입니다. 유다와 요셉의 나이 차이는 3살 남짓입니다. 많아야 4살입니다. 요셉이 17세에 형들에 의해 애굽에 종으로 팔려 나갔고, 유다는 그 이후 얼마 되지 않은 시점에 부모와 형제를 떠나 출가했다고 보는 것이 합당합니다. 따라서 이 당시 유다의 나이는 많아야 20대 초반이었습니다. 솔직히 '출가(出家)'라는 불교식 좋은(?) 표현을 사용하긴 했지만 실제로는 거의 '가출(家出)'에 가까웠을 것입니다. 20대 초반, 가장 혈기왕성한 시기에 아버지에게 나름 이유 있는 반항을 했고 홀로 집을 뛰쳐나와 자신의 힘으로 가정을 꾸렸습니다. [그래서 저는 본문에서의 유다를 '구약의 돌탕(돌아온 탕자)'이라고 부릅니다!]

둘째, 유다에게 일어난 일들이 이루어진 그 기간도 확인해야만 합니다. 야곱의 아들들과 요셉은 요셉이 17세 되던 해에 헤어졌습니다. 그 후 요셉이 30세에 애굽의 총리가 되고 이후 거의 10년 차 되던 해, 즉 요셉이 40세 되던 해에 다시 만나게 되었기 때문에, 이때까지 걸린 햇수는 총 23년이었습니다. 따라서 앞뒤로 이야기의 정황을 고려한다면 창세기 38장에 나오는 일련의 이야기는 이보다 짧은 20년 정도에 걸쳐 다 이루어졌다고 보는 것이 합당합니다. 솔직히 현시대의 시각으로 보자면 유다가 살아 낸 파란만장했던 일련의 삶의 이야기가 20년 내에 다 이루어졌다고 보기에는 상당히 빠듯합니다. 그러나 그렇다고 불가능한 일정은 아닙니다. 여하튼 우리는 지금 이 본문을 통해 자기 힘으로 홀로서기를 힘겹게 이루어 가는 20대 초반의 유다부터 굴곡진 인생사를 통해 삶과 신앙의 큰 의미를 깨닫고 다시 아버지 집으로 돌아오게 되는 40대 초반의 유다까지 살펴보게 될 것입니다. 20년이면 세상이 2번 바뀌고도 남을 기간입니다. 이 기간에 특별히 유다에게 어떤 변화들이 일어났는지 살펴보았으면 합니다. 그리고 긴 야곱의 이야기 속에서 뜬금없이 등장한 이 특별하고 이상한 유다의 굴곡진 인생사 이야기를 통해 성경이 우리에게 무엇을 전하고자 하는지, 또 어떤 의미를 가지는지도 함께 살펴보겠습니다.

유다의 출가 이유

본문은 '그 후에'라는 말로 시작합니다. 어떤 일 이후에 유다가 자기 형제들을 떠나 내려갔습니까? 요셉을 애굽에 노예로 팔아 버린 그 일 이후입니다. 그러니까 성경은 요셉을 애굽에 노예로 판 그 일과 유다의 출가는 서로 무관하지 않다는 의미로 이야기하고 있습니다!

유다가 부모와 형제를 떠나 독립하게 된 데는 분명히 많은 이유가 있었습니다. 먼저, 유다의 타고난 됨됨이로 판단해 볼 때 그의 양심이 그를 가만히 놓아 두지 않았습니다. 유다는 그 성품이 큰 형 르우벤과도 달랐고 둘째 시므온과 셋째 레위와도 달랐습니다. 르우벤은 탁월했지만 아주 우유부단했습니다. 시므온과 레위는 지혜롭지는 못했으나 성격이 우뢰와 같아서 한 번 옳다고 생각하는 일이라면 물불을 가리지 않았습니다. 여동생을 욕보였다는 이유로 다른 형제들과 충분히 의견을 나누지도 않은 채 세겜성 남자들을 다 죽일 정도였습니다. 자식들을 차별하는 문제로 아버지를 죽도록 미워하기도 했습니다. 그러나 그렇다고 그런 아버지와 가족들을 떠나 출가(出家)할 만큼 독한 의지는 없었습니다.

그러나 유다는 이들과 달랐습니다. 아주 냉정하면서도 단호했습니다. 한 번 한다면 하는 사람으로 번복을 몰랐습니다. 비록 형들보다 나이는 어리지만, 그가 하는 말 한마디 한마디에는 어떤 권위 같은 것이 있었습니다. 요셉이 형들의 미움을 받아 웅덩이에 버려졌을 때, 웅덩이 속에 갇힌 요셉을 다시 끄집어내어 애굽에 노예로 팔자고 한 사람이 유다였습니다.

성경은 기록하기로, 이때 그의 형제들이 유다의 말을 '청종(聽從)'했다고 합니다. 이렇게 강단(剛斷) 있는 성격이다 보니 유다는 요셉을 애굽에 종으로 팔아 버리고 피 묻고 찢겨진 채색옷으로 아버지를 속인 일에 대해 일종의 죄책감과 유치한 책임감 같은 것을 느꼈습니다. 실제로 사랑하는 아들 요셉을 잃어버리고 식음을 전폐하는 아버지의 모습을 매일매일 보는 것은 유다의 성정으로 볼 때 참기 힘든 곤욕이었습니다. 아버지에 대한 애증이 교차하는 복잡한 마음을 추스르기가 무척 힘들었던 것입니다. 이런 이유에서 유다는 지긋지긋했던 아버지의 집을 벗어나기로 결정했습니다.

다음으로 '형제들로부터 떠나 내려가서'라는 표현입니다. 성경에서 '올라가서'라는 표현과 '내려가서'라는 표현은 확연히 다른 의미를 가지고 있습니다. 특별히 '내려가다'는 말은 이중적인 의미로 사용되고 있으며 결코 좋은 뜻으로 사용되지는 않습니다. 단적인 예가 요나서에 있습니다. 요나는 니느웨 성의 회개를 싫어하여 여호와의 낯을 피해 다시스로 도망하던 중에 욥바로 내려갔습니다. 그리고 거기서 다시스행 배를 탔는데 거기서도 배 밑으로 내려갔습니다.

마찬가지입니다. 지금 유다는 부모와 형제를 떠나 영적으로 내려가는 중입니다. 세상을 향해서 말입니다. 그는 이방인 아둘람 사람 히라와 가까이 지내게 되었습니다. 거기서 가나안 사람 수아를 알게 되었고, 그의 딸을 아내로 삼았습니다. 우리는 성경이 이 일을 너무 단조롭게 기록하고 있어 그 당시에 이것이 얼마나 파격적인 결정이었는지 제대로 느끼지 못하고 있습니다. 적어도 아브라함과 이삭과 야곱의 집안에서 이런 일은 전무후무(前無後無)했습니다. 아버지의 허락도 없이 스스로 결혼을 하다니요! 당시로서는 상상도 못 할 일이었습니다.

혈연적 가족 중심 사회에서 이를 벗어난다는 것은 보통 큰 결정이 아닐 것입니다. 지금 우리 시대로 친다면 미성년 딱지를 갓 뗀 청년이 부모나 다른 형제들의 도움 없이 아무도 살지 않는 먼 외국으로 혈혈단신(孑孑單身) 이민을 가기로 결정한 것과 같습니다. 유다는 왜 이런 결정을 한 것일까요?

그는 아버지 야곱도 싫었지만 아무 생각 없이 살아가는 형들과 철없는 동생들도 싫었습니다. 피 묻은 채색옷 사건 이후 시간이 흘러갈수록 유다와 나머지 형제들은 사이가 점점 서먹해져 갔습니다. 처음에는 아버지 야곱이 밉고 그 편애가 너무 싫어 그렇게 하긴 했지만 시간이 지날수록 애굽으로 끌려가던 동생 요셉의 눈빛이 이들을 괴롭혔습니다. 게다가 요셉을 잃은 슬픔으로 날마다 울면서 괴로워하는 아버지 야곱을 볼 때마다 이들은 미칠 지경이었습니다. 눈물을 흘리는 아버지의 눈과 그 눈을 너무도 쏙 빼닮은, 애걸복걸하던(창42:21) 요셉의 눈이 계속 겹쳐졌기 때문입니다.

그래서 유다를 바라보는 형제들의 눈빛이 달라지기도 하였고 은연중 행동이나 말투에서 예전 같지 않은 서먹함도 묻어났습니다. 콕 찍어서 유다가 형제들 사이에서 왕따를 당했다고 말할 수는 없겠지만, 유다는 은연중 외톨이가 되어 갔습니다. 여하튼 형제들도 그 책임을 모두 유다에게로 돌리고자 한 뜻은 아니었겠지만, 이전과는 뭔가 다른 어떤 묘한 긴장과 서먹함이 유다와 형제들 사이에 감돌았습니다. 유다 또한 이런 형제들의 속마음을 몰랐을 리 없습니다. 그래서 성경은 유다가 '자기 부모를 떠나 내려가서'라고 표현하지 않고 '그 후에 유다가 자기 형제들로부터 떠나 내려가서'라고 표현하고 있습니다. 만약 형제들 중에서 유다와 마음이 맞는 단 한 명의 형제만 있었더라도 유다는 출가하지 않았을 것입니다. 그러나 형제들 사이의 우애는 엄마들 숫자만큼 갈라져 있었고 아무도 유다의 출가를 만류하지도 또 함께하지도 않았습니다.

한편, 이 상황에서는 이들에게 또 다른 희생양이 필요한 시점이기도 했습니다. 자기 발이 저린 경우이겠지만, 유다의 형제들은 아버지 야곱이 의문투성이인 요셉의 실종사건에 대해 자신들을 의심하고 있다고 생각을 했습니다. 또 방어기제의 결과물로서 진실을 숨기고 거짓 증언을 한 것에 대해 책임을 전가할 그 누군가, 대상이 필요했습니다. 무엇보다 현실적으로 오랫동안 요셉의 일로 슬퍼만 하고 있는 아버지를 멈추게 할 수 있는 또 다른 이슈도 간절히 필요한 시점이었습니다. 어떤 고통을 겪고 있을 때 또 다른 고통이 찾아오면 이전 고통을 조금이나마 잊게 되는 이치와 유사합니다. 그렇기 때문에 만약 이 상황과 시점에서 누군가 총대를 메야 할 사람이 있다면 당연히 그것은 유다였습니다. 이런 복합적인 이유들로 자의 반 타의 반 유다는 출가할 수밖에 없었습니다.

그래서 유다가 집을 나갈 때 다짐한 생각을 세 가지 정도로 추릴 수 있습니다. 첫째, 나는 두 번 다시 형제들이 살고 있는 이 집으로 돌아오지 않을 것이다. 둘째, 나는 절대로 아버지처럼 살지 않을 것이고 특히 나의 자식들만큼은 절대로 아버지가 하는 방식대로 키우지 않을 것이다. 셋째, 남은 나의 삶에 여호와 하나님은 없다.

유다의 출가 이후, 나머지 아들들의 바람대로 아버지 야곱은 더 이상 울지는 않았습니다. 그러나 아들들은 그 후로 아버지 얼굴에서 웃음을 찾아볼 수는 없었습니다. 적어도 23년 후, 출가했던 유다가 다시 돌아올 때까지 야곱이 다시는 웃지 않았기 때문입니다.

유다의 만사형통

유다는 이방인 아둘람 사람 히라와 친구가 되었고, 가나안 사람 수아와도 알고 지내는 사이가 되었습니다. 특별히 수아라는 사람에게는 딸이 있었는데, 그녀와 결혼도 하게 되었습니다. 이때 유다는 갓 스물을 넘긴 나이였습니다. 그는 아내를 얻고 난 후에 바로 득남을 했습니다. 연거푸 세 아들을 얻었습니다. 엘과 오난과 셀라의 순서입니다.

유다는 출가 이후 처음으로 행복이란 것을 느꼈습니다. 사랑하는 아내와 세 자식들, 잘 되어 가는 사업. 남부러울 것이 없었습니다. 허물없이 마음을 터놓고 지내는 친구도 있었습니다. 알고 보면 이 세상에는 좋은 사람들이 정말 많습니다. 하나님을 믿는 신앙을 가진 그 누구보다도 더 정직하고 더 의리 있는 친구들입니다. 비록 하나님을 믿지는 않았지만, 그들은 마음을 나눈 친구를 위해서라면 목숨도 내어놓을 정도로 좋은 사람들이었습니다. 어떤 면에서 보자면 피를 나눈 형제들보다 나았습니다. 사업인 목축업, 양을 치는 일도 잘 되었습니다. 이방인 친구 히라와의 동업으로 목축과 양털 판매 사업은 더욱 번창했습니다. 목축을 위해 유다는 거십과 딤나 등 주요 목초지를 정기적으로 오가며 양털을 깎았는데, 자신만을 위해 양털을 전문적으로 깎는 사람들을 고용해 두고 있을 정도였습니다(창 38:12). 이 모든 상황이 유다가 선택한 출가가 옳은 결정이었음을 증명이라도 하듯이 잘 풀리고 있었습니다.

세월은 빠르게 흘러갔습니다. 이제 유다의 장남 엘이 장성하여 장가갈 나이가 되었습니다. 이때 엘의 나이는 십대 후반이었습니다. 아버지 야곱은 자식들이 장성해도 이들의 결혼에 대해 크게 신경을 쓰지 않았습니다. 오죽했으면 큰형 르우벤이 서모 빌하와 통간까지 했겠습니까! 야곱 본인이 늦게 결혼을 했기 때문인지는 몰라도 자식들의 혼기에는 별다른 관심을 보이지 않다가 르우벤과 빌하의 통간 사건이 터진 후에라야 비로소 어떤 행동을 취했던 것으로 보입니다. 야곱은 오로지 자식들에게 일만 시켰습니다. 유다는 정말이지 이런 아버지 야곱을 닮고 싶지 않았습니다.

그래서 유다는 자신의 장남 엘을 위해 직접 며느리를 데리고 오는 수고를 마다하지 않았습니다. 당연히 그 지참금은 자신이 번 돈으로 다 지불했습니다. 유다는 자신의 아들 엘을 자기 집안에서 존귀한 아들로 대접해 주고 싶었습니다. 자신은 그런 대접을 받지 못했지만 자신의 아들들만큼은 아들로서 최고 대우를 해 주고 싶었던 것입니다. 마치 세겜성 하몰이 자신의 아들 세겜에게 했던 것처럼 말입니다. 그렇기 때문에 장남을 위해 며느리를 친히 모셔오는 정도의 수고는 아버지로서 기꺼이 지불하고 감당해야 할 몫이라 생각했습니다.

앞서도 언급했지만, 우리는 유다와 관련된 일련의 이야기를 살펴보며, 예수님의 비유 중에 돌아온 탕자 이야기를 떠올려야 합니다. 그 탕자처럼 유다는 아버지와 형제들을 버리고 가족교회 공동체를 떠나 드넓은 세상으로 나갔습니다. 세상은 넓고, 할 일은 많고, 고향 땅 벧엘과 헤브론, 아버지의 집은 좁고 답답했으며, 유다에게 있어 아버지 야곱의 하나님은 '내겐 너무나 먼 당신'이었습니다.

출가한 이후 유다의 삶은 자신이 계획한 대로 그대로 이루어지고 있었습니다. 탄탄대로(坦坦大路)에 만사형통(萬事亨通)이었습니다. 유다가 생각하고 계획한 모든 것이 그대로 다 성취되었습니다. 그러나 이렇게 자신의 계획대로 자신의 인생을 만들어 가는 것이 참된 복일까요? 인생에는 내가 모르는 변수가 훨씬 많습니다. 그리고 내가 조정할 수 없는 문제가 조정 가능한 문제보다 훨씬 더 많이 발생합니다. 특별히, 자식의 문제만큼은 내 뜻대로 되지 않는 것이 우리네 인생이 가진 딜레마입니다.

유다 집안에 드리우진 비극

동영상 13강

유다의 장자 엘이 여호와가 보시기에 악하므로 여호와께서 그를 죽이신지라 유다가 오난에게 이르되 네 형수에게로 들어가서 남편의 아우 된 본분을 행하여 네 형을 위하여 씨가 있게 하라 오난이 그 씨가 자기 것이 되지 않을 줄 알므로 형수에게 들어갔을 때에 그의 형에게 씨를 주지 아니하려고 땅에 설정하매 그 일이 여호와가 보시기에 악하므로 여호와께서 그도 죽이시니 유다가 그의 며느리 다말에게 이르되 수절하고 네 아버지 집에 있어 내 아들 셀라가 장성하기를 기다리라 하니 셀라도 그 형들 같이 죽을까 염려함이라 다말이 가서 그의 아버지 집에 있으니라. 얼마 후에 유다의 아내 수아의 딸이 죽은지라 유다가 위로를 받은 후에 그의 친구 아둘람 사람 히라와 함께 딤나로 올라가서 자기의 양털 깎는 자에게 이르렀더니 (창38:7~12).

유다가 수고하여 직접 데려온 큰며느리의 이름은 다말이었습니다. 그러나 장남 엘과 다말이 결혼한 이후부터 이 집에 큰 비극이 덮쳐오기 시작했습니다. 장남 엘이 갑작스레 죽은 것입니다! 그런데 성경은 엘이 어떻게 해서 죽게 되었는지 자세하게 소개하고 있지 않기 때문에 우리는 그 이유를 정확하게 알 수는 없습니다. 그러나 엘이 여호와 하나님 보시기에 악을 행하였고 이로 인해 하나님께서 그를 죽이셨다는 사실은 분명합니다. 성경이 그렇게 증언하고 있기 때문입니다. 그런데 십대 후반의 젊은이가 악을 행하여 여호와 하나님께서 목숨을 취해 가실 정도의 사안이라면 그런 사안은 그리 많지 않았을 것 같습니다. 아마도 엘이 그가 살던 가나안 지역에서 행해지던 강렬한 우상숭배 또는 그 의식에 빠졌던 것은 아닐까, 하고 추측할 뿐입니다. 그리고 이 악행에 대해서 다른 사람들은 몰라도 적어도 아버지 유다와 다말은 어느 정도는 알고 있었습니다. 그러나 안타깝게도 이들은 그런 아들, 남편을 말리지 못했습니다. 그 이유는 단순합니다. 당시의 다말은 여자로서 그럴 권한이 없었고, 아버지 유다는 자기 집안에 종교의 자유를 선포한 시대를 앞서가는 인물이었기 때문입니다.

뭔가 보란 듯이 잘 살고 싶었는데…. 아버지와 형제들을 떠난 유다가 처음으로 크게 흔들리기 시작한 시점이었습니다. 그전부터 유다는 이런 부분에 대해 스스로 인지하고는 있었지만, 굳이 인정하고 싶지는 않았습니다. 아무리 자신이 노력해도 자식 문제만큼은 또 다른 차원의 문제이며, 가족과 신앙의 울타리를 벗어나 자신의 소견에 좋을 대로 삶을 경영하는 것이 쉽지 않다는 것을 말입니다. 한편, 살아 있는 자들은 또 살아가야 합니다. 이유야 어찌 되었건 장남 엘은 이미 죽었습니다. 그래서 유다는 당시의 관습이었던 형사취수(兄死娶嫂) 제도를 통해 장남의 대를 이어 가고자 했습니다.

유다, 정의의 사도인가 꼰대인가?

그런데 우리는 여기에서 상당한 모순이 공존하는 유다의 모습을 보게 됩니다. 그는 당시 기성세대의 가치관과 관습을 배격하던 자유주의자였습니다. 장자 중심의 계보와 축복권의 이동에 반기를 든 투사였습니다. 씨족과 혈통 중심의 폐쇄적인 사회를 벗어나 다민족 열린 사회를 꿈꾸던 이상주의자였습니다.

그래서 그는 아버지 집을 떠났습니다. 그리고 유다는 일부다처제(一夫多妻制)가 보편화 된 시절에 일부일처제(一夫一妻制)를 고집한 도덕론자였습니다. 게다가 신앙적인 이유가 되었건 혈통의 문제가 되었건 같은 씨족(문화와 전통) 내에서 아내를 구하는 것이 가풍인 집안에서 이방 여인을 아내로 취했습니다. 그는 정의로웠고, 시대를 거스르는 여성인권 운동

가이기도 했습니다. 유다는 아들 엘의 죽음에 대한 책임을 물어 다말을 쫓아내거나 죽일 수도 있었습니다. 그러나 다말에게 기회를 두 번이나 더 주었고 자신의 소견에 올바른 결정대로 따랐습니다. 말 그대로 그는 정의의 사도, 진보주의자였습니다!

그러나 그는 여전히 그 당시의 또 다른 문화와 관습 아래에 있는 자였습니다. 일부다처제는 배격했지만 장남우월주의에 따른 형사취수제도는 그대로 받아들였기 때문입니다. 유다 자신도 야곱의 아들이었을 때는 차차-차남(4남)으로서 누구보다 차남들의 마음을 잘 알고 있었을 것입니다. 그러나 그럼에도 자신이 아버지가 되고 난 다음에는 자신의 차남 오난의 마음은 읽지 못했습니다.

오난에게 있어 아버지 유다는 꽉 막힌 보수주의자에 불과했던 것입니다. 오난이 볼 때 아버지 유다는 그가 그토록 싫어했던 할아버지 야곱을 점점 닮아 가고 있었습니다. 자녀들과 소통하지 못하던 아버지 야곱을 그토록 미워했었는데, 유다도 자신의 자녀들과는 여전히 소통하지 못하는 아버지였던 것입니다.

여기서 형사취수제도에 대해서 조금 더 살펴보는 것이 유익하리라 생각합니다. 많은 그리스도인들이 간과하는 아주 중요한 사실이 하나 있습니다. 하나님의 말씀과 복음이 가지는 능력과 그 범위입니다. 우리는 본성적으로 하나님의 말씀과 복음을 우리가 살아가는 문화와 제도와 관습과 사상 안으로 한정하려는 경향이 강합니다. 그러나 그렇지 않습니다. 하나님의 말씀과 복음은 우리가 가진 모든 문화와 제도와 관습과 사상, 심지어 인류가 가진 문명마저 초월합니다. 언제나 말씀과 복음은 그 이상이었습니다. 비교할 수도 없을 정도입니다.

일례로 노예제도를 들 수 있습니다. 어떤 이들은 성경이 노예제도를 공공연하게 인정한다고 비판합니다. 사도 바울이 그의 서신서들에서 마치 노예제도를 인정하는 것처럼 언급하고 있기 때문에 잘못된 것이며 성경에도 오류가 많다고 생각하는 것입니다. 그러나 성경과 복음의 메시지는 무엇입니까? 주인이 노예(종)를 사랑하여 자식처럼 대하고, 노예(종)들도 주인을 진짜 아버지처럼 대하라는 것입니다. 사람의 제도를 초월하는 것입니다. 그래서 진짜 이렇게 산 사람들의 삶이 노예제도가 옳지 않으며 없어져야 한다고 데모를 하고 유혈 투쟁을 벌이는 급진주의자들과 노예제도를 이용하여 자기의 유익을 구하며 떵떵거리며 살아가는 그 반대편에 있는 배부른 자들을 부끄럽게 하는 것입니다. 그래서 핑계치 못하게 하시는 것입니다. 이것이 복음의 능력입니다.

복음의 능력은 싸워서 쟁취하는 데 있지 않습니다. 그렇게 하지 않는다고 남을 비난할 필요도 없습니다. 복음의 능력은 철저하게 내가 그렇게 살아야 한다고 이야기합니다. 나만 그렇게 살면 이 세상이 변할 것입니다. 너무 이상적이라 생각하십니까? 아닙니다. 멀리도 아닙니다. 100여 년 전 실제 우리나라에서 있었던, 한국 교회사에 다반사로 있던 일이었습니다.

구한말 어느 양반댁 과부 마나님이 예수님을 믿고 난 다음에 몸종이었던 여종의 노비 문서를 불태우고 자유를 주었습니다. 그러나 그 몸종은 마나님을 떠나지 않았습니다. 나중에는 딸로 입양했습니다. 그리고 여생은 모녀지간으로 살았습니다.[1)]

마찬가지입니다. 현시대의 시각으로 형사취수제도를 보면 안 될 것입니다. 현시대의 시각으로 보자면 그것은 근친상간입니다. 그러나 그 옛날 형사취수제도-사실 옛날로 갈 필요도 없습니다. 지금도 아프리카의 가난

한 많은 부족에서는 이 제도가 유지되고 있습니다.-는 가장 약한 자들을 보호하려는 구휼제도(救恤制度)였습니다. 왜냐하면 결혼을 했는데 남편이 자식(특별히 아들)이 없는 상태에서 일찍 죽게 되면, 남은 과부는 굶어 죽을 수밖에 없었기 때문입니다. 모든 의식주 문제를 노동력으로 해결하던 시대였기 때문에 아들의 유무는 과부의 생사가 걸린 문제였습니다. 그래서 현대의 시각으로 보면 마치 성경이 근친상간에 해당하는 형사취수 제도를 인정하는 것처럼 보여서 성경이 이상하다는 결론에 도달할 수 있는데 이는 분명히 잘못된 것입니다.

엎친 데 덮친 비극과 만천하에 드러난 유다의 인성

유다는 둘째 아들 오난으로 형수를 취하게 했습니다. 그런데 오난은 그 씨가 자신의 아들이 되지 못할 것을 알았기 때문에 땅에 설정하는 악행을 저지르고 말았습니다. 그러나 오난이 저지른 이 일은 하나님뿐만이 아니라 하나님을 알지 못하는 세상 사람이 보기에도 저질러서는 안 되는 죄악이었습니다. 그래서 하나님께서는 오난도 죽이셨습니다. 상황이 이쯤 되자 유다는 더럭 겁이 나기 시작했습니다. 자칫 잘못하다가는 마지막 하나 남은 셋째 아들 셀라까지도 죽일 수 있겠다는 염려를 한 것입니다. 사실 이 일에 며느리 다말이 잘못한 것은 아무것도 없습니다. 그러나 유다 입장에서는 여러 가지로 며느리 다말이 부담스러웠습니다. 그래서 유다는 다말에게 셀라가 장성할 때까지 친정으로 돌아가 수절하고 기다리라 명령했습니다.

그런데 인생의 비극은 겹쳐서 오기 마련입니다. 또 다른 비극이 유다에게 들이닥쳤습니다. 그 후 얼마 되지 않아 사랑하는 아내마저 죽고 말았습니다. 이때 당시 유다는 심리적으로 무척 힘들었던 것으로 판단됩니다. 이런 비극의 원인이 행여 자기로부터 말미암은 것은 아닌지 되돌아보기 시작한 것입니다. 요셉을 노예로 팔아 버린 죄, 아버지와 의절하고 인연을 끊고 산 죄, 형제들을 업신여기고 미워한 죄, 그리고 여호와 하나님을 잊고 산 죄, 이런 죄에 대한 대가로 벌을 받고 있는 것은 아닌가, 하고 심각하게 고민하기 시작했습니다.

정말 결심하고 또 결심하기로는, 적어도 아버지 야곱보다는 더 잘 살 것이고, 아버지보다는 자식들을 더 잘 키우려고 했었는데, 실제 상황은 자신의 바람과는 달라도 너무 달랐습니다. 자신이 마음먹은 대로 할 수 없는 것이 인생이고, 특별히 자식 문제였습니다. 삶의 지혜이건 신앙의 문제이건 그 귀한 가치들을 자식들에게 전수해 주고 싶었습니다. 그러나 자식들의 순수한 순종 없이는 절대로 대물림이 되지 않는 것이 이런 인생의 유산들이었습니다. 게다가 사랑하는 아내의 생명은요? 알고 보니 자기 인생의 그 어떤 것도 자신의 마음대로 할 수 있는 것이 하나도 없었습니다.

아내가 죽고 난 이후에 유다는 충분히 후처(後妻)를 새로 들일 수 있었습니다. 그 당시 풍습으로 여러 명의 아내를 두는 것도 문제가 없던 시절인데, 상처(喪妻)한 후에 새장가 드는 것은 전혀 흠이 될 만한 일이 아니었습니다. 당시 유다의 나이는 많아야 30대 후반에서 40대 초반이었기에, 충분히, 그리고 마땅히 다른 여자를 아내로 맞이할 수 있었습니다. 사실 육신의 정욕을 생각해서라도 그렇게 하는 것이 상식입니다. 그런데 유다는 그렇게 하지 않았습니다. 비록 길거리 창녀를 통해 성욕을 해결하는 한이 있더라도 아내를 다시 구하지 않았습니다. 며느리 다말과의 사이에서 쌍둥이를 얻고 난 이후에도 유다가 다른 아내를 취했다는 성경 기록은 없습니다. 물론 기록에 없기 때문에 확정할 수는 없지만, 여러 가지 정황으로 볼 때, 유다는 단 한 명의 아내로 만족하기로 결단했던 것으로 보입니다.

그런데 이 부분에서 다소 혼란스럽습니다. 왜냐하면 유다는 전혀 그 당시 인물 같지가 않았기 때문입니다. 유다는 왜 이런 다짐을 한 것일까요? 유다는 출가 할 때 이미 이런 결심이 서 있었습니다. 아버지처럼 살지 않겠다는 다짐 속에는 자신의 이런 결혼관이 포함되어 있었습니다. 유다는 자신의 인생에서 아내는 단 한 명으로 족하다는 강한 결단을 한 것입니다. 왜냐하면 그와 그의 형제들은 여러 명의 아내를 둔 아버지 때문에 너무나도 심한 마음고생을 했기 때문입니다. 만약 말째 셀라마저 죽었다면 유다는 다른 생각을 했을지도 모르겠습니다. 그러나 셀라가 살아 있었기 때문에 그 아들을 위해 아내를 새로 들이지 않았던 것입니다. 비록 이방인 아내라 할지라도 유다 자신의 생애에 정식 부인은 한 명으로 족하다고 결심한 것입니다. 그리고 그것이 여호와 하나님의 인생들을 향한 섭리에 합당하다는 생각도 했습니다.

다말의 시집살이

어떤 사람이 다말에게 말하되 네 시아버지가 자기의 양털을 깎으려고 딤나에 올라왔다 한지라 그가 그 과부의 의복을 벗고 너울로 얼굴을 가리고 몸을 휩싸고 딤나 길 곁 에나임 문에 앉으니 이는 셀라가 장성함을 보았어도 자기를 그의 아내로 주지 않음으로 말미암음이라 그가 얼굴을 가리었으므로 유다가 그를 보고 창

너로 여겨 길 곁으로 그에게 나아가 이르되 청하건대 나로 네게 들어가게 하라 하니 그의 며느리인 줄을 알지 못하였음이라 그가 이르되 당신이 무엇을 주고 내게 들어오려느냐 유다가 이르되 내가 내 떼에서 염소 새끼를 주리라 그가 이르되 당신이 그것을 줄 때까지 담보물을 주겠느냐 유다가 이르되 무슨 담보물을 네게 주랴 그가 이르되 당신의 도장과 그 끈과 당신의 손에 있는 지팡이로 하라 유다가 그것들을 그에게 주고 그에게로 들어갔더니 그가 유다로 말미암아 임신하였더라 그가 일어나 떠나가서 그 너울을 벗고 과부의 의복을 도로 입으니라 (창38:13~19).

이제 며느리 다말 입장에서 일련의 과정을 살펴보고자 합니다. 그런데 솔직히 우리는 다말에 대해서 아는 것이 별로 없습니다. 유다 집안으로 오기 전의 다말에 대해 성경이 기록하고 있지 않기 때문입니다. 그저 유다와 상당한 친분이 있는 가나안 사람의 평범한 딸이었을 것입니다.

그러나 어떤 인생사이건 여호와 하나님을 알기 전, 과거는 중요하지 않습니다. 하나님을 알고 난 이후가 중요합니다. 다말은 시아버지 유다의 손에 이끌리어 그의 아들 엘과 결혼했습니다. 그런데 다말에게 있어 유다 가정에서 했던 짧은 시집살이는 신선한 충격이었습니다. 여느 가나안 족속의 집안과는 달라도 너무 많이 달랐기 때문입니다.

첫째, 이 가정에는 '신'이 없었습니다. 아니 신이 있기는 있는데 눈에 보이는 신이 아니었습니다. 그래서 우상도 없었습니다. 그렇기 때문에 미신이나 금기시하는 것도 없었습니다. 아주 자유로웠습니다. 너무 자유로워서 보이지 않는 신을 믿지 않더라도 강요하지도 않았습니다! 이 모든 자유의 핵심에 시아버지 유다가 있었습니다. 그는 심지어 자신의 아들에게도 그 신을 강제로 믿게 하지 않았습니다. 가정 내에 신앙의 자유를 허락한 것입니다! (너무 파격적이어서 혀를 내두를 정도인데, 이 부분에 있어서 유다는 한쪽으로 너무 지나쳐 균형을 잡지 못했던 것으로 여겨집니다.)

둘째, 특별히 여성에 대한 이해가 달랐습니다. 이 가정에서는 여성을 남성과 동일한 인격체로 인정해 주었습니다. 가나안에서는 상상할 수도 없는 일들이었습니다. 유다의 자기 아내 사랑은 말로 표현할 수 없을 정도였습니다. 다말이 시집와서 가장 부러웠던 것은 다름 아니라 시어머니가 남편에게서 받는 사랑이었습니다. 이 문화적 충격은 표현이 불가능할 정도였습니다. 시아버지 유다는 모든 것을 아내와 함께했습니다. 정말이지 동등했습니다. 유다에게 아내는 그의 모든 것이었습니다.

유다의 이런 열린 여성관은 어머니 레아의 영향 아래 형성된 가치관으로 판단됩니다. 레아는 야곱의 정식 아내였는데도 남편에게 제대로 사랑받지 못했습니다. 그래서 레아는 자신의 외로움과 어려움을 신앙의 힘으로 풀어 갔는데, 특별히 그 과정에서 자신이 낳은 아들들에게 의미 있는 이름을 붙여 그것을 표현했습니다. 누구보다 레아는 넷째 아들이 태어났을 때 이 모든 어려움들에서 마침내 자유로울 수 있었습니다. 그래서 넷째 아들의 이름을 유다, 즉 '찬송'이라고 지었습니다. 그래서 그랬을까요? 아들 가운데서도 찬송이라는 의미를 가진 넷째 아들 유다가 유독 어머니 레아의 여성으로서의 고통과 외로움에 깊은 이해와 측은지심(惻隱之心)을 보였습니다. 그리고 유다의 여동생 디나의 세겜성 사건도 그의 여성관에 큰 영향을 미쳤습니다.

다말은 이런 가풍의 부스러기만으로도 좋았습니다. 다말은 유다 가정에 시집을 옴으로써 평생 처음으로 존귀한 자로 대접받을 수 있었습니다. '상대적 빈곤'이라는 말이 있습니다. 유다나 그의 형제들은 아버지 야곱의 울타리와 그늘 아래에서 아들이 누리는 존귀함을 맛보지 못했습니다. 그러나 그 흔적만 가지고 있던 유다의 그늘 아래에서 그의 며느리 다말은 말로 다 할 수 없을 정도로 인격적 대우와 존귀함을 누렸습니다. 유다의 아들들과는 또 다른 대조입니다. 다말이 누린 것은 '상대적 풍성'이었습니다. 보물은 결국 그 가치를 알아보는 자의 소유가 될 것입니다. 이것이 하나님 나라와 복음의 법칙입니다.

시대와 상황은 다르지만 이와 비슷한 경우를 룻기에서 볼 수 있습니다. 룻의 시댁인 나오미의 가족은 이스라엘을 떠나 타향살이를 하면서 망해도 그렇게 망할 수가 없었습니다. 그러나 그럼에도 룻이 신랑도 없고 돈도 없이 쫄딱 망한 거지, 시어머니 나오미를 떠나지 아니하고 따랐던 그 이유가 무엇이었을까요? 이스라엘 사람들 속에 스며 있는 사랑과 공의, 정직함과 따뜻한 인격, 그리고 그 배경이 되는 여호와 하나님을 믿는 신앙, 특히 여성을 한 명의 인격체로, 존귀한 자로 대하는 가풍 때문이었습니다. 룻은 참된 가족과 신앙을 잃기 싫었던 것입니다. 이것은 다말에게 있어서도 마찬가지였습니다.

그러나 다말에게 있어 이토록 귀한 가정이요 빼앗기고 싶지 않은 행복이었지만 이 귀한 시집살이는 그렇게 오래가지 못했습니다. 엘은 시아버지 유다와 달랐습니다. 이 귀한 것을 귀한 것으로 느끼지 못하고 있었습니다. 부부 사이였지만 보이지 않는 큰 벽이 있었습니다. 다말은 남편 엘에게 무엇인가 말을 하고 싶었는지도 모르겠습니다. 그러나 그 행복을 빼앗

길지 모른다는 불안감에 입을 다문 것이 한두 번이 아니었습니다. 이 때문이었을까요? 안타깝게도 남편 엘의 죽음으로 그 행복한 결혼생활은 아주 짧게 끝이 나고 말았습니다. 엘이 이 가정의 신에게 큰 죄를 지어 죽임을 당했기 때문입니다.

다말은 불안했습니다. 그러나 시아버지 유다는 여전히 버팀목이 되어 주었습니다. 시아버지 유다는 형사취수제도를 통해 대를 이을 수 있도록 배려해 주었기 때문입니다. 자칫 남편의 죽음을 자신의 잘못으로 돌려 이 가정에서 내쫓길 수도 있는 상황이었지만 시아버지 유다는 정직하게 판단해 주었습니다.

이렇게 해서 불안한 살얼음판 같았던 다말의 시집살이는 그나마 조금 더 이어질 수 있었습니다. 그러나 이후 죽은 남편의 동생 오난과의 동침은 최악의 상황이 되어 버리고 말았습니다. 다말과 같은 불쌍한 과부를 구제해 주려는 제도와 이를 허락한 유다의 배려가 오히려 다말에게 씻지 못할 수치와 끔찍한 비극을 초래하고만 것입니다. 왜냐하면 시동생 오난이 그렇게 해서 태어날 아이가 자신의 아이가 되지 못할 것을 알고 또 아버지의 재산이 그 아이에게로 더 많이 갈 것을 마땅치 않게 여겨 형수와의 의무를 이행하면서 땅에다 설정했기 때문입니다.

진실로 이것만큼 악한 범죄도 없습니다. 긍휼을 가장한 폭행이었기 때문입니다. 그것도 남편을 잃은 가장 불쌍한 여인이 가진 최소한의 권리를 빼앗아, 그 눈물도 마르기 전에, 가장 수치스러운 것으로 되돌려준 오난의 범죄는 더 이상의 말이 필요 없는 최악의 범죄였습니다. 이로 인해 이 가정의 보이지 않는 신, 여호와 하나님은 바로 그 자리에서 즉시로 오난을 죽였습니다.

진보주의자 유다의 민낯

유다의 감정이 격해질 수 있는 상황이었고 어떤 책임을 묻거나 핑곗거리로 돌릴 희생양이 필요한 시점이기도 했습니다. 그럼에도 불구하고 시아버지 유다는 정직하게 판단을 내려 주었습니다. 불안한 피의자 신분인 다말의 입장에서 이런 정직한 판단을 통해 제대로 된 피해자로 인정받는다는 것은 죽었다가 다시 살아난 것과 같았습니다. 만약 이런 일이 자신의 고향 땅 가나안에서 일어났다면 다말은 벌써 죽은 목숨이었을 것입니다. 시부모의 주도 하에, 아들 둘을 잡아먹은 화냥년이란 손가락질 받으며 돌로 쳐 죽임을 당하거나, 온갖 수치스러운 것으로 학대당하다가 화형에 처해졌을 것입니다. 그러나 이번에도 시아버지 유다는 다말에게 긍휼을 베풀어 주었습니다. 유다는 무척 어려운 상황이었지만 중심을 잃지 않고 정직하게 상황을 판단해 주었습니다.

그러나 다른 한편에서 보면, 이번만큼은 시아버지 유다가 다말을 대하는 태도에서 이전과는 사뭇 다른 무엇인가가 느껴졌습니다. 이번에는 유다도 두려움을 느끼고 있었습니다. 셋째 셀라마저 형들처럼 죽을까 염려하여 다말을 친정으로 돌려보냈기 때문입니다. 여기에는 시어머니인 유다의 아내와 며느리 사이의 관계도 고려되었습니다. 여하튼 유다가 다말에게 친정에 돌아가 수절하고 있다가 셀라가 장성하기를 기다리라는 명령을 내리긴 했지만, 이것은 거의 인사치레로 하는 말이나 다름없었습니다. 그래서 다말은 더 두려웠고 더 의기소침해졌습니다. 비록 자신이 잘못한 것은 결코 없었지만, 결과론적으로 보자면 이 가정에 금보다 귀한 두 아들이 자신과 엮이면서 목숨을 잃었기 때문입니다. 무엇보다 이제 다시는 시댁으로 돌아가지 못할 것이라는 불안과 염려가 컸습니다.

모순적이지만, 다말은 이제 더는 가나안 사람이 아니었습니다. 뼛속까지 유다 집안 사람이 되어 버렸습니다. 큰 며느리 대접은 바라지도 않았습니다. 그저 몸종으로 살더라도 친정이 아닌 유다 집안에서 살고 싶었습니다. 왜냐하면 이 집안에는 가나안 땅에는 없는 공의와 사랑, 인격적인 대우와 참 자유가 살아 있었기 때문입니다. 이 모든 것이 다 시아버지 유다의 그늘 아래였기 때문에 가능했습니다.

다말은 이미 두 번이나 죽었다가 살아난 자 같았고, 이후로 사는 삶은 덤이라 생각했습니다. 지금 죽어도 좋은데 친정이 아닌 자기 집에서 죽고 싶었습니다. 그래서 이때부터 다말은 어찌하든지 자기 집으로 다시 돌아갈 수 있는 기회를 얻기 위해 자신이 할 수 있는 모든 일을 다 하고자 했습니다. 그리고 이 시점부터 다말은 보이지 않는 유다 집안의 신, 살아 역사하시는 신, 심지어 자신의 남편과 그 동생마저 죽이기까지 한, 그 참 신에게 간절히 기도하기 시작했습니다.

다말의 목숨 건 결단

안타깝게도, 유다 가정에 닥친 비극은 두 아들의 죽음으로만 끝나지 않았습니다. 태풍에 거센 파도가 계속 밀려오듯, 비극의 파도는 줄기차게 이어졌습니다. 얼마 지나지 않아 유다의 아내이자 다말의 시어머니가 죽었습니다. 유다의 아내는 자신의 가정에 갑작스럽게 찾아온 비극을 받아들이는 것이 무척 힘들었습니다. 장성한 두 아들을 연이어 잃었으니 그 슬픔을 어찌 말로 다 표현할 수 있었겠습니까! 하늘이 무너져 내리는 것 같았습니다. 며느리에게 분노를 다 쏟아내고 싶었지만 남편 유다 때문에 그렇게 할 수도 없었습니다. 그녀는 이런 충격과 화병으로 급격하게 건강이 악화되었고 세상을 떠나게 되었습니다.

남아 있던 유다 입장에서는 순식간에 불어 닥친 세 식구의 죽음 때문에 거의 모든 삶이 공황 상태에 빠졌습니다. 이런 상황에서 유다가 친정으로 돌려보낸 며느리 다말까지 배려한다는 것은 거의 불가능했습니다. 자신의 생활과 남은 혈육 셀라를 건사하기도 버거웠습니다. 유다는 이 모든 불행의 원인들을 곱씹어 보기 시작했습니다. 그러나 그 원인들을 부정하고 싶었지만 부정할 수 없었고, 벗어나고 싶었지만 벗어날 수 없었습니다. 요셉의 부르짖음과 눈물, 찢겨진 채색옷과 그것을 부여잡고 대성통곡을 하던 아버지 야곱의 모습이 뇌리에서 떠나질 않았습니다. 그럴 때마다 그는 고개를 저으며 세겜성에서 비겁했던 아버지의 모습과 얍복강 나루에서 큰아버지 에서를 만나러 갈 때 자식들과 어머니들을 서열대로 줄짓게 한 아버지의 비정한 모습을 떠올렸습니다. 이런 생각이 들수록 유다는 자신의 일에 더욱 열중했습니다.

한편, 다말은 친정에 머물며 조금씩 마음을 추슬렀습니다. 친정이라고는 하지만 자신을 대하는 가족들의 태도는 예전 같지가 않았습니다. 비록 자격지심에서 드는 생각일 수도 있었겠지만 하루하루가 가시방석 같았습니다. 집으로 돌아가고 싶었습니다. 너무 아이러니하게도, 친정은 더 이상 자신의 집이 아니었고 불편했습니다. 이제 자신의 집은 시아버지 유다가 살고 있는 그 집이었던 것입니다. 다말은 말 그대로 유다의 가족, 유대인이 되었습니다. 어떤 의미에서는 유다보다 더 여호와 하나님을 잘 믿는 참 이스라엘이 된 것입니다. 그리고 비록 부끄럽고 염치없었지만 다말은 날마다 먼발치를 내다보며 시댁에서 시아버지의 심부름꾼이 오기를 손꼽아 기다리는 자신을 발견하게 되었습니다.

그런데 그러던 어느 날이었습니다. 기다리던 그 심부름꾼은 오지 않고 다말의 귀에 또 다른 슬픈 소식이 들려왔습니다. 시어머니께서 돌아가셨다는 소식이었습니다. 그런데 비록 이율배반적이나 그 슬픈 소식이 다말에게는 실낱같은 희망을 던져 주었습니다. 왜냐하면 장례식에 참석하라는 시아버지 유다의 전갈이 곧이어 올 수도 있었기 때문입니다. 다말은 이것이 시댁으로 돌아갈 수 있는 마지막 기회라 판단해서 너무나도 간절하게 그 소식을 기다렸습니다. 유다 집안의 신, 여호와께 기도하면서 말입니다.

그러나 끝내 시아버지 유다는 시어머니 장례식에 다말을 불러 주지 않았습니다. 이제는 인간적으로 바라던 실오라기 같은 희망과 명분도 사라져 버리고 말았습니다. 이제 다말의 마음속에는 오로지 한 가지 생각밖에 없었습니다. 이미 두 번 죽은 목숨이었고 덤으로 사는 인생이었기 때문에 죽더라도 자기 집으로 돌아가 시아버지 유다의 손에 죽어야겠다는 생각뿐이었습니다. 비록 그 방법이란 것이 당시 이방인들도 부끄럽게 여기던 그런 방법이었지만, 이것은 다말이 자기 힘으로 할 수 있고 또 자신의 집으로 돌아갈 수 있는 유일한 방법이었습니다. 다말은 이 일에 자신의 목숨을 걸었습니다.

그리스도인으로서 살아가다 보면 이와 비슷한 경험을 많이 합니다. 그렇게 열심히 기도했는데 하나님께서는 들어주시지 않습니다. 해결책이 오직 그 하나뿐이어서 열심히 기도하며 부르짖었는데, 그래서 반드시 하나님께서 들으시고 응답해 주셨어야 하는데, 전혀 그렇지 않았던 경험들 말입니다. 이로 인해 우리는 크게 낙담하고 하던 기도를 멈춥니다. 역설적 표현이지만, 그리스도인들이 기도를 하지 않는 가장 큰 이유가 이런 상처들이 쌓이고 쌓여서 그런 것 아닙니까?

그러나 경험상 하나님께서 우리를 인도하시는 방법은 늘 우리가 생각하는 것과는 큰 차이를 보입니다. 특히 우리는 시간을 빠트리는 습성이 있어 매사에 기도하면 지금 당장 내 눈앞에 보이는 그 어떤 것으로 받고 싶어 합니다. 그러나 하나님께서는 항상 우리 삶에 시간을 넣으시고 오래 참고 인내하는 법을 가르치려 하십니다. 왜냐하면 우리 속사람 가운데 있는 예수님을 닮은 성품은 모두 인내와 오래 참음을 통해 빚어지기 때문입니다. 이는 우리가 자라고 성장하면 성장할수록 더욱 그렇습니다.

그리고 무엇보다 믿음과 신앙에는 의지와 용기가 필요하며 믿음의 선택에 따른 대가를 지불하라고 하십니다. 이런 과정을 거치며 우리는 속사람 가운데 있는 독선과 아집과 욕심을 내려놓게 됩니다. 하나님께서는 이런 과정을 통해 나에게 진짜 무엇이 필요한지 깨닫게 하십니다.

하나님의 나라는 빼앗는 자의 것

유다가 그 친구 아둘람 사람의 손에 부탁하여 염소 새끼를 보내고 그 여인의 손에서 담보물을 찾으려 하였으나 그가 그 여인을 찾지 못한지라 그가 그곳 사람에게 물어 이르되 길 곁 에나임에 있던 창녀가 어디 있느냐 그들이 이르되 여기는 창녀가 없느니라 그가 유다에게로 돌아와 이르되 내가 그를 찾지 못하였고 그곳 사람도 이르기를 거기에는 창녀가 없다 하더이다 하더라 유다가 이르되 그로 그것

동영상 14강

> 을 가지게 두라 우리가 부끄러움을 당할까 하노라 내가 이 염소 새끼를 보냈으나 그대가 그를 찾지 못하였느니라 석 달쯤 후에 어떤 사람이 유다에게 일러 말하되 네 며느리 다말이 행음하였고 그 행음함으로 말미암아 임신하였느니라 유다가 이르되 그를 끌어내어 불사르라 (창38:20~24).

모든 일들이 다말의 계획대로 움직이고 있습니다. 유다가 다말의 행음 소식을 듣고 큰 분노를 발한 것은 당연합니다. 두 번이나 목숨을 살려주었고 큰 긍휼을 베풀어 주었기 때문에 유다가 느끼는 배신감은 이루 말로 다 할 수 없을 정도였습니다. 그런데 일반적인 경우 집안 내에서 발생한 행음 문제라면 돌로 쳐 죽이는 것이 당시 관례였습니다. 그러나 유다의 분노는 극에 달했기 때문에 다말을 끌어내어 산채로 불사르라고 명령했습니다.

그런데 여기까지 예상하고도 이런 일을 계획한 다말의 대범함이 무척 놀랍습니다. 그러나 구속사적 관점에서 보자면 다말의 과감한 믿음의 행보를 이제 겸허히 받아들일 수 있습니다. 마태복음 1장은 예수님의 족보로 구성되어 있습니다. 모두 아버지와 아들-남자 중심의 계보입니다. 그런데 마태는 이 계보에서 위대한 믿음을 가진 여성 5명을 등장시킵니다. 이 중 예수님의 어머니 마리아를 제외한 나머지 4명 중 적어도 3명은 이방 여인이었습니다. 가장 먼저 언급되는 이름이 바로 본문의 여주인공 다말입니다. 예수님의 족보에서 이것이 시사하는 바는 무척 큽니다. 예수님께서는 마태복음 11장 12절에서 "세례 요한의 때부터 지금까지 천국은 침노를 당하나니 침노하는 자는 빼앗는다"는 말씀을 하셨습니다. 그런데 천국이 침노당하는 것이 어디 세례 요한의 때만이겠습니까!

성경에는 이와 관련된 수많은 예화가 있습니다. 여리고 성 함락의 일등 공신 기생 라합, 나오미의 며느리 모압인 룻도 그 예에 속합니다. 그리고 솔로몬이 전하는 하나님의 말씀을 듣기 위해 자신의 왕권을 내걸고 예루살렘을 찾은 스바 여왕도 마찬가지입니다. 신약으로 가면 너무 많아 일일이 열거하기도 힘듭니다. 예수님의 제자들뿐만이 아니라 수많은 기적의 주인공들도 그 예에 속합니다. 그리고 예수님께서 십자가를 지시기 위해 예루살렘에 입성하실 때 마지막으로 들렀던 여리고 성의 세리장 삭개오도 그러하며, 이후 사도행전에 나오는 에디오피아 간다게의 국고 맡은 내시도 그 예에 속합니다. 이렇게 우리 여호와 하나님께서는 하나님의 나라와 그 가치를 위해 자신의 목숨을 대가로 지불하려는 사람을 절대로 빈손으로 돌려보내지 않으십니다!

> **여인이 끌려나갈 때에 사람을 보내어 시아버지에게 이르되 이 물건 임자로 말미암아 임신하였나이다 청하건대 보소서 이 도장과 그 끈과 지팡이가 누구의 것이니이까 한지라 유다가 그것들을 알아보고 이르되 그는 나보다 옳도다 내가 그를 내 아들 셀라에게 주지 아니하였음이로다 하고 다시는 그를 가까이하지 아니하였더라 (창38:25, 26).**

다말은 끌려 나가면서 자신이 임신하게 된 원인을 모두 시아버지 유다에게 알렸습니다. 유다로부터 받은 도장과 그 끈과 지팡이를 돌려준 것입니다. 이제 모든 판단은 다시 유다에게로 넘어갔습니다. 그런데 이 부분까지도 다말의 치밀한 계획 가운데 다 들어가 있던 부분이었습니다. 그러나 문제는 이후부터였습니다. 모든 것이 다말의 계획이었다는 것이 밝혀진 상황에서 유다가 어떤 판결을 내릴지는 다말도 정확히 알 수가 없었기 때문입니다.

만약 유다가 정직하고 정의롭지 못한 사람이었다면 자신의 끈과 지팡이와 도장까지 확인했다 할지라도 가차 없이 다말을 죽일 수도 있는 상황이었습니다. 뭣한 사람 같았으면 자신이 옳다는 것을 억지 증명이라도 하기 위해 거짓으로라도 그렇게 했을 것입니다. 사람은 분노하여 이성을 잃어버리거나 또는 자신의 부끄러운 부분이 드러나는 것을 막기 위해서라면 그 어떤 짓도 할 수 있기 때문입니다.

그러나 이미 다말은 목숨을 걸기로 작정했기 때문에 지금까지 살아오면서 알게 된 시아버지 유다의 성정을 믿는 수밖에 없었습니다. 다말이 유다를 신뢰하지 않았다면 애초에 이런 도발은 시도조차 하지 않았을 것입니다. 무엇보다 이제는 이런 일을 허락하신 여호와 하나님을 믿는 수밖에 없었습니다. 이 믿음을 결코 놓치고 싶지 않았던 것입니다. 다말은 남편과 시동생의 죽음을 통해 유다의 가족 신, 여호와 하나님을 진실로 참되고 유일한 자신의 하나님으로 모시게 되었습니다.

이방 여인 다말이 믿음의 가정을 얻기 위해 벌인 목숨 건 투쟁은 밋밋한 신앙생활을 하는 우리에게 큰 도전이 됩니다. 감히 '다말의 승리'라 표현하고 싶을 정도인데, 이는 향후 복음이 땅끝까지 이를 것에 대한 예표이기도 합니다. 진실로 천국은 빼앗는 자, 차지하려는 자의 것입니다. 자신의 목숨을 걸고 유다 집안의 사람이 되고자 했던 다말에게 하나님께서는 그 선물을 허락하셨습니다. 그 믿음대로 되었고 다말은 그것을 절대로 빼앗기지 않았습니다. 그녀는 다윗의 조상이 되었으며, 나아가 마태복음 1

장 족보에서 처음으로 등장하는 여성으로서 예수 그리스도의 조상에 당당히 이름이 올라가는 복을 누렸습니다. 천국은 늘 이런 자들의 것입니다.

유다가 자신의 허물을 인정하다

모든 것이 다 밝히 드러났을 때 유다는 모든 것을 인정하고 받아들입니다. 자신의 치부(恥部)가 다 드러났지만, 유다는 도망가거나 숨지 않았습니다. 인정했습니다. 다말이 자신보다 더 옳았기 때문입니다.

지금까지 유다는 스스로 자신을 의롭다고 생각하는 사람이었습니다. 실제로 일면 그렇기도 했습니다. 형제들 가운데 넷째 아들이면서도 형들보다 더 권위 있는 행보를 보였고 자신의 언행에 책임을 지는 사람이기도 했습니다. 무엇보다 출가한 이유 중에 하나가 요셉을 노예로 팔아 버리는 데 결정적인 역할을 한 자신의 언행에 책임지는 모습을 보이고자 한 것이었습니다.

따라서 이런 성정의 유다가 볼 때 자기 집안의 모든 사람들, 아버지와 여러 명의 어머니, 자신의 형제들은 자신의 가치관과 맞지 않았습니다. 수준 이하였습니다. 유다의 눈으로 볼 때 아버지의 집은 불합리와 부조리로 가득한 집안이었습니다. 그렇기 때문에 이런 상황을 이해할 수도 없었고 또 하고 싶지도 않았으며, 무엇보다 자신만큼은 그렇게 살고 싶지도 않았습니다. 그래서 그는 뒤 한 번 돌아보지 않고 과감하게 출가할 수 있었습니다. 유다 입장에서 보자면, 지금까지는 그런대로 잘해 왔습니다. 최선을 다해 정직하게 살려고 노력했고 매사에 올바르게 분별하고 판단하려 노력했습니다. 심지어 가장 사랑하는 아들들의 죽음 앞에서도 감정에 얽매이지 아니하고 정직하게 아들들의 잘못을 인정하고 며느리의 손을 들어 주었습니다.

그러나 그도 사람인지라 두 아들을 먼저 보내고 사랑하는 아내마저 죽게 되면서 가치관이 흔들리기 시작했습니다. 형사취수제도를 시작했으면 끝까지 밀고 나갔어야 합니다. 논리적으로는 그랬습니다. 장남 엘이 죽고 둘째 오난에게 형사취수제를 적용했다면 오난이 죽었을 때도 어린 셀라에게 적용했어야 합니다. 그러나 그는 그렇게 할 마음이 없었습니다. 어려운 선택에 대해 남의 이야기는 쉽게 할 수 있지만 막상 그것이 자신의 문제가 되고 나니 너무 어려운 것입니다. 그래서 유다는 티 내지 않고 조용히 다말을 끊으려 했습니다.

그러나 무엇이 문제입니까? 그는 이 부분에서 정직하지도 바르지도 못했습니다. 다른 사람들로부터는 대단하다는 찬사를 그대로 받으면서 뒤로는 조용히 다말과의 인연을 정리하고자 했습니다. 다말에게 거짓말을 한 것입니다. 셋째인 셀라도 죽을까 염려해 놓고서는 다른 사람들 보는 데서는 그런 척하지 않았습니다. 오히려 멋있게 다말로 하여금 셋째인 셀라가 장성할 때까지 친정으로 돌아가 수절하고 있으라 명령했습니다. 이런 것이 바리새인이나 진보주의자들이 저지르는 대표적인 위선(僞善)의 한 모습입니다. 이것은 유다가 아버지 야곱의 모습에서 가장 싫어하고 혐오했던 부분이잖습니까! 그러나 알고 보니 유다 자신은 아버지 야곱보다 더욱 교묘하게 그 모습을 따르고 있었습니다. 다말은 자신의 목숨을 걸고 이렇게 유다의 위선을 지적한 것입니다.

이 일이 단초가 되어 유다는 자신의 인생에 일어난 일련의 험난했던 일들과 그 원인에 대해 고민하고 돌아보는 과정을 거치게 되었습니다.

그가 아버지 집을 떠나 출가한 이유는 형제들이 유다 자신을 희생양으로 삼았기 때문입니다. 이때는 아버지보다 형제들이 더 싫고 미웠습니다. 자기 말을 청종해서 따를 때는 언제이고 상황이 바뀌니까 눈빛과 언행이 달라졌기 때문입니다. 그런데 지금 자신의 모습을 보면 그 당시 형제들의 행사를 유다 자신이 그대로, 아니 더욱 얍삽하고 교활하게 따르고 있었습니다.

그래도 형제들은 순진해서 티 나게 왕따를 시켰지만, 자신은 온갖 의로운 척은 다 하면서도 몰래 다말을 끊으려 했습니다. 자신의 가족에게 일어난 모든 비극의 원인을 (아닌 척 하면서) 모두 다말로 지목하고 있었고, 그녀를 자신의 희생양으로 삼았던 것입니다. 그러나 그것은 모두 핑계에 불과했습니다. 비극의 원인은 다른 사람이 아니라 유다, 바로 자신이었습니다. 그는 이 일을 통해 자신의 자기의(自己義)와 죄 때문에 두 명의 자식과 아내를 먼저 죽게 했다는 사실을 하나님 앞에서 겸허히 인정하게 되었습니다.

쌍둥이 아들인가, 아니면 손자인가

유다의 아들은 에르와 오난과 셀라니 이 세 사람은 가나안 사람 수아의 딸이 유다에게 낳아 준 자요 유다의 맏아들 에르는 여호와 보시기에 악하였으므로 여호와께서 죽이셨고 유다의 며느리 다말이 유다에게 베레스와 세라를 낳아 주었으니 유다의 아들이 모두 다섯이더라 (대상 2: 3, 4)

유다는 며느리 다말을 통해 베레스와 세라, 두 쌍둥이를 얻게 되었습니다. 그러나 이 부분에서 다소 논란이 있는 것으로 판단됩니다. 이렇게 낳은 쌍둥이 아이들을 유다의 아들로 볼 것인가 아니면 유다의 손자로 볼 것인가, 하는 문제입니다. 분명히 역대상 2장 3절과 4절에서는 며느리 다말을 통해서 얻은 쌍둥이를 유다의 아들로 언급하고 있습니다. 적어도 이스라엘의 후손들과 역사가들은 그렇게 판단하고 있습니다. 이들에게 있어서 유다와 다말에 관한 이야기는 자신들의 이야기가 아니기 때문에 객관적이 될 수밖에 없고 그래서 날이 선 잣대를 들이댄 것으로 이해할 수 있습니다.

그러나 저는 다른 의견을 가지고 있습니다. 이 문제에 관해 유다 본인이 어떻게 생각하고 정리했는지가 더 중요하다는 판단입니다. 정황적으로 볼 때 유다는 며느리 다말이 낳은 쌍둥이 아이들을 자신의 아들이 아니라 장남 엘의 아들들로 받아들인 것 같습니다. 만약 두 쌍둥이를 아들로 받아들였다면, 두 쌍둥이는 순서에서 밀립니다. 이미 유다의 셋째 아들 셀라가 있었기 때문입니다. 그러나 유다 자손의 계보가 다말이 낳은 쌍둥이 중 둘째인 베레스 통해 이어지고 있고, 무엇보다 유다가 며느리 다말을 다시 자기 집안으로 받아들였기 때문에 두 쌍둥이를 손자로 받아들인 것으로 이해하는 것이 더 적절하다고 생각합니다. 그렇기 때문에 유다는 다시는 다말을 가까이 하지 않았던 것입니다. 설사 아들로 받아들였더라도 그것은 입양의 절차를 거친 것으로 이해하는 것이 더 적절할 것입니다. 왜냐하면 야곱도 후에 비슷한 예를 남기기 때문입니다.

내가 애굽으로 와서 네게 이르기 전에 애굽에서 네가 낳은 두 아들 에브라임과 므낫세는 내 것이라. 르우벤과 시므온처럼 내 것이 될 것이요 이들 후의 네 소생은 네 것이 될 것이며 그들의 유산은 그들의 형의 이름으로 함께 받으리라 (창48:5, 6).

야곱은 요셉에게 유언을 남길 때, 찾아온 손주들-에브라임과 므낫세를 '내 것', 즉 '내 아들'이라고 선포합니다. 그래서 에브라임과 므낫세에게 자신의 아들들, 예를 들어 르우벤이나 시므온과 같은 취급을 하며, 이들에게 손자가 아닌 아들의 지분을 남깁니다. 다시 말해, 손자들을 아들로 입양한 것입니다.

유다의 용서

해산할 때에 보니 쌍태라 해산할 때에 손이 나오는지라 산파가 이르되 이는 먼저 나온 자라 하고 홍색 실을 가져다가 그 손에 매었더니 그 손을 도로 들이며 그의 아우가 나오는지라 산파가 이르되 네가 어찌하여 터뜨리고 나오느냐 하였으므로 그 이름을 베레스라 불렀고 그의 형 곧 손에 홍색 실 있는 자가 뒤에 나오니 그의 이름을 세라라 불렀더라(창38: 27~30).

참으로 신묘막측(神妙莫測)합니다. 정말이지 우리 여호와 하나님께서는 기가 막힌 스토리 메이커이십니다. 다말의 쌍둥이 출산과 관련된 일화를 보고 있자면 자연스레 유다의 할머니 리브가가 야곱과 에서를 낳을 때의 일화를 떠올리게 됩니다. 마치 하나님께서 우리에게 영화의 한 장면을 소개하시는 것 같습니다. 감독이신 하나님께서 우리에게 의미심장한 눈웃음을 지어 보이시며 두 개의 출산 장면을 드라마틱하게 화면에 뿌리십니다.

처음 화면은 흑백으로써, 리브가가 쌍둥이 에서와 야곱을 낳는 장면입니다. 놀라워하는 산파들의 모습이 보이고 에서의 발꿈치를 잡고 나오는 야곱의 손이 클로즈-업 되면서 화면이 점차 흐려집니다. 그리고 현실로 돌아오며 화면은 컬러로 바뀌는데, 장막 밖에 있는 유다가 등장합니다. 하나님께서는 영상을 바라보는 우리를 보시다가 눈짓을 하며 그 화면 속 유다를 쳐다보십니다. 우리의 시선은 하나님의 시선을 좇아서 유다에게로 향합니다. 화면은 곧이어 유다의 얼굴을 흘려보내며 장막 안 베레스와 세라의 출산 장면에 고정됩니다. 우리는 이 드라마틱한 쌍둥이 출산 과정을 보면서 조금 전에 보았던 리브가의 출산 장면을 연상하게 됩니다. 그 사이 화면에는 장막 밖에서 초조하게 기다리는 유다의 서성거림을 보여 줍니다. 그러다 갑자기 "응애~ 응애~"하고 스테레오로 울려 퍼지는 쌍둥이 출산의 울음소리가 들리고, 동시에 부산스런 산파와 도우미들의 움직임이 보입니다. 그리고 그 사이에 긴장되고 초조한 유다의 얼굴 표정과 그 변화가 크게 클로즈-업 됩니다.

유다는 쌍둥이 출산 과정을 통해 미스터리했던 자신의 인생 숙제를 풀어 가게 되었습니다. 그는 베레스와 세라의 출생 과정을 보면서 아버지 야곱과 큰아버지 에서의 출생 일화보다 더 드라마틱한 하나님의 간섭을 경험하게 되었습니다. 마치 지금으로 치면 동계올림픽 쇼트트랙 결승전을 보는 듯합니다. 동시에 결승선에 들어왔는데 먼저 한 발을 내민 선수가 승리한 것입니다. 베레스와 세라의 출생 경쟁에서도 이런 일이 벌어졌습니다. 산부인과 의사가 아니어서 잘은 모르겠지만 거의 불가능에 가까운 일이 일어났습니다. 아주 심각한 난산(難産)이었던 것으로 보이는데, 장남인 세라의 손이 먼저 세상에 나왔다가 다시 뱃속으로 들어가고 동생인 베레스가 먼저 터뜨리고 태어난 것입니다. 산모 다말이 과다출혈로 죽지 않은 것이 다행인 듯합니다.

유다는 다말의 출산과 관련한 일련의 과정을 보면서 인생을 주관하시는 하나님의 섭리를 깨닫게 되었습니다. 먼저 세상 밖으로 손을 내민 세라를 잡아당긴 후 자신이 먼저 터치고 나온 베레스의 모습에서 그토록 장자가 되고 싶어 했던 아버지 야곱의 모습을 본 것입니다. 그런데 유다는 이런 베레스의 모습이 이상하게도 밉지가 않았습니다. 오히려 더 측은하고 사랑스럽기조차 했습니다.

더는 말이 필요치 않는 순간이었습니다. 이런 이해는 연속적인 것이 아니어서 설명하기가 어렵습니다. 아니, 불가능합니다. 그냥 자신이 지나온 고달프고 힘들었던 20여 년의 과정이 왜 그토록 힘겹고 어려웠는지 단번에 다 이해가 되었습니다. 두 아들을 잃었는데, 이렇게 다시 두 아들을 얻게 되었습니다. 합력하여 선을 이루는 여호와 하나님의 섭리가 통째로 이해된 것입니다. 유다는 베레스와 세라의 쌍둥이 출산 과정을 통해서 자신의 인생뿐 아니라 하나님께서 우리네 인생들에 베푸신 삶의 숙제도 풀어가게 되었습니다. 유다는 이제 아버지 야곱을 이해하게 되었으며, 감히 여호와 하나님의 섭리 안에서 아버지와 그의 형제들을 용서할 수 있게 되었습니다.[2]

야곱의 삶에서 의미 있는 유다 이야기

창세기 25장부터 시작된 야곱 이야기는 창세기 50장까지 이어지는 대하드라마와 같습니다. 이중 창세기 38장의 유다 이야기는 그냥 통째로 들어내고 싶을 정도로 충격적입니다. 겉으로 보기에는 입에 담기조차 부담스러운 시아버지와 며느리 사이의 근친상간에 관한 것이기 때문입니다. 이런 이야기가 성경에 있는 것만으로

동영상 15강

도 세상의 많은 사람들에게는 걸림돌이 됩니다. 이는 교회 내에서도 마찬가지입니다. 왜냐하면 지금까지 소위 '모태신앙인'으로 살아오며 여러 목사님들을 통해 수많은 설교를 들어왔지만 유다 이야기를 제대로 들은 경우는 단 한 번도 없었기 때문입니다. 그러나 우리는 이런 이야기를 우리에게 허락하신 하나님 아버지를 신뢰해야만 합니다. 성경은 그만큼 우리네 신앙 여정이 호락호락하지 않으며 그 적나라함을 증거하고 있습니다.

유다는 요셉을 애굽에 노예로 팔아 버린 일 때문에 우여곡절을 거쳐 부모와 형제들, 가정교회 공동체를 떠나 세상 사람이 되었습니다. 신앙인이 교회 공동체 안에서 영적 사춘기를 겪는 것과 교회를 완전히 떠나 방황하는 것은 하늘과 땅 차이입니다. 신앙생활을 잘하던 중, 행여 교회 안에서 받은 상처나 시험으로 인해 몸담고 있던 교회를 떠나 다른 교회를 찾아갈 수는 있습니다. 그러나 그 때문에 신앙을 버리는 것만큼 안타까운 일도 없습니다. 이는 최악의 선택인데, 목욕물이 더럽다고 아기까지 버리는 어리석음을 범하는 것이기 때문입니다. 아무리 교회 공동체 안에서 힘든 일들이 일어난다 하더라도 절대로 신앙을 버리지는 마시기 바랍니다. 다시 돌아오기까지는 너무 많은 희생과 대가를 지불해야 하기 때문입니다. 유다가 바로 그런 경우였습니다.

특별히 현대의 그리스도인들은 교회의 도덕성이나 사회 참여에 불만을 가진 분들이 많습니다. 그래서 어떤 분들은 모든 교회를 싸잡아 비난하면서 떠나기도 하고 또 어떤 분들은 아예 다른 새로운 공동체를 꿈꾸기도 합니다. 그러나 해 아래 새것은 없습니다. 그때 다른 곳을 살피거나 기웃거릴 필요가 없습니다. 반드시 성경을 살펴야 합니다. 내가 교만하고 눈이 멀어 보지 못했을 뿐이지 성경 속에 모든 지혜와 해답이 숨어 있습니다. 혹, 옳고 그름의 문제로 교회를 떠나야 하는 상황입니까? 그렇다고 신앙을, 예수님을, 버리지는 마십시오. 교회가 늘 개혁되어야 하는 것은 자명한 사실이지만 사람의 힘만으로 할 수 있는 일이 아닙니다.

유다는 아버지 야곱이 이끌어 가는 가정교회 공동체에 불만을 가졌고 스스로의 힘으로 극복하고자 했습니다. 자신이 올바르게 분별하고 정의롭게 살아가면 모든 불합리한 것들을 다 바꿀 수 있다고 생각했습니다. 그러나 유다는 그 어떤 것도 바꾸지 못했습니다. 자신이 바뀌지 않았기 때문입니다. 하나님의 말씀과 성령께서 하시는 일은 남을 바꾸는 것이 아니라 나를 바꾸는 일에서 시작됩니다. 유다가 다말의 투쟁을 통해 확인한 자신의 모습은 정의를 외치는 구정물통이었습니다. 신앙은 여기서부터 출발합니다. 이를 확정하는 잠언의 말씀이 있습니다.

무리에게서 스스로 갈라지는 자는 자기 소욕을 따르는 자라. 온갖 참 지혜를 배척하느니라. 미련한 자는 명철을 기뻐하지 아니하고 자기의 의사를 드러내기만 기뻐하느니라 (잠18:1, 2).

유다는 다말을 통해 자신의 부족함을 철저하게 깨닫게 되었습니다. 아버지 집의 부조리를 참지 못해 가족 교회 공동체를 버렸습니다. 자기 지혜와 소욕을 따라 스스로 갈라져 나왔습니다. 그는 스스로 지혜롭고 정의롭다 생각했기에 야곱에게 있는 참 지혜를 배척했습니다. 비록 야곱이 부족한 사람이기는 했지만, 야곱 뒤에 있는 여호와 하나님을 신뢰했어야 합니다. 그러나 그는 이 일에 미련했습니다. 유다는 자신이 야곱보다, 아니, 모든 일에 방관만 하는듯한 여호와 하나님보다 자신이 더 지혜롭다고 생각했습니다. 그래서 자신의 목소리를 내고 자신의 소신대로 살아가는 것이 올바른 삶이라 생각했습니다. 왜냐하면 유다는 항상 자신이 옳고 정의로운 사람이라는 자기 확신이 있었기 때문입니다.

그러나 유다는 며느리 다말의 목숨 건 투쟁을 통해 자신의 위선을 지적받음으로써 여호와 하나님 앞에서 이보다 더 교만한 것도 없음을 깨닫게 되었습니다. 정의란 외치는 것이 아니라 스스로 책임지며 살아 내야 하는 것입니다. 순서가 중요합니다. 정의를 외치며 선동하고 다른 사람들에게 그 잣대를 들이대기 전에 먼저 그 잣대로 자신의 죗값부터 치러야 합니다. 유다는 많은 대가를 지불하고서야 비로소 인생에 대해 겸손해질 수 있었습니다. 자기 힘으로 인생에서 할 수 있는 것이 아무것도 없었습니다. 다말을 통한 쌍둥이 출산 과정을 겪으면서 인생을 주관하시는 여호와 하나님의 섭리를 체험했습니다. 이 과정을 통해 그동안 무시하고 원망했던 아버지 야곱에 대한 미움을 겸손히 내려놓을 수 있었습니다. 유다는 이때 비로소 아버지를 용서할 수 있었습니다. 이와 동시에 자신의 교만함과 부족함으로 인해 자식과 아내를 죽게 한 자신 또한 용서할 수 있게 되었습니다. 그리고 며느리 다말이 자신보다 옳다 인정함으로써 자신의 위선과 잘못에 대해 진심으로 다말에게 용서도 구하게 되었습니다.

한편, 유다는 쌍둥이 베레스와 세라가 태어난 후 곧바로 아버지 야곱의 집으로 돌아간 것으로 판단됩니다. 남은 아들 셀라와 쌍둥이 두 손자 그리고 며느리 다말을 거느리고 말입니다. 거의 20년 만에 귀향한 것입니다. 그러나 성경은 이에 관해 자세한 기록을 남기지 않았고, 7년 대흉년 기간 중 2년 차에 애굽에 양식을 구하러 가는 형제들 틈바구니 속에서 유다를 다시 보여 주고 있습니다. 여기서 유다는 큰 역할을 담당합니다. 막내동생 베냐민의 목숨을 위해 자기 목숨을 담보물로 정하기 때문입니다. 우리는 유다의 이런 모습에서 예수님의 모습을 엿보게 됩니다. 이후로 유다와 베냐민의 사이는 각별해졌습니다. 실제로 그 후손들도 그러했습니다. 유다 족속과 베냐민 족속은 거의 한 족속이나 마찬가지였습니다. 솔로몬 이후 이스라엘이 두 나라로 분열될 때도 남쪽 유다에 베냐민 족속이 합류했기 때문입니다.

용서의 더 깊은 의미

드디어 이 장에서 가장 중요한 주제 앞에 섰습니다. 지금부터 유다가 해낸(해 내고야 만) '용서'를 더 깊게 살펴보도록 하겠습니다. 유다는 마침내 아버지를 용서할 수 있게 되었고, 다시 아버지 집으로 돌아갈 수 있었습니다. 이는 우리가 복음을 듣고 예수님과 십자가의 죽음과 부활을 믿음으로 받아들일 때, 우리가 당면하는 문제와 밀접한 관계가 있습니다.

우리는 익히 십자가의 의미를 잘 알고 있습니다. 십자가는 하나님께서 우리의 죄를 그의 아들에게 담당시키시고 값없이 우리를 구원해 주신 것을 의미합니다. 그래서 십자가를 우리를 향한 하나님의 용서의 선포라고 말합니다. 십자가는 분명히 우리를 향한 하나님의 용서의 선포입니다. 우리는 이를 믿음으로 받아들이기만 하면 됩니다.

그러나 이것은 동전의 한 면입니다. 사실 성경은 우리에게 동전의 한 면만을 언급한 적이 없습니다. 우리가 한쪽 면만 부각시켜 본 것뿐입니다. 우리는 동시에 다른 면도 볼 수 있어야 합니다. 비록 우리는 동전의 한 면-하나님께서 독생자 아들을 우리에게 보내시고 그 아들을 십자가 달려 돌아가시게 하심으로 우리의 모든 죄를 다 사하여(용서하여)주셨다라는 사실-

도 제대로 감당치 못하지만, 다른 한 면-하나님께서 십자가를 통해 먼저 우리에게 용서를 구하고 계신다는 사실-도 동등한 가치로 받아들여야만 합니다.

너무 송구스런 표현이지만, 여호와 하나님께서 독생자 예수 그리스도를 이 세상에 보내시고 십자가의 죽음과 부활을 증거하신 것은 우리의 모든 죄에 대한 용서의 선포이자 (동시에) 하나님께서 우리에게 용서를 구하는 화해의 제스처라는 것입니다. 굳이 따지자면 앞의 용서와 뒤의 용서는 다릅니다. 특히 후자의 '용서'는 '미워함'의 반대 의미로 사용되었다고 보면 좋을 듯합니다. 즉, 이미지를 떠올릴 때 고개를 숙이고 무릎을 꿇고 있는 아버지의 모습을 연상하면 안 됩니다. 오히려 울고 있는 어린 아이를 안아 주기 위해서 애잔하게 웃으며 두 팔을 한껏 벌리고 있는 아버지의 모습을 연상하는 것이 좋을 것입니다.

아들을 향한 부모의 마음 = 우리를 향한 여호와 하나님의 마음

오래전 이야기를 하나 들려드리겠습니다. 저의 작은누나 가족은 미국에서 살고 있었습니다. 누나와 자형은 모두 음악을 전공한 사람들이었는데 IMF때 너무 힘들어 한국을 떠나게 되었고, 미국에 도착한 이후 오랜 기간 세탁소를 운영하며 살아왔습니다. 거의 매일 하루에 4시간 정도 자면서 15년 이상 그 일을 꾸려 왔으니 대단하다는 말밖에 할 말이 없을 정도입니다. 누나에게는 연년생인 두 아들이 있습니다.

이민 생활 초기의 일로 두 조카가 초등학교에 막 다니기 시작할 무렵의 일이었습니다. 그 당시 누나와 자형은 막 세탁소를 인수했던 때였습니다. 이 말은 아이들 스스로 자신의 힘으로 학교에 가야 한다는 의미입니다. 왜냐하면 자형과 누나는 자정이 다 된 시간에 들어와 어김없이 새벽 4시가 되면 세탁소로 출근해야 했기 때문입니다. 그러나 미국이라는 나라에서 이런 일은 아동학대에 해당하는 사안으로 잘못하면 부모는 처벌을 받을 수 있고 자식과 부모 사이에 생이별이 발생할 수도 있는 조심스러운 상황이었습니다. 문제는 큰 조카가 집 열쇠를 잃어버리지 않고 숨기고 지내야 하는데 이것이 만만치 않았던 모양입니다. 가방 속에 넣어 두었다가 잃어버리는 날에는 문제가 더 심각해질 수도 있기 때문에 항상 열쇠를 목걸이에 길게 걸어서 몸에 품고 다녔다고 합니다.

그러던 겨울 어느 날, 학교 선생님께서 아이 외투를 챙겨 입히다가 조카가 옷 속에 품고 다니던 목걸이 열쇠를 본 것입니다. (조카 말로) 선생님께서 다소 놀라며 의심의 눈초리로 아이에게 물었다는 것입니다. "매튜, 이것이 뭐야? 혹, 집에 들어갈 때 네가 문을 열고 들어가니?"라고 말입니다. 그런데 이때 조카가 기가 막히게 센스 있는 대답을 했습니다. 해맑게 웃으며, "Just in case(만약을 대비해서요)" 다행히 선생님은 아이의 말을 듣고 더는 의심하지 않고 그냥 넘어갔다고 합니다.

그리고 그날 저녁에 큰조카가 늦게 들어온 엄마에게 학교에서 있었던 이야기를 소상히 다 해 주었습니다. 이야기를 듣던 작은 누나는 한편 가슴을 쓸어내리면서도 아이들에게 심장이 미어지는 듯한 미안함을 느꼈다고 합니다. 사실 부모 입장에서 아이들끼리 혼자 두고 싶어 그렇게 했겠습니까? 먹고 살자니 방법이 없어 그렇게 한 것입니다.

십자가의 메시지, 용서

이것이 적절한 예화가 될지 모르겠지만 여호와 하나님께서 허락하신 예수님의 십자가를 이해하는 데 도움이 된다고 생각합니다. 우리는 예수님의 성육신과 십자가를, 우리를 향한 하나님의 용서의 선포라고 이해하고 있습니다. 그러나 우리는 여기서 한 걸음 더 나아가야 합니다. 이와 동시에 여호와 우리 아버지께서 우리에게 먼저 용서를 구하고 계시다는 사실입니다! 마치 저의 작은누나가 아이들에게 가슴 절절히 미안함을 표시한 것처럼 하나님께서도 우리에게 먼저 미안하다고 말씀하시는 것입니다. 마치 이렇게 말씀하시는 것과 같습니다.

"얘들아, 이 방법밖에 없었단다. 너희들이 선악과를 따 먹을 줄 알았지만, 그리고 세상에 홀로 두면 타락하여 나를 버릴 것이란 사실도 알고 있었지만, 너희들과 나 사이가 아버지와 아들의 관계로 온전하게 되기 위해서는 너희들에게 그것을 선택할 수 있는 권한을 줄 수밖에 없었단다. 얘들아, 아빠가 미안하다. 그래서 방법이 하나밖에 없었는데, 내가 사랑하는 아들을 직접 이 땅에 보내어 친히 그 문제를 해결할 수밖에 없었단다. 얘들아, 그래서 내가 내 아들의 십자가 순종을 통해 너희들의 모든 허물과 죄의 문제를 해결했으니 더이상 나를 미워하지 말고 내 품에 안기겠니? 얘들아 미안하다. 나를 받아줄 수 있겠니?"라고 말입니다.

죄사함 받음과 하나님과의 화해가 거의 동시에 이루어져서 우리는 잘 구분하지 못하지만, 엄밀히 말하면 우리가 용서함을 받는 것과 우리가 하나님을 용서하는 것을 구분하는 것이 유익합니다. 너무 무례한 표현일 수 있지만, 우리는 먼저 용서를 구하시는(미안함을 표현하시는/ 화해를 요청하시는) 하나님 아버지께 마음을 열어 드릴 필요가 있습니다. 여기 유다가 아버지 야곱을 이해하고 용서한 후에 다시 아버지 집으로 돌아갔듯이, 우리도 아들 예수님의 십자가를 통해 하나님을 용서할 수 있어야 우리는 우리 자신도 용서할 수 있으며, 하나님의 집으로 다시 돌아갈 수 있습니다.

우리는 예수님을 구세주로 믿기 전에 수많은 의문을 가지고 있었습니다. 도대체 나는 누구인가? 왜 이 세상에 태어났고 왜 이 세상을 살아가야 하는가? 신이 있어서 나를 이 세상에 내던졌다면 왜 그렇게 하셨는가? 그 신은 왜 당신의 자녀들을 홀로 방치하시는가?

이것은 모든 인생이 던지는 질문입니다. 우리는 아무런 설명 없이 이 세상에 덩그러니 홀로 버려진 것 같다는 느낌으로 지금까지 살아왔습니다. 그래서 마음속에 분노가 가득했습니다. 신을 향한 분노였습니다. 나를 창조하신 분에 대한 분노였습니다. 설명만 제대로 해 주었어도 이토록 인생이 고달프지는 않았을 터인데, 너무 돌고 돌아서 절대자 앞에 섰다는 것입니다. 저에게 있어서, '하나님께서 죄인 된 나를 용서하셨다!' 물론 이 선포도 좋았지만, 정말 제가 십자가 앞에 고꾸라진 것은 아버지 하나님께서 예수님과 십자가를 통해서 우리들에게 미안해하시며 나를 안아 주기 위해 손을 한껏 벌리고 계신다는 사실이었습니다. 저는 그 앞에서 드디어 펑펑 울 수 있었습니다. '아빠 아버지'를 비로소 외칠 수 있었습니다.

우리 같은 피조물이 어떻게 감히 하나님을 용서한다는 표현을 쓸 수 있는가 하며 의아해하실 수 있을 것 같습니다. 만약 하나님과 우리의 관계가 주인과 종의 관계라면 이런 의문은 타당할 것입니다. 그러나 하나님과 우리의 관계가 주종관계가 아닌 아버지와 아들의 인격적인 관계라면 충분히 가능한 것입니다. 생각해 보십시다. 아브라함이 모리아 산에서 아들 이삭과 함께 내려올 때, 다시 살아난(!) 아들 이삭에게 분명 무엇인가를 말하지 않았을까요? 과연 무엇을 이야기했을까요?

　죄인 된 우리를 구원할 방법이 오직 한 길뿐인데, 성자 예수님이 직접 육신을 입고 오셔서 죄인 된 우리를 대신하여 십자가에서 비참하게 죽임을 당해야 합니다. 그런데 이 일은 창세전부터 극비로 있던 큰일이라 우리가 감당치 못하는 것입니다. 그래서 신비한 믿음의 방법에 맡기는 수밖에 없었던 것입니다. 그렇기 때문에 여호와 하나님께서 우리에게 미안함을 표시하실 수 있는 것입니다.

　우리는 하나님을 용서해야 합니다. 이유는 여호와 하나님께서 우리에게 아들 예수님의 십자가 희생을 통해서 용서를 구하고 계시기 때문입니다. 만약 여호와 하나님께서 우리를 지으신 창조주, 아빠 아버지가 아니라면, 절대로 우리에게 용서를 구하지 않으셨을 것입니다. 너무나도 크신 우리의 아버지이기 때문에 우리에게 용서를 구하시는 것입니다. 우리는 그저 어린아이처럼 하나님 아버지에 대한 미움과 원망을 내려놓고 그 품에 안겨서 마음껏 울면 되는 것입니다. 그것이 아버지 하나님께서 우리에게 베풀어 놓으신 십자가-용서와 화해의 요청-를 온전히 받아들이는 유일한 길입니다.

Chapter 4_연구 및 토론 문제

1. 유다와 관련된 창세기 38장의 이야기는 마치 액자소설과 같습니다. 야곱의 대하드라마 가운데 의도적으로 삽입된 듯한 유다의 이야기는 과연 어떤 의미를 가지고 있을까요? (창세기 저자의 의도와 이를 영감으로 허락한 여호와 하나님의 입장에서 유다의 삶을 살펴봅시다. 특히, 하나님께서 야곱에게 허락하신 인생의 숙제 관점에서 이야기를 나누어 봅시다.)

♠ 더 깊은 생각:

성경은 요셉을 애굽의 종으로 파는 데 결정적인 역할을 한 유다 이야기와 20여 년이 지난 후 큰 흉년 기간 중 애굽에 양식을 구하러 갔을 때 요셉의 동생 베냐민을 위해 자신의 목숨을 담보하는 유다 이야기 사이에 창세기 38장을 삽입하고 있습니다. 따라서 성경은 유다의 성품이 변하는 과정을 38장에 나오는 파란만장했던 그의 인생사를 통해 보여 주고 있습니다.

2. 유다와 이방인 며느리 다말 사이의 근친상간에 관한 이야기는 우리 그리스도인들이 읽어 내려가기가 거북할 정도로 받아들이기가 어렵습니다. 그럼에도 불구하고 부끄러운 조상의 이야기를 가감 없이 기록하고 있는 성경의 정직함과 사실성에 대해 어떻게 생각하십니까?

♠ 더 깊은 생각:

거북함을 느끼는 것은 현시대의 우리 같은 그리스도인이고, 정작 후손인 이스라엘 백성들은 그 이야기를 축복의 이야기로 승화시키고 있습니다. 참고: 마태복음 1장의 예수님 족보, 룻기 4장 12절.

3. 요셉은 17세에 형들에 의해 애굽에 종으로 팔려갔습니다. 이후에 유다는 아버지 집을 떠나 출가했습니다.

(가) 유다가 출가할 당시 그의 나이를 추산해 봅시다. 그리고 이후 파란만장한 삶을 살고 다시 아버지의 집으로 돌아온 시점의 나이도 추산해 봅시다.

(나) 유다가 아버지의 집을 떠날 수밖에 없었던 이유에 대해 토론해 봅시다.

(다) 그 일 이후 유다는 그의 형제들과도 어울리지 못했습니다. 어떤 부분을 통해 확인할 수 있습니까?

4. 유다가 며느리로 데려온 다말과 엮이면서 (이유야 어찌 되었든) 두 아들이 죽었습니다. 그럼에도 불구하고 유다는 당시 관행대로 행하지 않고 다말을 살려 주었습니다. 유다는 어떤 이유로 이런 결정을 한 것일까요?

5. 유다는 이방인 아내가 죽고 난 다음에 육신의 정욕을 길거리 여인을 통해 해결하는 한이 있더라도 새롭게 아내를 구하지 않았습니다. 그 시대의 사람 같지가 않습니다. 유다가 고집스레 일부일처제(一夫一妻制)를 살아 낸 이유는 무엇이었을까요?

6. 다말의 간음과 임신 소식을 들은 유다는 큰 분노를 발했습니다. 관행을 따라 그저 돌로 쳐 죽일 수 있었음에도 산채로 끌어내어 불사르라 명령했기 때문입니다. 유다는 왜 이런 반응을 보이는 것일까요? (유다 본인은 인지하지 못하고 있지만, 비슷한 상황에 처한 다른 사람들보다 더 크고 과장된 반응을 보이는 것은 분명합니다. 그 이유에 대해 생각해 봅시다.)

7. 다말의 입장에서 이 상황을 생각해 봅시다.

(가) 다말로 하여금 그 엄청난 일을 저지를 수 있도록 한 원동력은 무엇이었을까요? (자신의 목숨을 걸 정도로 유다 집안 사람이 되고자 했던 다말의 진심을 생각해 봅시다.)

(나) 결국 다말이 유다에게 자신의 목숨과 전인격을 걸고 '호소'했던 것은 무엇입니까? (유다의 무엇을 지적한 것입니까?)

(다) 다말과 같이 믿음으로 구원의 반열에 들어설 때 믿음의 대가를 지불한 것이 있다면 나누어 봅시다.

8. 다말은 쌍둥이를 출산했습니다. 유다는 에서와 야곱의 탄생일화보다 더 드라마틱한 출산 과정을 지켜보았습니다. 성경은 더 이상의 설명을 하고 있지 않지만, 이 과정을 통해 유다가 다시 아버지의 집으로 돌아간 것으로 이야기를 그리고 있습니다.

(가) 유다가 풀어 낸 자신의 인생 숙제를 나누어 봅시다.

(나) 저자는 유다가 파란만장한 삶을 살아가며 아버지 야곱을 이해하고 용서할 수 있었기에 아버지 집으로 다시 돌아갈 수 있었다고 주장합니다. 우리가 복음을 전할 때 예수 그리스도의 십자가와 이를 통한 하나님의 사랑을 받아들이기 어려워하는 분들을 만나게 됩니다. 이런 분들에게 창세기 38장(유다의 출가와 귀향)의 이야기가 어떤 도움이 될 수 있을까요?

(주)

1) 208 p. 『한국교회처음이야기』(이덕주/홍성사) 중 강화읍교회 과부교인 김씨와 여종 복섬의 실제 이야기(p.105)
2) 230 p. 룻기 4장 12절은 나오미 집안의 기업을 무르고 룻을 아내로 맞이하려는 보아스에게 베들레헴 성중 모든 백성과 장로들이 화답한 축복의 말씀입니다. "여호와께서 이 젊은 여자로 말미암아 네게 상속자를 주사 네 집이 다말이 유다에게 낳아준 베레스의 집과 같게 하시기를 원하노라 하니라."
이로 보아 유다는 장자권의 축복을 다말이 낳은 쌍둥이 가운데 첫째인 세라가 아니라 둘째인 베레스에게 물려주었던 것으로 판단됩니다. 분명 유다였기에 가능한 일이었을 것입니다. 비록 유다가 올곧은 성격임에도 당시 관습에 얽매이지 않고 유연한 분별을 할 수 있었던 이유는 그간 힘든 인생역정을 통해 아버지 야곱이 평생 동안 힘들게 싸워 왔던 장자권 투쟁을 인정하게 되었고 그 허물을 용서할 수 있었기 때문입니다.

Chapter 5. 야곱의 용서

야곱이 아들에게 명하기를 마치고 그 발을 침상에 모으고 숨을 거두니 그의 백성에게로 돌아갔더라. 요셉이 그의 아버지 얼굴에 구푸려 울며 입 맞추고 그 수종 드는 의원에게 명하여 아버지의 몸을 향으로 처리하게 하매 의원이 이스라엘에게 그대로 하되 사십 일이 걸렸으니 향으로 처리하는 데는 이 날수가 걸림이며 애굽 사람들은 칠십 일 동안 그를 위하여 곡하였더라. 요셉이 아버지를 장사한 후에 자기 형제와 호상꾼과 함께 애굽으로 돌아왔더라. 요셉의 형제들이 그들의 아버지가 죽었음을 보고 말하되 요셉이 혹시 우리를 미워하여 우리가 그에게 행한 모든 악을 다 갚지나 아니할까 하고 요셉에게 말을 전하여 이르되 당신의 아버지가 돌아가시기 전에

야곱, 마지막 강가에서 인생의 참 숙제를 풀다!
창세기 49장 33절~50장 21절

―――――

명령하여 이르시기를 너희는 이같이 요셉에게 이르라 네 형들이 네게 악을 행하였을지라도 이제 바라건대 그들의 허물과 죄를 용서하라 하셨나니 당신 아버지의 하나님의 종들인 우리 죄를 이제 용서하소서 하매 요셉이 그들이 그에게 하는 말을 들을 때에 울었더라. 그의 형들이 또 친히 와서 요셉의 앞에 엎드려 이르되 우리는 당신의 종들이니이다. 요셉이 그들에게 이르되 두려워 마소서. 내가 하나님을 대신하리이까 당신들은 나를 해하려 하였으나 하나님은 그것을 선으로 바꾸사 오늘과 같이 만민의 생명을 구원하게 하시려 하셨나니 당신들은 두려워 마소서. 내가 당신들과 당신들의 자녀를 기르리이다 하고 그들을 간곡한 말로 위로하였더라(창50:18~21).

마음속 분노

어린 시절 시골집에서 소를 키웠습니다. 겨울철이 되면 아침과 저녁으로 소죽을 끓였습니다. 소죽은 구정물 통에서 길어온 소죽물에다가 볏짚을 썰어 넣고 콩깍지나 고운 등겨가루 한 바가지를 넣고 푹 끓인 후에 뒤적여 주면 됩니다. 그런데 소죽을 끓일 때 그냥 물을 사용하기도 하지만 보통의 경우에는 구정물 통에 모아둔 발효된 쌀뜨물이나 개숫물을 사용합니다. 왜냐하면 소가 이런 시큼한 소죽물로 끓인 소죽을 더 좋아하기 때문입니다. 실제로 옛날 시골에서는 쌀 씻은 물이나 설거지 한 물, 채소 같은 것들을 다듬고 남은 찌꺼기조차도 그냥 버리지 않고 큰 구정물 통에 모아서 이런 식으로 재활용했습니다.

그 당시 부모님의 일손을 돕는 것 중에서 가장 하기 싫은 일이 바로 이 일, 소죽을 끓이기 위해 아침 일찍 일어나 그 구정물 통에 든 소죽물을 양동이에 담아 뒤뜰 소죽간 가마솥까지 나르는 것이었습니다. 왜냐하면 양손에 양동이 가득한 그 더러운 물을 여러 번 떠 날라야 했는데 잰걸음으로 걸어갈 때마다 물이 튀어서 옷을 다 버렸기 때문입니다. 그리고 걸을 때 양동이가 다리에 닿지 않도록 하려면 팔에 어마어마한 힘을 주어야 했기 때문에 이 일은 보통 힘든 일이 아니었습니다. 게다가 아버지께서는 늘 구정물 통에서 물 길을 때 휘휘 저어서 건더기를 많이 담아오라고 말씀하셨기 때문에 냄새가 많이 나는 이 일은 결코 아침에는 하고 싶지 않은 일이었습니다.

어린 시절 이렇게 소죽을 끓이기 위해 허드렛물을 나르면서도 이런 생각을 했습니다. 사람의 마음은 구정물 통과 같다고 말입니다. 아무 일이 없고 잠잠할 때는 깨끗하게 보여도 막대기 하나로 그 속을 휘휘 젓게 되면 그 아래에 가라앉은 온갖 더러운 건더기들이 부글부글 다 끓어오릅니다. 그러면서 시큼하고 구역질 나는 냄새를 발하게 됩니다. 정말이지 이것은 사람의 마음과 똑같습니다. 평상시에는 선한 얼굴을 하고 있지만, 유사시 어떤 막대기 하나가 나타나 사람의 마음을 휘젓게 되면 잠잠히 가라앉아 있던 온갖 죄악 되고 더러운 건더기들-욕설과 미움, 시기, 질투, 증오, 원망이 강력한 분노의 형태로 부글부글 끓어오릅니다.

그래서 사람들은 화가 나면 뚜껑이 열린다는 표현을 사용하나 봅니다. 이 분노가 클수록 그 막대기 역할을 한 사람들을 용서하는 것이 어렵습니다. 아니 불가능합니다. 바로 이런 것이 전적으로 타락한 우리의 마음입니다. 마음속에 맑은 물이 솟아나는 샘물을 소유한 것이 아니라 온갖 잡다한 쓰레기가 가득한 그냥 막힌 구정물 통을 가지고 있을 뿐입니다. 단지 모든 것이 차분히 가라앉아 있어 잔잔하고 맑은 것처럼 느껴질 뿐입니다. 그래서 우리는 근본적으로 스스로의 힘으로는 그 누군가를 마음을 다해 용서하기가 불가능한 사람들입니다. 특히 나와 나의 가족이나 친구에게 나쁜 짓을 한 사람을 용서하기란 부자가 천국에 들어가는 것보다 어렵습니다. 그러나 이 용서의 문제는 그 근원으로 따진다면 아담까지 거슬러 올라가야 하며, 육신을 입고 있는 인간에게는 감기만큼이나 아주 오래되고 친숙한 주제입니다.

믿음의 족장시대, 대단원의 막을 내리다

야곱이 아들에게 명하기를 마치고 그 발을 침상에 모으고 숨을 거두니 그의 백성에게로 돌아갔더라. 요셉이 그의 아버지 얼굴에 구

> 푸러 울며 입맞추고 그 수종 드는 의원에게 명하여 아버지의 몸
> 을 향으로 처리하게 하매 의원이 이스라엘에게 그대로 하되 사십
> 일이 걸렸으니 향으로 처리하는 데는 이 날수가 걸림이며 애굽 사
> 람들은 칠십 일 동안 그를 위하여 곡하였더라 (창49:33~50:3).

드디어 창세기의 끝까지 왔습니다. 창세기의 대단원은 족장 시대의 장엄한 말로(末路)와 새로운 시대-하나님의 선민(選民) 이스라엘-의 출범을 예고하고 있습니다. 하나님 나라가 족장 중심의 가정교회 공동체에서 이제 민족공동체로 자라가는 전환이 이루어질 것입니다. 그렇기 때문에 창세기는 위대한 족장, 이스라엘이라는 이름의 발단이 된 시조, 야곱의 죽음으로 마무리되는 것이 지극히 당연합니다.

그러나 이 부분에서 이의를 제기하실 분이 있을지 모르겠습니다. 왜냐하면 공식적으로 창세기의 마지막은 요셉의 죽음으로 끝나기 때문입니다. 그래서 어떤 분들은 창세기 말미에서 요셉의 이야기가 상당 부분 이어지고 있기에 야곱보다는 오히려 요셉을 크게 부각시키기도 합니다. 한동안 요셉에 관한 책들이 큰 유행을 타기도 했습니다. 물론 요셉이 예수님을 예표한다는 것은 분명합니다. 그래서 요셉의 삶을 깊이 있게 조명하고 그의 신앙과 영성을 배우는 것은 아무리 강조해도 지나치지 않습니다. 그러나 저는 이 부분을 조금 다른 각도로 바라봅니다. 더 큰 그림에서 보아야 하고, 창세기 이야기의 전체 흐름상 야곱의 이야기 속에서 요셉의 이야기를 한정하여 이해하는 것이 더 바람직하다고 생각합니다.

이를 야구에 빗대어 보면 이해하기가 수월할 것 같습니다. 야곱은 창세기 대단원에서 선발투수입니다. 그러나 다소 아쉽게도 야곱이 완투하지

는 못했습니다. 7회에 유다가 중간 계투로 잠깐 투입이 되었고 8회와 9회에 요셉이 구원투수로 들어와서 족장 시대의 어려운 숙제들을 합력하여 선을 이루도록 멋있게 마무리 한 것입니다.

이스라엘은 야곱의 새 이름입니다. 야곱의 열두 아들이 곧 이스라엘 열두 지파의 근원이 됩니다. 그렇기 때문에 야곱은 믿음의 계보를 잇는 마지막 족장이 확실합니다. 그리고 이는 이스라엘 백성이 스스로 증명하고 있습니다. 그들은 여호와 하나님을 풀네임으로 부를 때 이렇게 부릅니다. "아브라함의 하나님, 이삭의 하나님, 야곱의 하나님!"이라고 말입니다. 야곱 뒤에 "요셉의 하나님!"이라고 부르지 않습니다. 전체 맥락에서 보더라도 성경은 야곱의 유언과 자식들에 대한 축복과 예언, 그리고 야곱의 죽음과 장례를 길게 다루고 있습니다. 그 후, 창세기 제일 끝에 가서야 비로소 요셉의 죽음으로 대단원의 막을 내립니다.

이렇게 창세기의 대미(大尾)를 요셉이 아닌 야곱이 장식한다고 길게 변명하는 이유는 다름이 아닙니다. 창세기를 마무리하는 주제로 무엇이 가장 적합한가, 라는 생각을 해 보았기 때문입니다. 이는 역사의 주관자시고 성경의 원작자이신 하나님의 마음을 다른 각도에서 미리 읽어 보자는 의미입니다. 만약 내가 하나님이라면 인생들(이스라엘)을 위한 가이드북을 만들 때 어떤 방식, 어떤 주제로 엮어 갔을까요? 무성영화(구약)와 내레이션(신약)이라는 독특한 방식을 채택했다면 두 성경의 주제를 동일하게 연결시키지 않았을까요? 서로 대구를 이루도록 말입니다. 신약의 주제를 한 마디로 표현한다면 '용서'라고 할 수 있습니다. 복음의 핵심은 여호와 하나님께서 독생자 예수 그리스도와 십자가를 통해 우리 모든 죄인들의 죄를 다 대속(代贖)하고 용서하신 것입니다. 그렇기 때문에 구약, 특히 구약의 첫 권인 창세기 말미의 주제도 용서일 것으로 추론할 수 있습니다.

이런 것을 염두에 두고 창세기 말미를 다시 보면 이런 생각이 터무니없는 추론이 아님을 확인하게 됩니다. 앞선 2장에서 우리는 인생의 숙제와 관련된 이야기들을 나누었습니다. 야곱이 스스로 생각한 자신의 인생 숙제는 '축복'과 '장자권'에 관한 것이었습니다. 그러나 하나님께서 야곱에게 허락하신 인생의 숙제는 '용서'의 문제였습니다. 바로 야곱은 이 숙제를 인생 말미, 창세기 대단원에서 풀어 내고 있습니다.

야곱의 유언

> 요셉이 아버지를 장사한 후에 자기 형제와 호상꾼과 함께 애굽으로 돌아왔더라. 요셉의 형제들이 그들의 아버지가 죽었음을 보고 말하되 요셉이 혹시 우리를 미워하여 우리가 그에게 행한 모든 악을 다 갚지나 아니할까 하고 요셉에게 말을 전하여 이르되 당신의 아버지가 돌아가시기 전에 명령하여 이르시기를 너희는 이같이 요셉에게 이르라 네 형들이 네게 악을 행하였을지라도 이제 바라건대 그들의 허물과 죄를 용서하라 하셨나니 당신 아버지의 하나님의 종들인 우리 죄를 이제 용서하소서 하매 요셉이 그들이 그에게 하는 말을 들을 때에 울었더라 (창50:14~17).

야곱은 147세로 땅 위의 삶을 마감합니다. 130세에 애굽에 건너와 아들들과 17년을 더 살았습니다. 죽기 전에 자식들에게 전통대로 유언과 축복(예언)을 남깁니다. 성경은 그 내용을 창세기 47장 29절에서 48장, 49장에 걸쳐 상세하게 소개합니다. 지면상 그 내용을 다 살펴볼 수는 없습니다. 그런데 몇몇 특징이 있습니다.

야곱은 모든 자녀를 다 불러 모아 한꺼번에 유언과 축복을 하지 않았습니다. 먼저 요셉과 요셉의 두 아들, 곧 므낫세와 에브라임을 따로 불러 유언과 축복을 합니다. 여기서 야곱은 두 손자를 자신의 아들로 입양합니다. 이후 임종 직전에 다시 요셉과 나머지 아들들을 불러 예언과 축복을 합니다. 그런데 그 유언과 예언의 면면을 살펴보면, 어떤 아들들에게는 축복이기도 하지만 어떤 아들들에게는 저주에 가깝습니다. 미래에 있을 일들이지만 과거의 행실이 결과로써 반영되어 있습니다. 뒤끝이 상당히 크고 봐주는 여지가 전혀 없습니다. 어떻게 보면 용서와 관용이 전혀 없는 유언으로 보입니다. 그러나 겸허하게 야곱의 축복(예언)을 바라보면 신앙에 로또란 없으며 "울며 씨를 뿌리러 나가는 자는 반드시 기쁨으로 그 곡식 단을 가지고 돌아오리로다"라는 하나님의 법칙에 예외가 없다는 사실을 인정하게 됩니다.

그런데 지금 살펴보는 본문의 16절과 17절에 조금 다른 이야기가 나오고 있습니다. 야곱의 아들들의 증언에 따르면, 아버지 야곱이 죽기 전에 요셉을 제외한 나머지 아들들에게 명령한 것이 있었다고 합니다. 그 명령의 내용은 이전에 형들이 지은 악행과 죄과에 대해서 재차 요셉에게 용서를 구하라는 내용이었다는 것입니다. 그런데 성경에서 야곱이 이런 내용의 유지(遺志)를 실제로 아들들에게 남겼는지를 확인할 방법은 없습니다. 성경을 자세히 살펴보아도 이전 이야기에서는 본문과 같은 내용에 대한 언급이 없기 때문입니다. 그래서 야곱의 아들들은 야곱이 죽고 난 이후에 요셉을 너무 두려워한 나머지, 행여 16절과 17절의 이야기를 임의로 지어 내어 위기를 모면하려 한 것이 아닌가, 라고 의심해 보기도 했었습니다. 그러나 앞뒤 정황을 잘 따져본다면 이들이 이미 진심으로 회개했다는 사실을 분명히 확인할 수 있습니다. 그렇기 때문에 이들 스스로 요셉에게 고백하는 아버지의 유언은 분명한 사실이었다고 판단할 수 있습니다.

그런데 이 두 구절의 유지(유언)에서 관심 있게 살펴야 할 부분이 있습니다. 특별히 성경은 이 단어를 강조하고 있습니다. 바로 16절에 있는 '명하여'라는 단어입니다. 즉 형제들은 요셉에게 아버지의 유언 이야기를 하면서 야곱이 단순히 이 유언을 전(傳)하라고 말씀하지 않았고 이것을 '명(命)'하여 이르셨다는 것입니다. 다시 말해, 아들들의 증언에 따르면, 야곱이 아들들에게 자신이 이르는 말을 반드시 요셉에게 전하라고 명령했다는 것입니다.

이로 볼 때, 비록 공식 유언에는 언급되지 않았지만 실제로 야곱은 16절, 17절의 내용으로 자식들에게 유언을 했으며, 이 유언에 큰 의미를 부여했고 그것을 요셉이 알아주기를 간절히 바랐던 것으로 판단할 수 있습니다. 만약 그가 전하는 말 속에 중요한 내용이 없었다면 야곱은 절대로 그것을 명령하지 않았을 것이기 때문입니다. 그렇기 때문에 우리는 멈추어 서서 그 이유가 무엇인지 깊이 생각해 보아야 합니다. 게다가 요셉은 형제들의 보고를 듣고서 눈물을 흘렸습니다. 단순히 돌아가신 아버지가 그리워 우는 울음은 분명히 아니었습니다. 그 명령 속에는 그 이상의 무엇이 있었습니다. 그런데 요셉은 그 의미를 단번에, 그리고 정확하게 파악했습니다. 그렇기 때문에 요셉이 형들로부터 그 이야기를 들었을 때 뜻깊은 눈물을 흘릴 수 있었습니다.

야곱은 마지막으로 숨을 거두면서 여호와 하나님께서 베푸신 인생의 의미에 관한 마음속 깊은 깨달음과 자식들을 향한 진심을, 그것을 유일하게 제대로 이해해 줄 수 있는 요셉에게 남기고자 했음이 분명합니다. (그래서 저는 이 본문을 읽을 때마다 멈추어 서서 오랫동안 이 한 구절에 머물러 있을 수밖에 없었습니다. 절절했던 야곱의 마음과 그런 야곱의 마음을 헤아렸던 요셉의 마음을 깊이 느껴 보기 위해서였습니다. 그런데 저는 그럴 때마다 요셉의 이 울음 앞에서 예루살렘을 향하여 우시던 예수님의 눈물이 겹쳐졌습니다.)

요셉의 눈물

> …너희는 이같이 요셉에게 이르라 네 형들이 네게 악을 행하였을지라도 이제 바라건대 그들의 허물과 죄를 용서하라 하셨나니…(창50:17).

그렇다면 야곱은 왜 임종 시에 이런 유언을 남겼을까요? 보다 구체적으로 생각해 보았으면 합니다. 사실 야곱과 요셉의 깊은 부자지정(夫子之情)을 생각한다면 오히려 이런 유언을 남기는 것 자체가 충분한 의문이 될 수 있습니다. 왜냐하면 야곱이 살아 있을 때 요셉은 이미 그의 형제들을 충분히 용서하였고, 또 그 모든 과정이 합력하여 선을 이루는 하나님의 계획하심이었다는 것을 알고 있었기 때문입니다. 게다가 이들은 애굽에서 함께 17년을 더 살았습니다. 그런데 17년이 지난 후에 다시 그 일을 꺼내어 재삼 용서를 구한다는 것이 더 이상할 수 있습니다. 이런 사실과 요셉의 성정을 누구보다 야곱 자신이 더욱 잘 알고 있었을 것입니다. 그런데도 야곱이 과거의 아픈 이야기들을 다시 끄집어내는 데는 야곱의 속 깊은 또 다른 의도가 숨어 있었다고 판단됩니다. 그것은 무엇일까요? 왜 야곱은 이런 유지를 자식들에게 명한 것일까요?

결론부터 이야기하면, 야곱이 아들들을 통해 요셉에게 전한 이 명령에는 야곱이 일평생 풀어간 자신의 인생 숙제이자 자신의 삶에 대한 신앙고백이 들어 있었습니다. 그래서 야곱은 이것이 너무 중요하기 때문에 그 내용을 요셉에게 알려 주고 싶었던 것입니다. 야곱은 자신의 그 절절한 마음을 요셉과 공유하고 싶었으며 요셉이 그 마음을 알아주기를 간절히 바랐습니다.

야곱은 콤플렉스 덩어리의 은둔형 인간이었습니다. 이름부터가 저주스러웠습니다. '속이는 자', '약탈자'가 무엇입니까! 그래서 그의 인생은 이름대로 꼬여 갔습니다. 이름대로 형의 장자권을 팥죽 한 그릇에 갈취했고, 이름대로 형 에서가 받을 아버지 이삭의 축복을 빼앗아 자기 것으로 만들었습니다. 이름대로 외삼촌 라반의 집에서 악착같이 가축들을 키워 재산을 끌어 모았습니다. 그런데 그렇게 이름대로 살수록 야곱의 마음속에는 분노와 원망과 미움이 쌓여 갔습니다.

형 에서만 좋아하는 아버지 이삭을 용서하기가 어려웠습니다. 용서는 둘째 문제고 이해할 수조차 없었습니다. 하나님의 말씀을 받았으면 그대로 실천하며 살아야 하는데 큰 자가 어린 자를 섬길 것이라는 하나님의 명령을 따르지 않는 아버지를 야곱은 용서할 수가 없었습니다. 형 에서도 마찬가지였습니다. 신앙이 다른 이방 여인을 아내로 맞이하여 부모님의 속을 썩이고 여호와 하나님을 제대로 믿지 않는데도 장자의 권한을 가지려는 형이 미웠습니다. 외삼촌 라반은 더했습니다. 욕심이 너무 많았습니다. 자신과 자신의 가족들을 다 종으로 삼으려 하였습니다. 요셉이 태어난 것을 계기로 자신이 정신을 차리지 못했다면 자신의 가족들은 밧단아람에서 외삼촌 집안의 종놈으로 전락하여 살아갔을 것입니다. 절대 용서할 수가 없는 사람이 외삼촌 라반이었습니다.

야곱의 아들들도 마찬가지입니다. 무엇보다 요셉을 애굽의 종으로 판 그 아들들의 죄에 대해 요셉보다 더 깊은 배신감과 상처를 받은 이는 다름 아닌 야곱 자신이었습니다. 아들들은 자신이 가장 사랑하는 아들 요셉을 죽이려 했고, 애굽에 노예로 팔아넘기고는 들짐승에게 당했다고 능청스레 거짓말을 했습니다. 이런 사실을 몰랐던 야곱은 죽은 막내아들의 시신도 수습하지 못한 채 가슴에 묻어야 했습니다.

어디 이뿐이었습니까? 자신의 딸 디나의 강간사건과 이후 시므온과 레위가 그 아비에게 행한 것들은 어떠했습니까? 온 가족을 죽음의 궁지로 몰아넣은 것은 둘째 문제고 아버지에게 당차게 반항하던 그들의 혈기를 보시기 바랍니다. 오죽하면 아버지가 마지막 유언을 남기면서 축복의 말이 아니라 저주의 말을 했겠습니까? 게다가 자신이 그토록 신뢰하던 큰 아들 르우벤은 자신의 후첩 빌하와 통간까지 했습니다. 넷째 유다는 본인과 가족들을 미워하여 가출하였고 자기 마음대로 살다가 20년 만에 집으로 돌아왔습니다.

아마도 뭣한 사람 같았으면 화병으로 일찍 죽었을 것입니다. 물론 자식들의 마음에 분노가 쌓이게 되고 아버지를 대적하게 된 근본 이유에 대해서는 또 다른 각도로 바라보아야 하나, 야곱 입장에서 얼마나 이들이 미웠을까요? 야곱은 자신의 아들들을 포함하여 자신을 '야곱'이라고 부르는 모든 사람들에 대해서 미움을 가지고 있었기에 이들을 용서하는 것이 어려웠습니다. 이것은 절대로 풀 수 없는 미션 임파서블이었습니다. 그래서 야곱이 130세에 바로를 만났을 때 그가 한 고백이 그냥 한 말이 아닙니다. "내 나그네 길의 세월이 일백삼십 년이니이다. 나의 연세가 얼마 못되니 우리 조상의 나그네 길의 세월에 미치지 못하나 험악한 세월을 보내었나이다."

야곱은 인생 말미에서야 비로소 여호와 하나님께서 모든 인생에게 보여 주고 말씀하시려 하신 인생의 깊은 뜻과 의미를 발견하게 되었습니다. 이렇게 험악한 세월을 보내며 야곱이 하나님의 경륜과 인생의 의미에 대해서 깨달은 것이 무엇입니까? 바로 '용서'입니다. 아담과 하와가 에덴동산에서 타락한 이후 여호와 하나님께서 줄기차게 인생들에게 전하시는 메시지가 무엇입니까? '내가 너희 죄 된 인생들을 용서한다. 그러니 너희도 서로 용서하고 아버지 품으로 돌아오라!'는 메시지가 아닙니까! 하나님께서 인생들에게 베푸신 가장 큰 은혜인 이 용서를 모든 만민과 온 천하가 알 수 있도록 선포한 사건이 바로 그 아들 예수 그리스도를 십자가에 죽이시고 다시 살리신 사건이지 않습니까!

야곱은 인생 말미에 모든 것이 합력하여 선을 이루는 하나님의 섭리를 보았습니다. 이것은 다름 아닌 '용서의 법칙'이었습니다. 그래서 자신의 아버지 이삭과 형 에서와 자신의 자녀들을 진심으로 용서할 수 있었고 나아가 이들과 화해할 수 있었습니다. 그러나 그는 여기에 머무르지 않았습니다. 이것을 실천해 옮겼습니다. 야곱은 이 용서와 화해로 말미암은 참 평안을 자신뿐 아니라 자식들도 누리게 했습니다. 그래서 야곱은 그 증표를 아들들을 통해서 요셉에게 전하고자 했던 것입니다. 요셉은 단번에 그 의미를 알아차렸습니다. 아들들이 요셉에게 저지른 허물과 죄를 다시 한 번 더 용서해 달라고 한 것은, 다름 아니라 야곱이 이제는 자신의 아들들의 죄와 허물을 용서한다는 것을 요셉에게 확증시키고 또 그 아들들도 깨닫게 하고 누리게 하고자 한 것입니다.

그런데 야곱의 이런 변화에 대한 계기는 어디로부터 말미암은 것일까요? 저는 두 가지 결정적인 계기가 있었다고 판단합니다. 첫째, 형 에서의 변화된 모습입니다. 야곱은 세겜성 대참사 이후 마침내 고향 땅으로 돌아가게 되었습니다. 그러나 야곱의 귀향은 여호와 하나님의 손에 떠밀려 어쩔 수 없이 가게 된 것이지 야곱이 자의(自意)로 그렇게 한 것이 아니었습니다. 형님은 여전히 어려웠으며 특히 적대적인 형수들과 나이 많은 조카들에게 미안하고 볼 면목이 없었기 때문입니다. 그리고 무엇보다 아버지 이삭이 살고 있는 고향 헤브론 땅은 소유가 풍부했던 에서와 야곱 두 대가족이 함께 목축하며 살기에는 넉넉지 못했습니다. 결국 모이고 나면 그 이후에 누군가는 다시 떠나야만 하는 상황이었기 때문에 야곱은 망설이고 또 망설였습니다. 이때 에서가 큰 결단을 합니다. 분명히 자신의 아내들과 자식들은 굴러들어온 돌이 박힌 돌을 빼낸다고 반대했겠지만, 에서 본인이 떠나겠다고 선포한 것입니다.

창세기 36장 6절 이하에 당시 상황이 소상하게 기록되고 있습니다. 성경은 아주 독특한 표현을 사용하고 있습니다. 성경은 일반적인 표현으로 '에서가 자신의 아내들과 자녀들과 집안의 사람들, 가축과 짐승들을 데리고 떠나갔다'라고 이야기하지 않습니다. 에서는 '자기 아내들과', '자기 자녀들과', '자기 집의 모든 사람'과 '자기의 가축'과 '자기의 모든 짐승'과 '자기…' 이렇게 계속해서 '자기(his)'라는 소유격을 반복하여 사용하며 표현하고 있습니다.

왜 이렇게 표현했겠습니까? 에서가 지지부진하거나 망설이면서 헤브론을 떠난 것이 아니라 깔끔하고 철저하게 헤브론을 떠났다는 것을 강조한 것입니다. 이를 다르게 표현하면 이렇습니다. 결국 아버지께서 살고 계시는 헤브론을 상속받을 사람은 장자인데, 형인 내가 장자가 아니고, 동생인 야곱이 장자라는 것입니다. 에서가 이것을 주저하거나 싫은 내색을 하지 아니하고 너무나도 확실하고 철저하게 공식적으로 정리했다는 의미입니다. 에서. '형만 한 아우 없다'는 속담처럼 너무 멋있지 않습니까? 분명히 야곱은 이런 형, 에서의 모습을 통해 상당한 충격과 깊은 감명을 받은게 틀림없습니다. 반면 자신의 못난 모습을 바라보면서 무척 부끄러웠을 것입니다. 야곱은 형, 에서의 통 큰 용서를 체험하면서 자신의 마음속 미움과 분노를 직시하게 되었습니다. 이때부터 그의 마음은 동요하기 시작했고 하나님의 섭리의 손길이 스며들기 시작했습니다.

에서가 자기 아내들과 자기 자녀들과 자기 집의 모든 사람과 자기의 가축과 자기의 모든 짐승과 자기가 가나안 땅에서 모은 모든 재물을 이끌고 그의 동생 야곱을 떠나 다른 곳으로 갔으니 두 사람의 소유가 풍부하여 함께 거주할 수 없음이러라 그들이 거주하는 땅이 그들의 가축으로 말미암아 그들을 용납할 수 없었더라 이에 에서 곧 에돔이 세일 산에 거주하니라 (창36:6~8).

둘째, 출가했던 유다의 귀향에서 비롯되었습니다. 유다의 귀향이 야곱에게 던지는 메시지는 컸습니다. 아버지 야곱은 유다를 맞이하기 위해 맨발로 뛰쳐나갔음이 분명합니다. 이에 대해 성경은 자세히 소개하고 있지 않지만, 그 당시 상황을 머릿속으로 그려보는 것은 상당한 의미가 있습니다. 생각해 보십시오! 거의 20년 만에 출가했던 유다가 사연 많은 자식들과 며느리 다말까지 거느리고 그제야 돌아왔습니다. (그중에는 쌍둥이 할아버지, 야곱과 에서를 너무나도 쏙 빼닮은 베레스와 세라, 두 쌍둥이도 포함되어 있었습니다!) 야곱은 하나도 아니고 아들 둘을 가슴에 묻은 줄 알았는데, 이유야 어찌 되었든 집나간 아들이 돌아왔으니 그 기쁨은 이루 말로 다 표현할 수 없었습니다. 야곱은 유다의 표정과 행색만 보고서도 속마음을 다 읽을 수 있었습니다. 유다가 야곱 본인과 형제들의 허물들을 용서하지 않았다면 다시 집으로 돌아오지 않았을 것이란 사실을 말입니다.

그리고 7년 동안의 대풍년이 끝나고 흉년이 시작되면서 애굽에 양식을 구걸하러 갔을 때의 일입니다. 그 일이 막내아들 베냐민의 동행과 거취 문제로 자꾸만 꼬여만 갔을 때 유다는 자신의 목숨을 걸고 동생 베냐민을 책임졌습니다. 이 또한 야곱의 심경 변화와 성숙에 큰 영향을 끼쳤습니다. 그리고 유다의 귀향은 아버지 야곱뿐 아니라 그의 형제들 사이에서도 마음가짐을 달리하는 계기가 되었습니다. 시간이 흘러가면서 형제들 사이에서도 미움과 원망은 줄어들고 미안함과 그리움, 측은함이 자리 잡았기 때문입니다. 바로 이것이 시간 속에서 일하시는 하나님의 열심입니다. 야곱의 마음속에 원망과 미움과 분노는 줄어들고 용서의 큰 열매가 자라가기 시작한 것입니다.

변화된 아들들

다시 돌아갑니다. 요셉은 형들이 전하는 아버지의 말씀을 듣고 왜 울었을까요? 첫째로 요셉은 부친의 구구절절 애틋한 그 용서의 마음을 읽었기 때문입니다. 이런 것을 두고 이심전심(以心傳心)이라 표현합니다. 하나님의 자녀들 간에는 말로 다 표현하지 않고서도 알 수 있는 교감이 있습니다. 이를 통해 요셉은 아버지의 마음을 읽었습니다. 둘째로 요셉은 형들의 고백 속에서 형제들의 큰 신앙 성장을 확인하게 되었습니다. 형제들은 요셉에게 자신들을 '하나님의 종'이라고 표현하고 있기 때문입니다. 아버지와 동생 요셉으로부터 참된 용서를 받았을 때 비로소 이들도 마음속 무거운 멍에를 벗을 수 있었으며 자신의 참된 정체성도 발견하게 되었습니다. 결국 요셉의 용서와 아버지 야곱의 용서가 형제들을 변화시켰고 스스로를 하나님의 종으로 살아가도록 이끌었습니다.

요셉은 여호와 하나님께서 인생들에게 베푸신 형언하기 어려울 정도로 놀라운 섭리와 계획하심을 맛보게 되었습니다. 그 또한 미움과 증오를 극복하고 용서의 기쁨을 체험한 사람이기 때문에 누구보다 아버지 야곱의 마음을 잘 헤아릴 수 있었습니다. 참된 용서의 기쁨과 평안을 체험한 사람만이 다른 이에게도 참된 위로를 전할 수 있기 때문입니다. 그래서 그는 두려워하는 형제들에게 이렇게 위로합니다.

> 그의 형들이 또 친히 와서 요셉의 앞에 엎드려 이르되 우리는 당신의 종들이니이다. 요셉이 그들에게 이르되 두려워 마소서. 내가 하나님을 대신하리이까 당신들은 나를 해하려 하였으나 하나님은 그것을 선으로 바꾸사 오늘과 같이 만민의 생명을 구원하게 하시려 하셨나니 당신들은 두려워 마소서. 내가 당신들과 당신들의 자녀를 기르리이다 하고 그들을 간곡한 말로 위로하였더라 (창50:18~21).

일흔 번씩 일곱 번의 용서

C. S. 루이스는 그의 책 『시편사색』에서 '용서'에 관한 촌철살인(寸鐵殺人)의 혜안을 우리에게 열어 줍니다.

… 용서는 결코 쉬운 일이 아닙니다. 우리가 잘 알고 있는 오래된 이야기 중에 이런 우스갯소리가 있습니다. "담배를 끊었다며? 난 수십 번도 더 끊었지." 마찬가지로 저는 어떤 사람에 대해 이렇게 말할 수 있습니다. "그날 그가 내게 한 행동을 용서했냐고? 셀 수 없을 만큼 용서했지." 용서는 거듭거듭 반복되어야 한다는 사실을 우리는 경험을 통해 잘 알고 있습니다. 우리는 용서하고 분노를 삭입니다. 그러나 일주일 후에 문득 그때의 일이 다시 떠오르면, 그동안의 모든 노력이 무색해지며 마음속에서는 다시 불같은 분노가 끓어오릅니다. 우리는 정말 형제를 일곱 번씩 일흔 번 용서할 필요가 있습니다. 그가 저지른 490번의 잘못에 대해서가 아니라 한 번의 잘못에 대해서 말입니다. …

> **그때에 베드로가 나아와 이르되 주여 형제가 내게 죄를 범하면 몇 번이나 용서하여 주리이까 일곱 번까지 하오리이까 예수께서 이르시되 네게 이르노니 일곱 번뿐 아니라 일곱 번을 일흔 번까지라도 할지니라 (마18:21,22).**

예수님께서는 용서의 문제가 너무 중요했기 때문에 이 말씀에 더하여 비유로도 설명해 주셨습니다. 우리가 잘 알고 있는 일만 달란트 빚진 종에 관한 이야기입니다.

그러므로 천국은 그 종들과 결산하려 하던 어떤 임금과 같으니 결산할 때에 만 달란트 빚진 자 하나를 데려오매 갚을 것이 없는지라 주인이 명하여 그 몸과 아내와 자식들과 모든 소유를 다 팔아 갚게 하라 하니 그 종이 엎드려 절하며 이르되 내게 참으소서 다 갚으리이다 하거늘 그 종의 주인이 불쌍히 여겨 놓아 보내며 그 빚을 탕감하여 주었더니 그 종이 나가서 자기에게 백 데나리온 빚진 동료 한 사람을 만나 붙들어 목을 잡고 이르되 빚을 갚으라 하매 그 동료가 엎드려 간구하여 이르되 나에게 참아 주소서 갚으리이다 하되 허락하지 아니하고 이에 가서 그가 빚을 갚도록 옥에 가두거늘 그 동료들이 그것을 보고 몹시 딱하게 여겨 주인에게 가서 그 일을 다 알리니 이에 주인이 그를 불러다가 말하되 악한 종아 네가 빌기에 내가 네 빚을 전부 탕감하여 주었거늘 내가 너를 불쌍히 여김과 같이 너도 네 동료를 불쌍히 여김이 마땅하지 아니하냐 하고 주인이 노하여 그 빚을 다 갚도록 그를 옥졸들에게 넘기니라 너희가 각각 마음으로부터 형제를 용서하지 아니하면 나의 하늘 아버지께서도 너희에게 이와 같이 하시리라 (마18:23~35).

야곱과 요셉도 마찬가지였습니다. 자식과 형제들이 저지른 490번의 잘못에 대해서가 아니라 단 한 번의 잘못에 대해서 490번이라도 용서해야 한다는 사실을 말입니다. 그렇기 때문에 야곱은 이미 17년 전에 마무리한 용서의 문제였으나 다시 수면 위로 올려서 그것을 확증하고자 한 것입니다. 자신의 죽음을 계기로 자식들과 형제들 가운데 행여라도 있을지 모르는 분노와 원망을 깨끗하게 씻어 내고자 한 것입니다.

예수님께서 가르쳐 주신 주기도문의 용서

> 그러므로 너희는 이렇게 기도하라 하늘에 계신 우리 아버지여 이름이 거룩히 여김을 받으시오며 나라가 임하시오며 뜻이 하늘에서 이루어진 것 같이 땅에서도 이루어지이다 오늘 우리에게 일용할 양식을 주시옵고 우리가 우리에게 죄지은 자를 사하여 준 것 같이 우리 죄를 사하여 주시옵고 우리를 시험에 들게 하지 마시옵고 다만 악에서 구하시옵소서(나라와 권세와 영광이 아버지께 영원히 있사옵나이다 아멘) (마6:9~13).

주님께서 제자들에게 가르쳐 주신 기도에도 용서에 관한 중요한 보물이 들어 있습니다. 주기도문은 예수님의 산상수훈 가운데 있으며 교회 다니는 어린이라면 가장 먼저 외워야 하는 1순위 성경 구절입니다. 그런데 저의 경우 철이 들고 머리가 굵어지면서 이 기도 내용에 대해서 의문이 한두 가지씩 생겨나기 시작했습니다. 나중에는 불만으로 발전했습니다. 왜냐하면 예수님께서 가르쳐 주신 기도치고는 너무 짧았으며, 내용으로 보더라도 특별한 것 없이 밋밋했기 때문입니다.

솔직히 일용할 양식을 구하는 부분에서는 다소 유치하다는 생각까지 했었습니다. 그래도 하나님의 아들이신 예수님께서 제자들에게 가르쳐 주신 기도 내용인데 무엇인가 특별한 것이 있어야만 할 것 같았습니다. "천지를 창조하시고 인생의 생사화복(生死禍福)을 주관하시며 무소부재(無

所不在) 하신 아버지 하나님이시여~"같이 장엄하고 거창한 시작은 아니더라도 뭔가 특별한 것들, 예를 들면, 세계의 평화와 인류의 번영 또는 인권 문제나 굶주리고 가난한 자들에 대한 축복 등의 내용으로 가득 차 있어야만 할 것 같았습니다. 그런데 전반부의 "하늘에 계신 우리 아버지"와 관계된 부분은 차치하고 후반부의 내용만 보더라도 전혀 예상 밖의 기도 제목들로 구성되어 있습니다.

후반부 기도 내용의 면면들을 간추려 보자면, 첫째로 "오늘날 우리에게 일용할 양식을 주옵시고" 둘째로 "우리가 우리에게 죄지은 자를 사하여 준 것 같이 우리의 죄를 사하여 주옵시고" 셋째로 "우리를 시험에 들게 하지 마시옵고 다만 악에서 구하시옵소서", 이렇게 지극히 개인적인 것들로써 너무 시시한 내용들이었습니다. 아니, 이 위대한 그리스도인들, 주님의 제자들이 일용할 양식을 위해 기도를 하다니요! 그리고 뭔 죄를 그리도 많이 지었길래 이웃의 죄를 용서해 주는 것을 담보로 우리의 죄를 사해 달라고 요청하다니요! 게다가 악한 영의 세력들과 싸워 이겨도 시원치 않을 상황에서 단지 악에서 구해 달라니요! 소극적이어도 너무 소극적이었습니다. 그래서 어린 시절에 예수님의 가르침 가운데 이해할 수 없는 난해 구절 1호가 주기도문이었습니다.

그러나 지금은 잘 알고 있습니다. 주기도문은 다른 사람도 아닌 예수님께서 우리에게 친히 가르쳐 주신 기도입니다. 그렇기 때문에 우리는 먼저 그 내용부터 신뢰해야 합니다. 먼저 이 기도에 관한 우리의 고정 관념부터 내려놓아야 합니다. 결국 기도한다는 것 자체가 교만한 우리에겐 걸림돌입니다. 도움을 필요로 하는 사람이 자신에게 도움을 줄 수 있는 전능자에게 도움을 간청하는 것이 기도입니다. 그것은 철저한 신뢰의 바탕에서 시작되는 것입니다. 전능자 앞에서 젠체한다는 것은 스스로 도움이 필요 없는 자라고 뻐기는 것입니다. 이것만큼 웃기는 것도 없을 것입니다. 하나님을 믿고 신뢰하지 못하는 자가 어떻게 그 하나님께 말을 걸고 도움을 요청할 수 있겠습니까! 그래서 기도는 겸손한 자만이 할 수 있는 것입니다. 이렇게 본다면, 예수님께서 우리들에게 가르쳐 주신 기도에서 특별히 후반부의 기도 제목 세 가지는 우리 그리스도인들에게 최적화된 기도 제목임에 틀림없고 또 그렇게 믿어야만 합니다.

첫째, 일용할 양식에 관한 기도입니다. 이는 우리 가운데 아무리 위대한 인물에 걸출한 영웅이 있다 할지라도 인생은 현재의 점을 살아가는 한 줌 재와 한 숨 호흡으로 이루어진 존재임을 기억하게 합니다. 그래서 우리는 늘 기도하면서 우리의 정체성을 확인해야 합니다. 날마다 시마다 일용할 양식을 구해야 하는 육신을 입은 피조물이라는 사실을 기억해야 할 것입니다. 그래서 이 기도는 틈만 나면 교만해지려는 우리를 정신 차리게 해 줍니다. 하늘을 나는 우리의 허황된 믿음을 땅으로 끌어내려 두 발로 설 수 있도록 합니다. 우리가 하나님께로부터 보장받은 호흡의 시간은 단지 오늘 하루뿐입니다. 그리고 우리는 바로 이 오늘을 위해서 삼시 세끼 일용할 양식을 먹어야만 하는 존재-육체입니다. 매일매일 우리는 여기서부터 출발해야만 합니다.

둘째, 하나님께 받는 죄사함과 이웃을 용서하는 문제입니다. 주기도문에 의문을 가지기 시작했을 때 가장 이해하기 힘든 기도 제목이었습니다. 마치 이 구절은 우리가 행한 어떤 선한 행위를 담보로 하나님께 무엇인가를 강청하는 듯한 느낌을 주었습니다. 사실 이 논리는 어린아이들이 잘 사용하는 논리이기 때문에 더욱 그렇게 느꼈습니다.

둘째 아이가 유치원 다니던 때 변비가 심했던 적이 있었습니다. 너무 볼일 보는 것을 무서워하고 힘들어해서 한 번은 큰 볼일 볼 때마다 용돈을 주었습니다. 그랬더니 한 번은 본인이 하기 싫은 목욕을 하면 자기에게 얼마의 용돈을 줄 거냐며 저에게 거래를 요청해왔습니다. 귀여워서 많이 웃었지만 의미하는 바가 크다고 생각합니다. 어린 아들의 이런 요청은 알고 보면 유치하고 우스운 것입니다. 용서와 죄사함에 관한 문제도 마찬가지입니다. 우리가 하나님께로부터 죄 용서를 받기 위해 우리 이웃들의 죄와 허물을 용서해야 한다면, 이것은 유치하고 억지스럽습니다. 그러나 주님께서는 그렇게 하라고 가르쳐 주셨습니다. 왜 우리는 그렇게 해야 하는 것일까요? 이 기도 제목은 우리로 하여금 몇 가지를 염두에 두게 합니다.

먼저, 기도할 때 기도하는 우리와 그 기도를 들으시는 여호와 하나님 사이의 관계에 관한 것입니다. 알고 보면, 예수님께서 알려 주시는 기도에 대한 가르침은 아주 쉽고 단순합니다. 즉, 우리로 하여금 그렇게 단순하고 유치한 기도를 드리라는 것입니다. 왜냐하면 우리가 아무리 크고 뛰어나고 또 성숙한 것 같아도 여호와 하나님 아버지의 시각에서 보자면 우리는 여전히 어린 아이와 같기 때문입니다. 우리를 지으신 여호와 하나님 아버지 앞에서만큼은 장성한 자인 것처럼 젠체하며 기도하지 말고 어린아이들처럼 기도하라는 것입니다. 아들이 아빠에게 무엇인가를 요구할 때 격식을 차리지 않는 것처럼 말입니다.

용서에 관한 이 명령은 예수님께서 가르쳐 주신 기도 외에도 나타나고 있습니다. 마가복음 11장 25~26절과 누가복음 6장 37절입니다.

"서서 기도할 때에 아무에게나 혐의가 있거든 용서하라. 그리하여야 하늘에 계신 너희 아버지께서도 너희 허물을 사하여 주시리라 하시니라. 만일 너희가 용서하지 아니하면 하늘에 계신 너희 아버지도 너희 허물을 사하지 아니하시리라 (막11:25,26)."

"용서하라. 그리하면 너희가 용서를 받을 것이요 (눅6:37)"

이렇게 죄사함과 용서에 관한 가르침은 알고 보면 우리가 생각하는 것처럼 결코 유치하거나 단순한 것이 아니라는 뜻도 내포되어 있습니다. 죄사함과 용서는 아주 중요하고 심각하며 어려운 문제입니다. 특히 예수님께서 죄사함과 용서의 문제를 매일의 기도 제목으로 주신 것은 이 문제가 육신으로 말하자면 삼시 세끼의 문제만큼 중요하며, 영적으로 말하자면 영혼의 사활이 걸린 문제라는 것을 의미합니다. 이는 우리의 심령과 마음에 관계된 것인데, 단순히 머리로 풀 수 있는 문제가 아닙니다. 오히려 손과 발, 행함으로 풀어야 할 문제입니다. 이것이 우리에겐 결코 쉽지 않기 때문에 예수님께서는 쉬운 방법을 가르쳐 주신 것입니다.

우리는 어쩔 수 없이 여호와 하나님께 죄를 짓고 허물을 가질 수밖에 없습니다. 예수님께서는 십자가를 통해 우리의 죄 문제를 근본적으로 해결하셨습니다. 우리는 분명히 예수님의 십자가와 부활을 믿음으로 죄사함을 받았고 구원을 얻었습니다. 그러나 우리는 그 순간 장성한 예수님의 분량이 된 것은 아닙니다. 그렇기 때문에 자라가는 과정이 필요하고, 그 과정에서 시험에 들기도 하고 죄를 짓기도 합니다. 그런데 하나님께서는 이런 우리의 상태를 너무 잘 알고 계십니다. 그래서 우리 눈높이에 맞춘 어떤 조건을 달아 주셨습니다. 마치 변비에 걸린 유치원생 막내아들에게 볼일 보는 것에 용돈을 건 것처럼 말입니다. 하나님께서 우리에게 내거신 조건이 무엇입니까? 우리가 우리에게 죄지은 자들, 즉, 우리에게 허물을 끼친 이웃들의 죄를 우리가 용서하면, 우리의 허물을 용서해 주시겠다는 것입니다! (별로 감흥이 없으시군요!)

사실 우리는 이 부분에서 심각한 병에 걸려 있습니다. 죄에 대한 감각이 무뎌서 이 놀라운 선포에도 큰 감흥이 없는 것입니다. 억지로라도 정신을 좀 차려서 무뎌진 감각을 살려 내 보아야 합니다. 우리가 가진 문제의 심각성은, 여호와 하나님 아버지 앞에서 우리가 저지른 죄와 허물이 얼마나 큰지를 우리 스스로 제대로 인지하지 못한다는 사실입니다. 하나님 앞에서 우리가 지은 죄의 크기가 태양이라면 우리의 이웃들이 우리에게 잘못한 죄와 허물의 크기는 지구의 위성인 달의 분화구 크기보다 작다는 것입니다. 그렇기 때문에 주님께서 내거신 이런 조건은 우리에게 대박입니다. 응가를 누고 용돈을 받는 것과는 차원이 다릅니다. 이것 안 하면 바보입니다! (인자와 긍휼에 풍성하신 여호와 하나님을 찬송합니다!)

그리고 여기에서 말하는 이웃-우리에게 죄지은 자들-은 멀리 있는 이웃을 의미하지 않습니다. 아주 가까이에 있는 이웃들을 말하는 것입니다. 바로 가족, 부부 사이, 부모와 자식 사이, 친인척이나 친구들, 교회 식구들, 직장동료 사이를 두고 하는 말입니다. 우리는 우리에게 죄지은 자들, 특별히 우리가 날마다 상대하는 나의 부모나 형제자매, 아내와 남편 또는 자녀들뿐 아니라 회사 동료, 거래처 사람들 등 이렇게 가까이 있는 사람들부터 용서하는 법을 배워야만 합니다. 첫 단추는 가장 가까운 곳에서부터 끼워야 하기 때문입니다.

이 시대에 필요한 용서

용서와 죄사함에 관한 기도는 우리의 생명과 관련된 아주 중요한 기도입니다. 이 정도로 중요한 문제가 아니었다면 예수님께서 제자들에게 가르쳐 주시지도 않았을 것입니다. 이는 아주 심각한 문제이고 특별히 영적 생명과 직결된 문제임이 분명합니다. 한 번 곰곰이 따져 보았으면 합니다. 우리 주위에서 일어나는 반사회적인 이슈나 사건들 가운데 단순한 사고를 제외한 살인, 상해, 폭행, 등의 기사들을(심지어 테러나 전쟁의 문제조차도) 살펴보면 거의 대부분이 사람의 마음속 분노와 관계된다는 것을 알 수 있습니다. 상대방을 용서하지 못하는 데서 온 결과들입니다. 이것은 자명한 사실입니다.

마음속 분노와 용서에 관한 문제는 우리가 생각하는 것보다 훨씬 현실적이고 실제적입니다. 예를 들면, 인터넷에서 쉽게 접하는 단어들 가운데 개대중, 놈현(뇌물현), 쥐새끼(쥐박이), 닭그네(심지어 그네년/귀태년), 문재앙/문죄인, 윤모지리/문석열 등이 있습니다. 다름 아니라, 이 이름은 근래 대한민국을 거쳤고 거치고 있는 대통령들의 별명입니다. 모두 국민들이 붙여 준 것입니다. 이는 정치계에서 진보와 보수 진영들이 앞다투어 쏟아 낸 대표적인 배설물 가운데 하나인데, 신랄함과 비아냥거림이 풍성하다 못해 도를 넘어서고 있습니다. 단순하게 생각하면 우리나라의 국민들은 정말 똑똑한 것 같기도 합니다. 그러나 그 이면을 자세히 바라보노라면 슬프기 그지없습니다. 누워서 침을 뱉고 있는 것인데, 그만큼 우리 국민들 마음속이 심각하게 병들어 있다는 뜻이기 때문입니다.

특히 사회 각계 각 층의 기득권자들, 지도자층을 향한 혐오, 냉소, 비아냥거림이 극에 달해 큰 후유증에 시달리고 있습니다. 특별히 지난 세월호 참사 같은 국가적 재난사고는 우리의 시간조차 멈추게 했습니다. 사람들에게 있어서 시간이 멈추는 시점은 마음속에서 강력한 분노가 치밀어 오를 때입니다. 물리적인 시간이 흘러가도 마음속에서 솟아오른 분노의 독성분은 우리의 영혼과 마음 심지어 몸도 마비시키기 때문에 우리는 여전히 그 사건에 머물러 있습니다. 모든 것이 멈추어 버린 듯 했습니다.

사람들은 이 모든 일들에 대해 핑계를 댈 만한 한 사람을 찾고 있었습니다. 그것이 정부의 수장인 대통령이 되었건, 세월호 선장 또는 이와 관련 있는 그룹의 회장이 되었건 관계가 없었습니다. 책임을 전가시킬 한 놈만 필요했습니다. 이는 사람의 마음속 깊은 곳에 있는 대표적인 책임 회피성 방어기제 가운데 하나입니다. 특정인을 지목하여 공공의 적으로 만들고 돌을 던져 죽여 버리는 것입니다.

이 방법은 아주 오래된 분노 처리 방법 중에 하나입니다. 선악과를 따 먹은 아담도, 아벨을 죽인 형 가인도 그랬습니다. 그들은 자신이 저지른 일과 마음속 분노에 대해 책임을 전가할 누군가를 찾았습니다. 그러나 심히 안타깝게도 그 당사자는 다름 아닌 여호와 하나님이었습니다. 이런 분노는 비록 갖은 핑계거리-의분(義憤)으로 잘 포장되어 있지만 우리 모든 자들의 죄(罪)에 기인한 것입니다. 우리 그리스도인들은 이런 사실을 직시해야 합니다.

지금, 하나님께서는 우리의 이런 죄와 위선(僞善)을 책망하고 계신데, 우리는 여전히 남의 탓만 하고 있습니다. 자녀들을 훈육하면서 회초리를 들어 본 부모들은 다 아는 사실이 하나 있습니다. 자녀들이 잘 못을 자백하고 뉘우치면 그 회초리를 든 팔의 높이가 낮아질 수밖에 없습니다. 그리고 열 대 이상 맞을 상황인데도 한두 대로 탕감됩니다. 그러나 잘못을 깨닫지도 못하고 계속해서 남의 핑계를 대거나 거짓말을 할 때는 방법이 없습니다. 비 오는 날 먼지 나도록 맞는 수밖에 없습니다.

현재 교계의 가장 큰 이슈는 그리스도인의 사회 참여입니다. 그러나 많은 분들이 오해하고 있습니다. 각종 언론매체와 네트워크망을 통해 부패와 부조리가 만연한 이 사회에 독설과 신랄한 비판을 가하는 것이 올바른 사회 참여라 생각하시는 분들이 많습니다. 이들은 그리스도인들이 복음을 들고 세상을 변혁시켜야 한다고 생각합니다. 그러나 복음은 세상을 변혁시키는 것을 목표로 하지 않습니다. 만약 그것이 목표였다면 예수님께서는 십자가에 달리시지도 않았을뿐더러 따로 열두 명의 제자를 두고 훈련시키지도 않으셨을 것입니다. 아니, 그것이 목표였다면 2000년 전에 이미 모든 변혁을 다 이루시고 끝내셨을 것입니다. 복음은 세상을 변혁시키는 데 목적을 두는 것이 아니라 한 사람 한 사람 그들의 영혼을 살리는 데 목적을 두고 있습니다. 그러나 이렇게 하면 놀랍게도 그 부산물로 세상의 변화와 변혁을 얻게 되는 것입니다.

사람들이 속고 있습니다. 병의 증상과 근본 원인을 구분하지 못하는 데서 오는 착오입니다. 적어도 우리 그리스도인들은 증상과 원인을 바르게 분별할 수 있어야 합니다. 절대로 증상에 호들갑 떨어서는 안 될 것입니다. 그래서 증상을 원인인 양 치료하려는 오류를 범해서도 안 됩니다. 이는 더 심각한 결과를 초래할 수 있습니다. 왜냐하면 증상을 원인인 줄 알고 잘못 치료한다면 이로 인해 병을 더 키울뿐더러 귀중한 물질과 시간까지 허비하기 때문입니다. 이 세상에 만연한 모든 부조리와 범죄와 악행은 모두 사람의 뒤틀려진 마음에서 비롯된 것입니다. 죄는 모두 사람의 마음과 관련이 있습니다. 특히 마음속에 쌓인 화와 분노가 모든 인생 문제의 근원입니다. 용서를 통해 이 모든 분노와 화의 문제를 해결하지 못하면 우리는 살아도 산 것이 아닙니다. 이런 의미에서 우리가 우리에게 죄지은 자를 용서해야 할 이유는 사실 하나밖에 없습니다. 우리가 살기 위해서입니다. 우리가 우리에게 죄지은 자를 용서하면 하나님께서 우리를 용서하시고 새로운 생명을 계속 부어 주시기 때문에 우리가 참되게 살아갈 수 있습니다.

마음속 미움, 원망, 분노를 품고 사는 것은 몸속에 독을 품고 살아가는 것과 같습니다. 그 독은 우리 몸의 모든 장기들, 오장육부를 녹여 낼 수 있는 강력한 위력을 가지고 있습니다. 핵폭탄보다 더 무서운 것이 사람의 마음속 분노입니다. 이 분노의 독들을 중화시킬 수 있는 백신은 말씀과 성령의 도우심을 통한 은혜와 평강뿐입니다. 이 은혜와 평강은 허물진 이웃들을 용서할 때 마음속 깊은 데서 솟아나는 하나님의 선물입니다. 따라서 용서에 관한 문제는 여기 야곱에게만 허락된 인생 숙제가 아닙니다. 이 세상을 살아가는 모든 인생들에게 허락된 것입니다. 특히 예수님의 제자 된 우리 그리스도인들에게는 풀어내야 할 필수과제입니다. 이것이 얼마나 중요한가 하면 예수님께서 주기도문을 가르치고 난 후에 다시 한번 더 용서에 대해 보충 설명을 하실 정도였습니다.

너희가 사람의 잘못을 용서하면 너희 하늘 아버지께서도 너희 잘못을 용서하시려니와 너희가 사람의 잘못을 용서하지 아니하면 너희 아버지께서도 너희 잘못을 용서하지 아니하시리라 (마태복음 6장 14절, 15절).

또 예수님께서 제자들에게 처음으로 십자가에 달려 돌아가실 것을 말씀 하신 후에 따르는 무리들에게 이런 말씀을 덧붙이셨습니다. "아무든지 나를 따라오려거든 자기를 부인하고 날마다 제 십자가를 지고 나를 따를 것이니라"(눅9:23).

여기서 자기를 부인하고 날마다 자기 십자가를 진다는 것은 무슨 의미일까요? 저는 그것이 결코 우리가 감당치 못할 만큼의 어마어마하게 큰일이라 생각지 않습니다. 그것은 다름 아니라 주님 가르치신 기도를 날마다 실천하는 것입니다. 특별히 그 가운데 우리에게 죄지은 자를 용서하는 것입니다. 하나님께서는 우리 모든 주의 자녀들이 날마다 용서의 은혜를 베풀고 화평하게 하는 자로 살아가기를 원하십니다. 바로 이것이 하나님께서 우리를 야곱으로 지으시고는 이스라엘이라 불러 주시는 이유입니다.

Chapter 5_연구 및 토론 문제

1. 야곱은 여러 차례에 걸쳐 유언을 했던 것으로 보입니다. 먼저, 야곱은 요셉의 두 아들, 손자인 므낫세와 에브라임을 자신의 아들로 입양하면서 이들에게 축복하며 안수합니다. 그런데 요셉의 의도와 달리 양손을 엇바꾸어 손자들 머리에 얹습니다. 다시 말해, 오른손, 장남의 축복을 므낫세가 아닌 에브라임에게 합니다. 이 부분에서 야곱은 요셉과 불편한 대화를 나눕니다 (창48: 18, 19).
야곱과 요셉 모두 믿음의 대가들입니다. 그럼에도 불구하고 다른 의견을 가지고 있습니다. 야곱은 왜 이렇게 했을까요? 요셉의 입장과 야곱의 입장을 나누어 토론해 봅시다.

2. 요셉의 형제들이 아버지 야곱이 죽은 후에 요셉이 행여 자신들을 미워할까 두려워하여 살아생전에 아버지가 명령한 말씀을 전합니다. "너희는 이같이 요셉에게 이르라. 네 형들이 네게 악을 행하였을지라도 이제 바라건대 그들의 허물과 죄를 용서하라." 요셉의 형제들은 이 말씀을 전하며 "당신 아버지의 하나님의 종들인 우리 죄를 이제 용서하소서"라고 말했습니다. 이때 요셉은 그 말을 들으며 울었습니다. 깊은 회환(回還)과 아버지 야곱에 대한 속 깊은 이해가 바탕이 된 울음입니다.

    (가) 야곱이 아들들의 입(고백)을 빌려 요셉에게 전하려 했던 메시지는 무엇일까요?
    (나) 요셉이 형들이 저지른 악행을 용서했을 때 형들 또한 변화된 모습을 보입니다. 이들 스스로 자신을 누구라고 표현하고 있습니까?

3. 야곱이 생각한 자신의 인생 숙제는 쌍둥이 차남이었음에도 불구하고 자신이 '장자'가 되는 것이었습니다. 그러나 여호와 하나님께서 야곱에게 허락하신 인생의 숙제는 전혀 다른 것이었습니다.

    (가) 야곱이 험악한 세월을 살아 내며 마침내 풀어 낸 그의 진짜 인생 숙제는 무엇이었습니까?
    (나) 나도 이렇게 누군가를 온전히 용서한 경험이 있는지 나누어 봅시다.

4. 야곱의 이러한 변화와 성숙을 이끌어 낸 두 가지 결정적인 계기가 있었습니다. 어떤 사건입니까? (Ref. 에서와 유다)

5. 하나님께서 그의 자녀들에게 허락하신 가장 강력한 무기이자 축복은 무엇입니까?

♠ 더 깊은 생각:

> C. S. 루이스가 쓴 『시편사색』에는 '용서'에 관한 멋진 표현이 있습니다. 본문에서 인용한 곳을 다시 찾아 읽은 후 마태복음 18장 21, 22절의 말씀을 다시 한번 더 묵상해 봅시다.

6. 신약에서, 열두 제자들은 예수님의 기도가 당대의 다른 랍비들의 기도와는 결이 다름을 알고 있었습니다. 그래서 예수님께 기도를 가르쳐 달라고 요청했습니다. 이렇게 하여 우리가 '주기도문(주께서 가르쳐 주신 기도)'을 소유할 수 있게 되었습니다.

(가) 주기도문을 처음 접했을 때 느낀 점을 솔직하게 나누어 봅시다.

(나) 주기도문의 내용과 분량은 너무 단순하고 짧습니다. 그럼에도 예수님께서 친히 가르쳐 주신 기도이기에 그 가치는 우리가 생각하는 그 이상일 것입니다. 이중 '우리가 우리에게 죄지은 자를 사(용서)하여 준 것 같이 우리 죄를 사하여 주옵시고'라는 말씀의 의미를 나누어 봅시다.

(다) 현재 내가 용서해야 할 사람이 있다면 있는 그대로 하나님 아버지께 고백해 봅시다. 그리고 '야곱의 용서'를 나도 이룰 수 있도록 주께 간구합시다.

에필로그

먼저, 아쉬움에 관한 것입니다. 이 책을 처음 구상할 때 가지고 있던 제목이 따로 있었습니다. '야곱의 용서'였습니다. 개인적으로는 그만큼 5장의 주제인 '용서'를 강조하고 싶었습니다. 비록 1장에서 5장까지 각기 다른 주제를 가진 이야기였지만 전체적인 이야기의 구성과 흐름은 자연스레 마지막 장(용서)을 조명하고 아우르면서 마무리하고 싶었습니다. 나름 최선을 다했지만 초보 작가에게 이런 정교한 작업은 생각했던 것보다 더 어려웠습니다.

무엇보다 5장의 '용서'라는 주제는 특별했습니다. 마음속에서는 수많은 이야기가 열정적으로 끓어올랐지만 막상 글로 표현하면 식은 죽이 되어 버렸습니다. 허탈해서 멍해질 정도였습니다. C. S. 루이스는 『순전한 기독교』에서 이런 이야기를 했습니다. "작가는 강조하고 싶은 내용이 있을 때 이탤릭체를 사용해서는 안 됩니다. 작가는 핵심 단어들을 두드러지게 만들 자기만의 독특한 방식을 찾아 써야 합니다." 그러나 루이스의 이 명언은 강조하고 싶은 내용에 대해서 여전히 이탤릭체를 사용하는 수준의 저에겐 넘사벽(넘을 수 없는 사차원의 벽)과 같았습니다. 실력 부족과 한계를 겸손히 인정하게 되었습니다.

이렇게 성경 이야기꾼으로서 이야기를 말로 하는 것과 글로 표현하는 것에는 큰 차이가 있었습니다. 생각하던 것과 아주 많이 달랐습니다. 포기하고 싶었던 적이 한두 번이 아니었습니다. 백지 상태가 되어서 몇 개월간 원고를 쳐다보지 않은 적도 있었습니다. 실력을 갑자기 키울 수 있는 것도 아니기 때문에 좁아진 시야와 한계를 극복할 돌파구가 필요했습니다. 이를 위해서 주위 선배들이나 친구들에게 도움을 청하기로 했습니다. 부족한 부분에 대해서 솔직하고 객관적인 평가를 받고 싶었습니다. 일차로 탈고한 원고를 제본 뜬 후에 알고 지내던 몇몇 분들에게 돌렸습니다. 그 가운데 페이스북 친구이신 번역가 전의우 목사님께서 아주 꼼꼼한 코멘트와 함께 핵심을 찌르는 질문을 주셨습니다. 바로 이 부분이었습니다. "왜 야곱으로 시작해서 예수님의 주기도문으로 끝이 나나요? '용서'라는 고리로 둘을 잇기에는 무리가 있어 보입니다. 결론이 아주 약합니다."

저도 같은 것으로 심각하게 고민했기 때문에 전 목사님의 이 질문과 코멘트는 제 마음 깊숙이 스며들었습니다. 이에 대한 저의 변명입니다.

C. S. 루이스는 같은 책에서 이런 말을 했습니다. "그(예수님)의 주장 중에 이제는 우리 귀에 너무 익은 나머지 무심코 흘려듣는 말이 하나 있습니다. 그것은 바로 죄를 용서해 준다는 말, 그 어떤 죄도 용서해 준다는 말입니다." 이 말을 처음 읽었을 때 저는 울 뻔했습니다. 용서라는 말(주제)을 아무리 강조하고 싶어도 마치 펑크 난 타이어에 바람을 넣는 것처럼 헛심만 들어가는 이유를 알게 되었기 때문입니다.

너무 귀에 익은 나머지 아무리 강조하고 싶어도 강조가 되지 않았던 것입니다. 용서라는 주제는 마치 태평양 바다의 물만큼 어마어마한 크기입니다. 그러나 용서에 대해서 우리가 이해하거나 실천할 수 있는 용량은 오늘 식탁에서 들어 올린 숟가락 위의 국물만큼의 양이기 때문에 용량 초과가 된 것입니다. 그래도 저는 강조하고 싶었습니다. 구태의연한 방법인지는 모르겠지만 한 가지 방법밖에 없었습니다. 만병통치약, 예수님! 그래서 예수님의 주기도문으로 마무리하지 않을 수 없었습니다. 누가 뭐라고 해도 용서에 관한한 최고의 권위자는 예수님이시기 때문입니다. 제가 가진 말의 권위와 실력으로는 도저히 이 단어를 감당치 못하여 예수님의 것으로 마무리할 수밖에 없었습니다.

작가 후기

　야곱 이야기가 저에게 끼친 영향에 관한 이야기로 길었던 내레이션을 마무리하려 합니다. 솔직히, 처음 작가 후기를 쓰고 10여 년이 지나서야 이 후기를 업데이트하게 되었습니다. 내용이 좋아 비교적 수월하게 출간할 줄 알았는데 예상 밖으로 기독 출판의 장벽이 높았습니다. 늘 그랬듯이 여호와 하나님께서는 제 인생의 그 어떤 길도 쉽게 가는 법을 허락하지 않으셨습니다.

　이제 저도 50대 중반의 나이에 접어들었습니다. 이 나라와 현시대의 정서로 볼 때 솔직히 변화와 도전을 하기에는 많이 늦은 나이입니다. 여전히 지금까지 살아오던 방식 그대로 안전과 안정을 추구하며 살아가야 할 수만 가지 이유들이 있었습니다. 그러나 야곱 이야기가 나이 핑계를 대며 안주하려는 저에게 늘 큰 자극이 되었습니다. 아흔에 새로운 비전을 붙든 야곱이 있는데, 어떻게 이제 겨우 지천명을 넘긴 제가 그것으로 핑계를 삼을 수 있겠습니까!

　야곱 이야기는 저로 인생의 비전을 새롭게 세우도록 강권하였습니다. 물론 도움이 되는 책도 있었습니다. 프리츠 파벨칙 선교사의 『즐거운 아프리카 양철교회』, 제임스 브라이언 스미스 박사의 『선하고 아름다운 삶』, 도널드 밀러의 『천년동안 백만마일』, 크레이그 그로쉘의 『카존』, 대니얼 테일러의 『왜 스토리가 중요한가/Tell Me a Story』는 탁월한 스토리 메이커였습니다. 이들의 도움으로 제 인생의 비전을 세 가지로 정립했습니다.

첫째는 글 쓰는 그리스도인, 둘째는 말씀을 전하는 그리스도인, 셋째는 가진 지식과 경험을 통해서 사회에 공헌하는 그리스도인이 되는 것입니다. 그러나 알고 보면 문구만 조금 멋있게 가다듬었을 뿐, 세 번째 것을 제외하고 앞의 두 가지는 오래전부터 해 오던 일이었습니다.

먼저, 글 쓰는 그리스도인입니다. 비록 저는 공대 출신이었지만 이십 대 초반부터 글쓰기를 좋아해서 학과에서 학회지도 만들고 교회 청년회에서 수십 장에 달하는 주보도 발행하곤 했었습니다. 지금까지 개인 블로그나 유튜브 활동을 통해서 꾸준히 글쓰기와 영상 제작을 병행하고 있었습니다. 그러나 지금까지 한 번도 작가가 되겠다는 생각을 해 본 적이 없었는데 이번 기회를 통해서 기독 작가에 대한 꿈을 가지게 되었습니다. 그리고 가능한 빠른 시일 내에 책도 한 권 내고 싶다는 소망이 생겼는데 이 책이 바로 그 첫 번째 결과물입니다.

다음으로, 말씀을 전하는 그리스도인입니다. 비록 평신도이긴 하나 청년 시절부터 하나님께서는 저에게 성경 말씀을 전할 기회를 많이 주셨습니다. 저의 첫 번째 롤 모델은 청교도 사역자 '호웰 해리스'입니다. 휫필드와 웨슬레의 친한 친구로서 둘 사이가 소원해졌을 때 화해를 강권했던 귀한 평신도 사역자였습니다. 이들이 활동하던 당시에 평신도가 설교하는 것은 불법이었는데, 그는 책을 읽어 주는 척하면서 설교하였습니다. 누가 뭐하고 하면 책을 읽어 주었다고 하거나 간증을 한 것이라 했습니다. 그는 이렇게 많은 사람들을 구원의 길로 인도하고 영적 대각성(부흥)에 크게 쓰임 받은 귀한 평신도 사역자였습니다. 두 번째 롤모델은 아프리카 가나 해변에서 구두 수선공으로 살았던 성경 이야기꾼 '파파 코피'입니다. 그에 관한 이야기는 프리츠 파벨칙 선교사가 쓴 『즐거운 아프리카 양철교회』(추태화 역)에 소개되고 있는데, 그의 오랜 친구이자 이슬람교도인 이맘 씨와의 삼위일체 교리에 관한 에피소드는 성경 이야기꾼으로 살아가고자 하는 저에게 큰 영감을 제공했습니다.

그럼에도 우리나라에서는 여전히 평신도 설교자라는 표현은 낯설고 생소합니다. 그래서 제가 만든 용어가 바이블 스토리텔러라는 말입니다. 풀어 쓰면 '성경 이야기꾼' 정도인데, 가장 적절한 표현이라 생각합니다. 그러나 알고 보면 예수님과 열두 제자 그리고 초대교회 때 거의 대부분의 성도들은 목수, 어부, 세리, 그리고 가정주부 등 평범한 사람들이었습니다. 그런데 이들은 모두 성경의 사람들로서 성경 이야기를 풀어 내어 주위 이웃들에게 복음의 말씀을 전하는 자들이었습니다. 현시대 우리 그리스도인들의 고정관념이 가장 크게 깨어져야 할 부분입니다. 이 부분에서 신앙 개혁이 일어나야만 합니다. 그리고 이 일에 이 책이 귀하게 쓰임 받을 수 있기를 소망합니다.

한편, 무엇보다 감사드리는 것은 섬기는 큰숲교회가 저에게 성경 말씀을 나눌 수 있는 기회를 많이 열어 주었다는 점입니다. 비록 오래전이기는 하나 야곱과 관련된 일련의 이야기를 연속으로 전할 기회가 있었습니다. 그 덕분에 이렇게 10여 년 만에 마침내 한 권의 책으로 나올 수 있었습니다.

끝으로, '사회에 공헌하는 그리스도인'입니다. 그런데 이에 대해서 이전에는 단 한 번도 생각해 본 적이 없었습니다. 인성검사를 하면 철저하게 안정형으로 나타나는 유형이었기 때문에 삶에 변화가 생기면 불안하였고 죽는 줄 알았습니다. 그러나 이 야곱 이야기 덕분에 변화와 도전하는 인생으로 제 자신을 밀어붙이게 되었습니다.

바로 그 한 걸음, 첫 시도가 박사과정에 대한 도전이었습니다. 40을 훌쩍 넘긴 나이에 그것도 기계공학에서 물리학으로 전공을 바꾸어 도전했는데 결코 쉽지 않았습니다. 제가 몸담고 있는 진공 및 저온공학 분야는 다른 산업에 비해서 많이 척박합니다. 비인기 분야이기 때문에 기술 인력이 턱없이 부족하고 관련 인프라가 제대로 구축되어 있지 않습니다. IT강국 코리아답게 진공과 저온공학의 응용 분야는 세계 최고 수준이지만 각종 진공 장비나 핵심 컴포넌트들의 원천 기술은 모두 외국에 의존하고 있습니다.

따라서 이 분야에서 기술력과 전문성을 인정받고 나아가 지경을 넓히기 위해 다방면으로 노력하고 있습니다. 간절한 바람은 이런 노력들이 단회적으로 끝나는 것이 아니라 오랫동안 지속되기를 원하고, 무엇보다 국가의 기초/기반기술 분야에서 나라를 위해 쓰임 받으며 훌륭한 후배들도 많이 양성해 내는 것이 새로운 인생의 비전이 되었습니다. 바로 이 꿈 때문에 박사과정에 도전하게 되었고 7년 만에 마무리할 수 있었습니다.

그런데 말은 이렇게 그럴싸하게 할지라도 실제로 제 삶은 곽곽하기 이를 데 없었습니다. 그냥 그대로 머물러 있으면 죽을 것 같았기 때문에 겨우 한 걸음 움직인 것뿐 이었습니다. 그럼에도 불구하고 한 걸음을 내디디니 또 다른 새로운 길도 열어 주셨습니다. 이제는 직장인의 삶을 정리하고 새롭게 회사를 설립하였습니다. 앞으로, 첨단기술의 근간이 되는 진공과 극저온 분야에서 미래의 에너지, 수소 분야로 지경을 넓혀 사회에 공헌하는 그리스도인으로 살아가고자 합니다.

오랫동안 바이블 스토리텔러로 살아왔습니다. 물론 저의 최고 청중은 가족과 교회 식구들이었습니다. 지금은 멀리 떨어져 사는 큰아들과 보이스톡을 통해 성경 이야기를 나누는데 시간이 가는 줄 모를 정도로 재미있습니다. 다행인 것은 이렇게 성경 이야기꾼이 되기 위해서는 별도의 자격증이 필요 없으며 들어주는 사람만 있다면 충분하다는 사실입니다. 성경 이야기를 좋아하고 그것을 살아 내고자 하며 다른 사람들과 그것을 나누고자 하는 마음만 있다면 누구나 성경 이야기꾼이 될 수 있습니다. 바이블 스토리텔러로서 살아온 이래 처음으로 제가 잘 알지 못하는 친구들에게 그 이야기를 들려주게 되었습니다. 그리고 그 이야기가 제 삶의 이야기를 완전히 바꾸어 준 야곱의 이야기라서 더욱 기쁘게 생각합니다.

안주하며 살아가고 있는 저에게 말씀하시는 하나님께서 찾아오셨습니다. 창세기, 야곱의 이야기를 통해서 제 모습을 보게 하셨습니다. 그리고 한여름 밤의 꿈같았던 벧엘을 다시 기억하라고 하셨습니다. 그래서 안전과 안정을 추구하던 제 삶의 이야기를 180도 완전히 바꾸어 변화와 도전의 인생 이야기로 새로 쓰고 있습니다.

이때 가장 경계해야 할 부분이 안주와 세속화입니다. 그렇다고 도전하는 이 인생길에 새로운 것은 없습니다. 해 아래 새것은 없기 때문입니다. 이미 우리에게 다 주어진 것들입니다. 그리스도인으로서 겸손하게 세상을 섬겨 가면 됩니다. 한 번에 한 걸음씩 밟아 가면 됩니다. 각자 주어진 인생에서 특별히 정해진 하나님의 뜻은 없습니다. 우리에게는 말씀 안에서 마음껏 펼쳐 갈 자유의지가 주어져 있습니다. 특별히 주님께서 가르쳐 주신 기도 가운데, 용서의 문제를 매일의 삶에서 실천해 나간다면 이보다 더 멋진 삶은 없을 것입니다.

저는 이제 겨우 첫 단추를 끼웠습니다. 이전과 이후를 비교하자면 종이 한 장 차이 같습니다. 솔직히 달라진 것이 별로 없습니다. 일상은 늘 똑같이 반복되기 때문입니다. 그러나 예전처럼 향방 없이 걸어가지는 않습니다. 글 쓰는 그리스도인, 말씀을 전하는 그리스도인 그리고 받은 은사를 통해서 이 사회에 공헌하는 그리스도인으로 한 걸음씩 움직이고 있습니다. 그런데 이렇게 다시금 꿈과 비전을 붙들고 한 걸음씩 나아가자 저에게 변화가 일어났습니다. 마치 골초 중 골초가 은혜로 담배를 끊은 후에 담배 냄새에 구토 증상을 보이는 것처럼, 이제 저는 예전에 안주하던 그 삶으로 다시는 돌아갈 수 없게 되었습니다. 왜냐하면 그이전의 안주하던 삶을 상상만 하더라도 이제는 역겹기 때문입니다.

성경 이야기꾼으로 살게 하신 여호와 우리 아버지께 영광을!

- 柱心 -

작가 인터뷰

사람이 하나님을 이기는 것은 불가능해요. 그게 가능하다면, 하나님께서 져주시는 거죠. 부모가 아이에게 져주는 것처럼요. 하나님은 야곱과 씨름하면서 일부러 져주셨고 그 순간 야곱은 깨달았어요. '말씀을 붙든 자가 진짜 큰 자구나. 그렇다면 나는 형 에서를 섬겨야 하는구나.'라고요. 진짜 강한 사람은 남을 섬길 줄 아는 사람이에요. 힘 있는 사람이 약한 사람을 섬길 때 건강하게 돌아가죠. '서로 섬기고 용서할 때 진정한 평화가 찾아온다.' 이것이 야곱 이야기가 궁극적으로 우리에게 주는 메시지예요.

이 책을 집필하게 된 계기는 무엇인가요?

10여 년 전 교회에서 사역훈련 중에 창세기 30장 25절 이하를 묵상할 기회가 있었어요. '라헬이 요셉을 낳았을 때에 야곱이 라반에게 이르되 나를 보내어 내 고향 나의 땅으로 가게 하시되'라는 말씀으로 시작하는데요. 그때 라헬이 요셉을 낳았을 때의 야곱 나이가 궁금해져서 성경을 확인해보니 90세 전후였어요. 너무 놀라서 야곱의 인생을 다시 살펴보기 시작했어요. 얍복강에서 하나님과 씨름했던 순간, 세겜성에서 겪은 사건, 갑자기 등장하는 넷째 아들 유다, 죽은 줄 알았던 요셉과의 재회까지. 모든 퍼즐이 하나로 맞춰졌어요. 야곱의 나이를 기준으로 사건을 재구성하다 보니 이야기가 완전히 새롭게 보이더라고요. 이걸 혼자만 알고 있을 수 없어서 책으로 정리하게 되었죠.

'바이블 스토리텔러'라는 수식어가 인상 깊어요. 어떤 계기로 기독교인의 길을 걷게 되셨는지 궁금합니다.

'모태신앙' 3대째라 어린 시절부터 모든 기억이 교회와 관련되어 있어요. 이후 학업을 위해 도시로 나와 떨어져 살게 되면서 중·고등학교 시절부터 교회에 나가지 못했어요. 그래도 명절이나 할아버지 기일 같은 때에는 가정예배를 드렸는데, 저는 그 시간이 어색하고 곤욕스러웠어요. 그러다 고등학생 때 아버지의 아주 짧은 설교(항상 동일한 설교인데, 성경 본문을 읽으신 후 "본문 말씀에 은혜 받으시기 바랍니다"가 전부인 설교)를 듣고 문득 결심했죠. '나중에 내가 가정예배를 인도해야 할 텐데, 이렇게 하고 싶지는 않다. 제대로 해야겠다.'라고요. 그래서 다시 교회에 나가기 시작했고 그곳에서 '말씀하시는 하나님'을 만나게 되었어요. 하나님의 말씀이 마치 바로 옆에서 나에게 들려주시는 '말(스토리)'로 들리기 시작했다는 뜻이죠.

성경은 마치 무성영화 같아요. 스토리는 있지만 소리가 없거든요. 무성영화에 변사가 필요하듯, 성경이 뿌려주는 영상에 이야기를 드라마틱하게 덧입혀줄 변사가 꼭 있어야 한다고 생각해요. 제가 들은 성경 이야기가 너무 흥미진진해 주위 분들과 꼭 나누고 싶었어요. 그렇게 자연스럽게 성경 이야기꾼, '바이블 스토리텔러'가 되었죠.

다양한 성경 인물들 중 야곱을 중심으로 책을 쓴 이유는 무엇인가요?

야곱의 삶 속에는 그리스도인이 살아가면서 꼭 알아야 할 신앙의 원리들이 다 들어있어요. 우리를 향한 하나님의 뜻과 비전, 세상 속 그리스도인의 삶의 자세, 그리스도인의 세속화 문제, 분노와 용서 문제 등이 총망라되어 있죠. 이 모든 이야기를 구태의연한 방식이 아니라 생생하게 전달하고 싶었어요. 비록 제가 신학을 전공하진 않았지만 흥미진진하고 현실적인 이야기로 풀어내면 더 많은 사람이 공감할 거라고 생각했죠.

야곱의 이야기가 그리스도인들에게 주는 교훈은 무엇일까요?

각자에게 주어진 인생의 숙제에 관한 거예요. 아브라함은 믿음으로 아들을 낳는 것이 숙제라고 생각했지만 하나님께서 그에게 원하셨던 건 '부활의 믿음'이었어요. 이삭은 자신이 제물로 바쳐질 때 도망가지 않고 순종하는 것이 숙제라고 여겼어요. 정작 하나님께서 맡기신 건 '두 국민이 네 태중에 있구나. 두 민족이 네 복중에서부터 나누이리라. 이 족속이 저 족속보다 강하겠고 큰 자가 어린 자를 섬기리라.'라는 말씀을 깨닫고 실천하는 일이었죠. 그런데 이삭은 이 숙제를 풀지 못했고, 결국 그걸 야곱이 붙들게 돼요. 하지만 하나님이 야곱에게 주신 진짜 숙제는 아버지 이삭, 형에서, 그리고 자신을 힘들게 했던 자식들을 용서하는 것이었어요. 그리고 야곱이 이 숙제를 풀 수 있었던 건 먼저 형 에서와 아들 유다가 그를 용서해줬기 때문이에요. 야곱의 이야기는 우리에게 "너는 용서할 수 있겠니?"라는 질문을 던져요. 하나님께서 예수님의 십자가를 통해 우리를 용서하신 것처럼 우리도 날마다 나에게 죄 지은 자들을 용서하고 받아줄 수 있느냐는 거죠.

야곱에 대해 꼭 강조하고 싶은 부분이 있으시다면 무엇일까요?

비그리스도인이라면 야곱을 모를 수는 있지만, '이스라엘'이라는 이름은 한 번쯤 들어봤을 거예요. 우리가 아는 그 이스라엘이 바로 성경 속 야곱이 새롭게 받은 이름이거든요. 뜻은 '하나님과 겨루어 이긴 자'죠. 그런데 사람이 하나님을 이기는 것은 불가능해요. 그게 가능하다면, 하나님께서 져주시는 거죠. 부모가 아이에게 져주는 것처럼요. 하나님은 야곱과 씨름하면서 일부러 져주셨고 그 순간 야곱은 깨달았어요. '말씀을 붙든 자가 진짜 큰 자구나. 그렇다면 나는 형 에서를 섬겨야 하는구나.'라고요. 진짜 강한 사람은 남을 섬길 줄 아는 사람이에요. 힘 있는 사람이 약한 사람을 섬길 때 건강하게 돌아가죠. '서로 섬기고 용서할 때 진정한 평화가 찾아온다.' 이것이 야곱 이야기가 궁극적으로 우리에게 주는 메시지예요.

작가님께서도 야곱처럼 삶의 전환점을 맞이하셨던 순간이나 하나님과 씨름했던 경험이 있으신가요?

'Chapter 1. 인생의 때'에 인용한 '그러나 나는 언제나 내 집을 세우리이까?'라는 야곱의 고민은 사실 제 고민이기도 했어요. 직장생활하면서 정말 힘든 순간이 많았거든요. 억울한 일도 많았고 사직서를 열두 번도 더 던지고 싶었죠. 분노로 잠을 못 이루거나 속에서 신음이 올라올 정도였어요. 그때 하나님께서 제게 말씀하시는 것 같았어요. "큰 자가 어린 자를 섬기는 것이란다." 세겜성 앞에 안주하려 했던 야곱처럼 저도 안정적인 삶을 선택하려 했어요. 종종 '이 정도면 됐다'면서 스스로를 정당화하기도 했고, 사실 내가 하고 싶은 걸 하면서도 '이게 하나님의 뜻이겠지?' 하고 끼워 맞춘 적도 많았죠. 그런데 요셉이 태어나면서 야곱이 깨달았던 것처럼 저 역시 '나는 언제 내 집을 세우리이까?'라는 질문이 떠오르더라고요.

결국 늦은 나이에 박사과정에도 도전하고, 직장생활을 접고 회사를 설립했는데요. 야곱이 최악의 흉년이 닥쳤을 때 애굽으로 떠나기로 결심한 것처럼 저 역시 회사 경영을 시작하면서 큰 결단을 해야 했어요. 안주하고 살던 자신의 인생을 변화와 개혁으로 밀어붙이는 것에는 죽음을 각오한 용기가 필요해요. 가만히 있는 게 편하지만 그게 결국 세속화되는 길이더라고요. 그리스도인의 세속화는 죽음과도 같아요. 매일 새로운 말씀으로 우리 인생을 개혁해야 해요.

책 속 다섯 가지 에피소드 중 특히 애착이 가는 에피소드와 그 이유는 무엇인가요?

에서 이야기가 가장 각별해요. 'Chapter 5'에서 야곱이 아들들을 용서할 수 있었던 배경을 설명하면서 형 에서의 용서와 양보가 결정적인 역할을 했다는 부분을 추가했어요. 에서에 대한 재평가가 필요하다고 생각하는 근거는 세 가지예요. 첫째, 창세기 36장에 에서의 족보가 상세하게 나와 있어요. 둘째, 얍복강에서 에서가 먼저 야곱에게 달려갔어요. 즉 에서가 먼저 용서한 거죠. 셋째, 에서는 아버지 이삭이 있는 헤브론을 떠남으로써 야곱을 장자로 인정했어요. 이 세 가지만으로도 충분하지 않을까요.

책의 분량이 방대하고 깊은 편인데요. 평소 작가님의 글쓰기 루틴이나 책 집필 과정이 궁금합니다.

날마다 깊은 묵상과 글쓰기 훈련을 했어요. 평소 블로그에 성경 이야기를 연재하고 유튜브 영상용 원고를 쓰면서도 글을 다듬었죠. 특히 교회 공동체에서 '짧은 글, 긴 묵상'이 가능하도록 간결하고 핵심적인 글쓰기를 훈련한 게 큰 도움이 됐어요. 오랫동안 흩어져 있던 묵상 글들을 하나로 모으면서 집필을 시작했어요. 야곱의 나이를 기준으로 주요 에피소드들이 정리되면서 마치 퍼즐이 맞춰지듯 완성되었죠. 본격적으로 원고를 쓰는 데는 한 달 정도 걸렸지만, 이후 제본을 만들어 지인들에게 피드백을 받고 수정해 나갔어요. 퇴근 후나 주말마다 골방에서 작업하면서 조금씩 다듬어간, 긴 여정의 결과물이죠.

책을 집필하며 가장 큰 어려움을 느꼈던 부분은 무엇이었나요?

저에게는 너무 좋은 내용이지만, 다른 사람들에게도 같은 울림을 줄 수 있을지 확신이 없었어요. 또, 출간을 염두에 두고 집필했지만 기독출판사로부터 평신도가 쓴 설교집이라는 이유로 완곡하게 거절을 통보받은 뒤로 고민이 많아졌죠. 이런 문제들을 극복하기 위해 먼저 여러 권을 제본한 다음에 신뢰하는 지인들에게 평가를 부탁했어요. 전의우 목사님, 홍종락 선생님, 김서택 목사님, 김요셉 목사님, 추태화 교수님, 더하여 아내의 조언과 격려가 큰 힘이 되었죠. 특히 전문 번역가 전의우 목사님은 초고 교정까지 해 주셨죠. 또 하나의 돌파구는 유튜브였어요. 출판이 어렵게 되자 책 내용을 바탕으로 영상을 제작해 올렸거든요. 조회수가 많지는 않았지만 댓글을 통해 위로와 확신을 얻었어요.

　기독출판사에서 출간이 좌절됐을 때, 기도 중에 하나님께서 저에게 감동을 주신 말씀이 있었어요. "힘내라, 이동주! 네가 천국에 오면 가장 먼저 달려가서 널 안아줄 사람이 있을 거다. 야곱과 에서, 그리고 유다와 다말이 네 이야기에 감사할 거야. 조급해하지 마라. 다 때가 있지 않겠니?" 그때 얼마나 울었는지 몰라요.

앞으로 도전하고 싶은 목표가 있다면 무엇인가요?
　하나님의 말씀이 갈급한 그리스도인들에게 계속해서 성경 속 인물들의 삶과 고민을 생생하게 전하는 게 목표예요. 가인과 아벨 이야기처럼 이해하기 어려운 사건들을 새롭게 풀어내서 누구나 거부감 없이 읽을 수 있는 책도 써보고 싶고요.

마지막으로 독자들에게 전하고 싶은 말이 있으신가요?
　이 책을 읽기 전과 후가 분명 다르게 느껴졌으면 좋겠어요. 말씀을 갈망하는 분들에게 작은 도움이라도 되길 바라요. 무엇보다 '진짜 그런가?' 하는 질문을 품고 본문을 더 깊이 들여다보셨으면 해요. 각 챕터마다 더 깊이 생각하고 연구할 수 있는 문제를 수록했으니 몇 명이 함께 모여서 읽고 토론하면 금상첨화일 거예요.

작가 홈페이지

야곱으로 지으시고 이스라엘이라 부르신다!

신앙의 올바른 방향을 탐구하는 영성 안내서

발행일 2025년 4월 2일

지은이 이동주
펴낸이 마형민
기획 신건희
편집 곽하늘 이은주 최지인
디자인 김안석 조도윤
펴낸곳 주식회사 페스트북
홈페이지 festbook.co.kr
편집부 경기도 안양시 동안구 관악대로 488
씨앗트 스튜디오 경기도 안양시 안양판교로 20

ⓒ 이동주 2025

ISBN 979-11-6929-751-6 03230
값 18,000원

* 이 책은 저작권법에 의해 보호를 받는 저작물이므로 무단 전재와 무단 복제를 금합니다.
* 페스트북은 작가중심주의를 고수합니다. 누구나 인생의 새로운 챕터를 쓰도록 돕습니다.
 creative@festbook.co.kr로 자신만의 목소리를 보내주세요.